スコットランド通史

政治・社会・文化

目次

終章　二一世紀以後への展望　314

◉コラム

スコットランド
0
100km
アンスト島
イェール島
フェトラー島
セント・マグナス湾
シェトランド諸島
ラーウィック
ムーザ島
サンバラ岬
ウェストリー島
サンディー島
ローナ島
ストラムネス
カークウォール
ホイ島
オークニー諸島
ペントランド海峡
ダンカンズビー岬
ラス岬
ダーネス
サーソー
ジョン・ノ・グローツ
ベン・ホープ山
ウィック
アウター・ヘブリディーズ諸島
ミンチ海峡
フラナン諸島
ストーノウェー
ベン・モア・アシント山
北 海
ルイス島
ヘルムズデール
ターバート
ブルーム湾
セント・キルダ諸島
アラプール
ドーノック
ドーノック湾
ハリス海峡
リトル・ミンチ海峡
マリ湾
キナーズ岬
マリ湖
エルギン
バンフ
フレイザーバラ
ノース・ユーイスト島
ウィグ
ディングウォール
ネアン
カロデン
ダフタウン
ピーターヘッド
アプルクロス
インヴァネス
サウス・ユーイスト島
ポートリー
ネス湖
スカイ島
カイル・オブ・ロッハルシュ
アヴィーモア
アバディーン
フォート・オーガスタス
バラ島
ラム島
マレイグ
ベン・マクドゥーイ山
スペイ川
ディー川
ストーンヘイヴン
カレドニアン運河
ベン・
グレンフィナン
ネヴィス山
グランピアン山脈
ブレイマー
フォート・ウィリアム
インナー・ヘブリディーズ諸島
モントローズ
コル島
ピトロッホリー
フォーファー
大 西 洋
トバモーリ
テイ川
ダンディー
スコットランド
タイリー島
マル島
テイ湾
オーバン
パース
アイオナ島
セント・アンドルーズ
グレンイーグルス
ローン湾
ファイフ岬
ダンファームリン
カーコーディ
コロンゼイ島
スターリング
フォルカーク
フォース湾
ロッホ・
ローモンド
ジュラ島
グリーノック
セント・アブズ岬
グラスゴー
エディンバラ
ベリック・アポン・
トゥイード
アイラ島
ジュラ海峡
ターバート
マザーウェル
クライド川
キルマーノック
ガラシールズ
ポート・エリン
キンタイア半島
メルローズ
トゥイード川
アラン島
エア
カムナック
ホイック
キャンベルタウン
クライド湾
ニス川
モファット
チェヴィオット丘陵
ガーバン
英国
ランガム
ダンフリース
ノース海峡
カークーブリ
ストランラー
グレート・ブリテン島
北アイルランド
ソルウェー湾
マル・オブ・ギャロウェイ岬
イングランド
アイリッシュ海
アイルランド

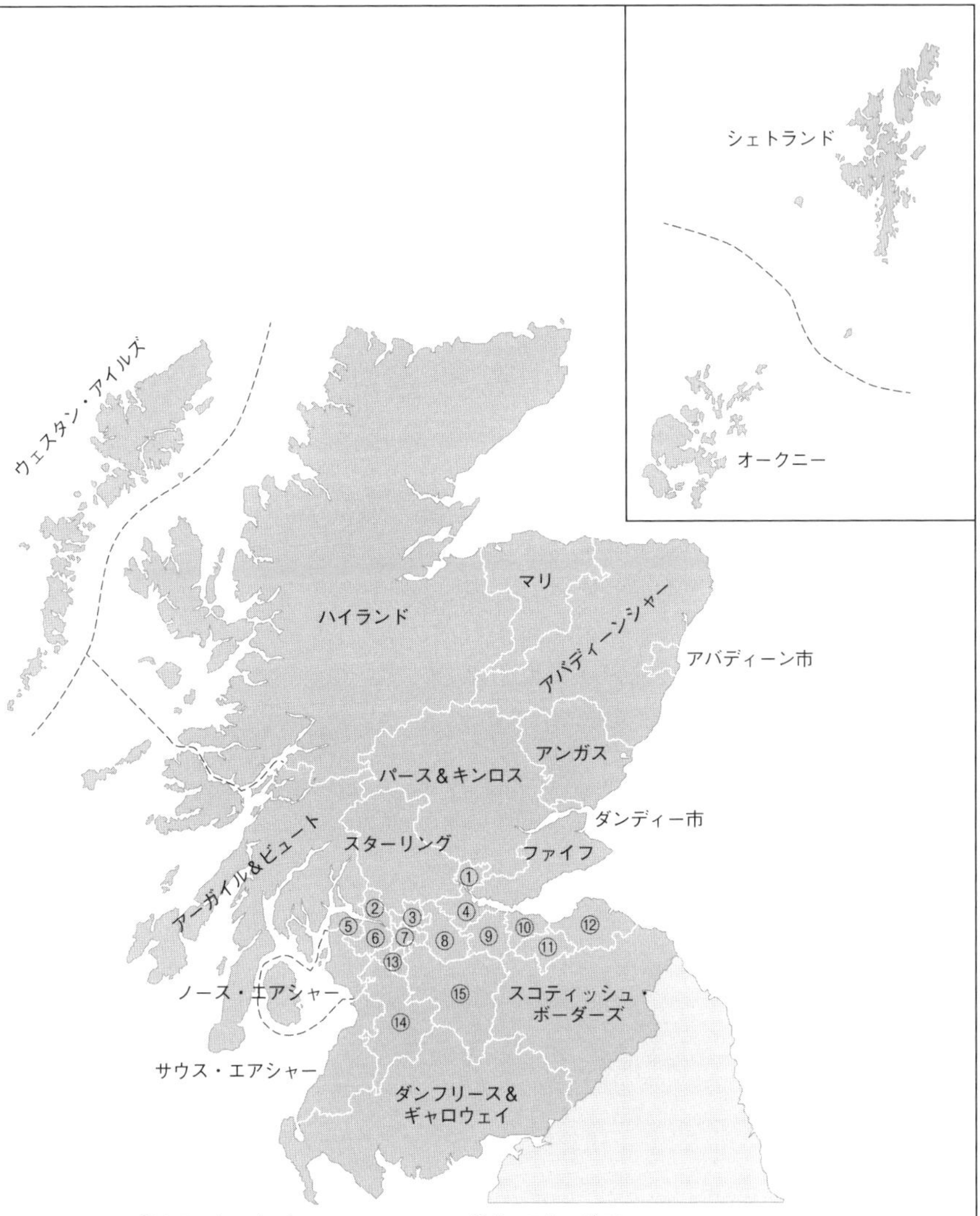

①クラックマナンシャー
②ウェスト・ダンバートンシャー
③イースト・ダンバートンシャー
④フォルカーク
⑤インヴァークライド
⑥レンフルーシャー
⑦グラスゴー市
⑧ノース・ラナークシャー
⑨ウェストロジアン
⑩エディンバラ市
⑪ミドロジアン
⑫イーストロジアン
⑬イースト・レンフルーシャー
⑭イースト・エアシャー
⑮サウス・ラナークシャー

スコットランドの行政区地図（現代）

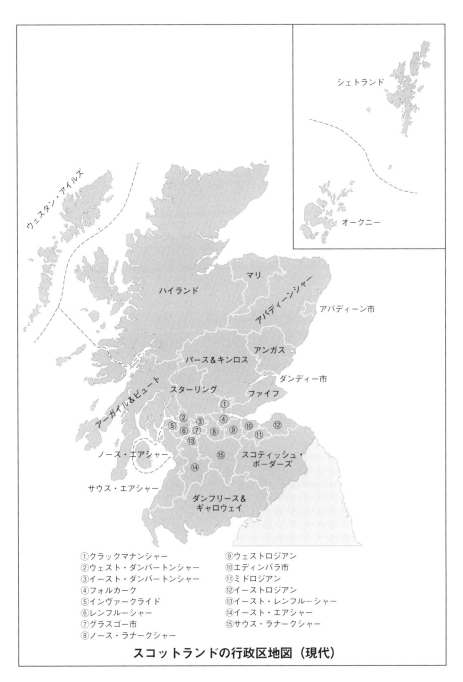

序章　スコットランド史の特質

スコットランドという土地

スコットランドの重要さを表すのに「北のライオン」という言葉がある。この比喩表現は、グレート・ブリテン島の北部に位置し、今やイギリスあるいは英国（正式国名は「グレート・ブリテンおよび北アイルランドの連合王国」）の中核の一部をなすスコットランドをかなり正確に言い当てているようだ。スコットランドには、たしかにライオンに似た勇ましさ、あるいは力強さが感じられる。北方の寒冷と貧困の地にありながら、スコットランドが啓蒙主義の知的活動の先頭に立ち、産業革命を成し遂げた過程で、偉大な天才たちが多数輩出し、世界文明に対し計りしれない貢献をした事実は特記に値する。文学や芸術などの領域でも驚嘆するほど優れた業績をあげた。スコットランドの歴史は、世界を動かした国の輝かしい達成の記録でもある。

自然の風土が、そこに生きる人間の文化を規定するのは間違いない。ヨーロッパ大陸の北辺の一角を占めるスコットランドは、その特異な地理や地形によって独自の文化を構築した。スコットランドは地形特性によって北から、北部高原、グランピアン高原、中央低地、南部高地に分けられるが、ブリテン島においては、最も広くて高い山岳地域となっている。気候は大陸の西岸に特有な西岸海洋性気候で、一般に夏は冷涼で冬は温暖とされるが、夏の月平均気温は摂氏一五度以下になり、かなり低温である。高緯度に位置しているため、冬は温暖ではなく、月平均気温は零度近くまで下がる。偏西風や地形の影響を受けて雲や霧が発生しやすく、曇りや雨の日が多い。細かな霧雨は「スコッチ・ミスト」として知られる。防寒や防具の開発が進み、一九世紀にはチャールズ・マッキントッシュ(一七六六～一八四三)がゴムを用いた防水外套を発明し、特許を取った。

冷涼な気候環境のため、大地はやせており、作物栽培を主とする農業はあまり発達せず、牧畜業が盛んであった。中央低地のエアシャーで農業を営んだ詩人ロバート・バーンズ(一七五九～九六)の一家は、不毛な耕作地のために困窮した。

スコットランドの東海岸は地形に比較的凹凸が少ないが、西海岸は凹凸が非常に多く、半島状の突出部が目立つ。スコットランドには大小合わせて七九〇の島があり、現在そのうち九六島に人間が居住している。島の海岸線は六二八五キロメートルに及ぶ。古来、近くを航行する船にとってはヨーロッパでもっとも危険な水域の一つであった。冬期や夜間は船の遭難が多く、海岸の安全性を高めるために、灯台建設の技術が進んだ。

陸地でも河川が多く交通が不便だったため、軍事上の必要性もあって、道路や橋の建設に重点が置かれた。イングランドとの議会合同(一七〇七)以降はことに都市化が進み、道路の整備が行われた。スコットランド出身の土木技師ジョン・ラウドン・マカダム(一七五三～一八三六)やトマス・テルフォード(一七五七～一八三四)が道路・漁港・運河の建設に活躍した。

モザイク模様の国

スコットランドはモザイク性を持った国で、多様な民族や言語が交錯し、複雑な文化を創り出した。もともとブリテン島北部に居住した民族を特定化することはできないが、紀元前七世紀頃にはケルト人が侵入したと考えられる。といっても、ケルト人が大きな集団である時期に大挙して到来し、先住民を征服したということではない。彼らは大陸から先進的な金属(鉄)文化を携えて到来したが、さまざまな時代にそれぞれの異なるルートでブリテン島に移住したのであろう。移住集団の規模の大きさも想像の域を出ない。ブリテン島の場合、ベルガエ族などのケルト人が大陸の洗練されたラ・テーヌ文化(前四七五〜後四三)をブリテン島南部へ伝えたことは考古学的資料で明らかであるが、ブリテン島北部へも同様に流入したかはわからない。いずれにしても、ローマ総督アグリコラが率いるローマ軍がブリテン島北部・スコットランドへ進軍した頃には、ケルト語を話すケルト人(カレドニア人)の集団が居住していたことが、ローマの歴史家タキトゥス(五五頃〜一二〇頃)の記録などから知られている。

四一〇年にローマ軍がブリテン島から撤退後、五世紀半ば頃から西ゲルマンに属するアングル人、サクソン人、ジュート人(総称アングロ・サクソン人)が現在のドイツ北西海岸やスカンディナヴィア半島から北海を越えてブリテン島へ侵入した。これらのゲルマン人はブリテン島へ定住し本拠を築いたため、先住のブリトン人(ケルト人)は肥沃な中原《ちゅうげん》を追われ、西部のウェールズや北部のカンバーランド、コンウォール地方に押し出された形になった。スコットランドが深い関りを持ったのは、アングル人の王国である。四五七年、アングル人はバーニシア王国を創建したあと隣接するデイラ王国を服属させ、ノーサンブリアとして知られる領域を支配した。ノーサンブリアは、一時はピクトランド(ピクト人の王国)とストラスクライド(ブリトン人の王国)、そしてダルリアダ(スコット人の王

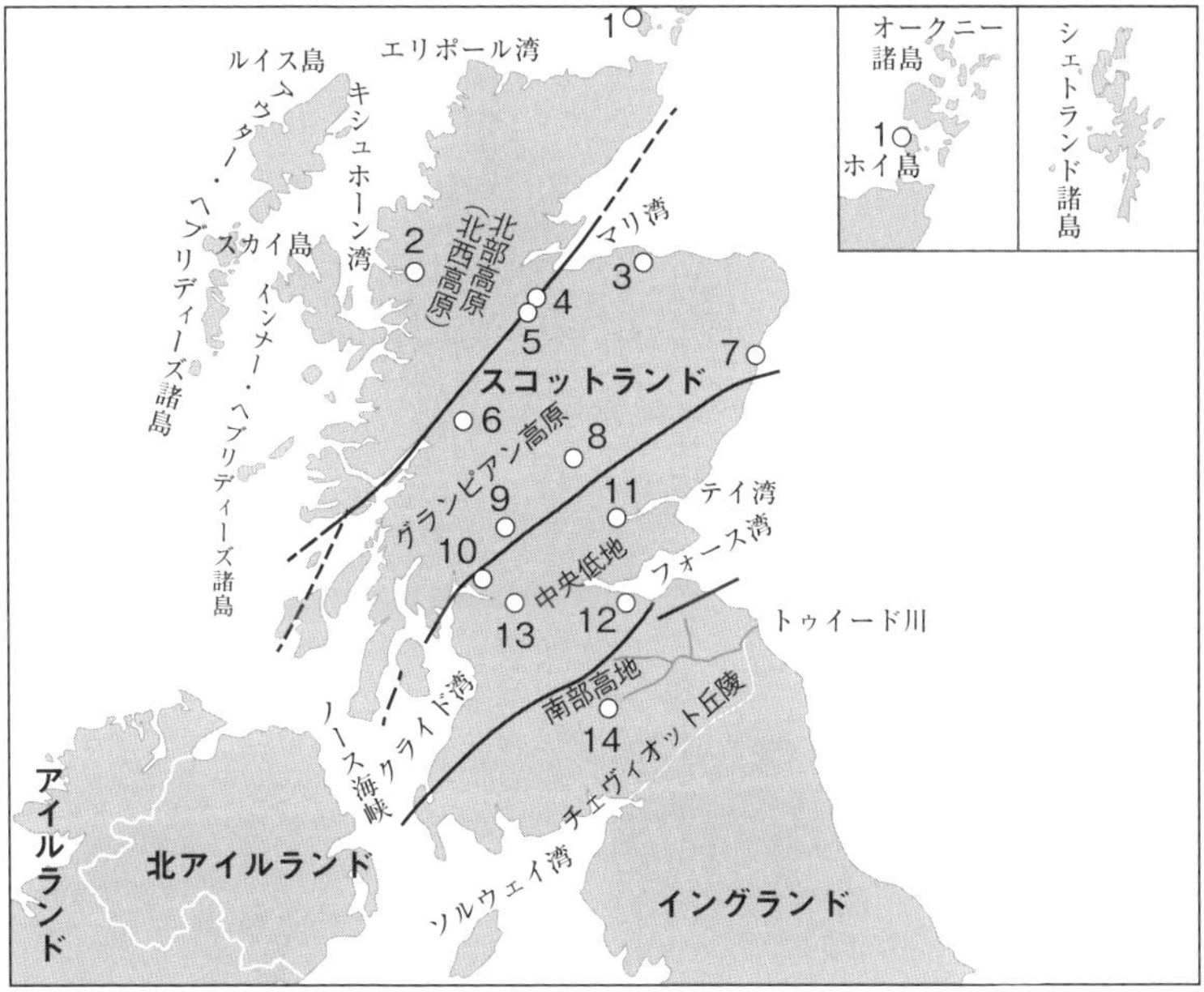

断層からみたスコットランドの地形区分（図＝福本紘作成）
Aグレート・グレン断層、 Bハイランド境界断層、Ｃ南部高地境界断層
1オールド・マン・オブ・ホイ、 2トリドン、 3エルギン、 4インヴァネス、5ネス湖、 6ベン・ネヴィス、 7アバディーン、 8ピトロッホリー、9カトリン湖、 10ローモンド湖、 11パース、 12エディンバラ、13グラスゴー、 14ザ・グレイ・メアズ・テイル

国）を支配した。アングル人の話したゲルマン語がスコットランドで独自に発達したのが、ローランド地方で使われる「スコッツ語」である。現在、スコットランドで用いられる主な言語は、スコットランド・ゲール語、スコッツ語、英語である。

八世紀から一一世紀にかけ、ヴァイキングがブリテン諸島に襲来し、ヴァイキング時代（七五〇頃〜一〇五〇）が始まった。スカンディナヴィア半島（最南端はノルウェー）に近いスコットランドは真っ先にヴァイキングによる攻撃を受けた。シェトランド諸島、オークニー諸島、ヘブリディーズ諸島などは、ヴァイキングによって略奪されただけでなく、彼らに土地を占拠され、支配を受けた。九世紀の半ばまでに、ヴァイキングはシェトランド諸島とオークニー諸島からマン島まで伸びる広範な地域で支配権を確立した。

これらの地域では北欧文化の影響を強く受けた。ヴァイキング時代の後期にはルーン文字（主神オーディンが考案したとされる文字）が多く用いられた。オークニー諸島では、北欧のサガ（歴史・宗教・伝説などを扱った物語）の影響を受けて、一三世紀初めに『オークニー諸島のサガ』が書かれた。ブリテン島には北欧語起源の多くの地名や人名、そのほか一般的な語が多く残っている。このように、スコットランドは広い範囲にわたって多様な民族と言語の交差する文明の十字路であった。

ローランドとハイランド

スコットランド史家のロザリンド・ミチソンは「スターリングの城壁に立って周囲を見渡すのが、スコットランド史を動かしてきた基本的な特徴を理解する最も手早い方法である。平原の北方数キロメートルの彼方に、スコットランドの地域を明確に区分する大きな地質的断層の一つ、鋭く切り立つ壁のような丘陵、つまりハイランド線《ライン》が見える」（『スコットランド史』）と述べた。スコットランドは通例ハイランド線を境に、北側はハイランド地方、南側はローランド地方と呼ばれ、二地域に区分される。ハイランド線は、一般的にスコットランド本土の西海岸のクライド湾に面するダンバートンと東海岸のアバディーンの南約二五キロメートルにあるストーンヘイヴンを結ぶ線とされるが、厳密で絶対的な線引きではなく、ぶれがある。最近では、ローランド地方をさらにセントラル・ローランド地方とサザン・アップランド地方に分割して考えるようになってきている。ハイランド地方も、本土の西方に位置するアウター・ヘブリディーズ諸島、インナー・ヘブリディーズ諸島、アラン島、ビュート島が含まれることもあるが、その場合は、ハイランズ・アンド・アイランズと呼ばれることが多い。

氷河時代を思わせる山と湖のあるハイランド地方の光景

ローランド地方のイングランドと国境を接している地方はとくにボーダー地方と呼ばれるが、イングランドと接していたために、長年にわたってイングランドの影響を受けた。スコットランドとイングランドの間には対立や戦争が絶えることがほとんどなく、ボーダー地方は地域によってイングランド領になったこともあり、人々は苦難に満ちた生活を強いられた。この地域がスコットランドの領土として定着したのは一一世紀になってからである。ボーダー地方には大きな修道院(ケルソー、ジェドバラ、ドライバラなど)が創設されたが、戦乱や宗教改革などでほとんどが廃墟と化した。

ローランド地方はイングランドから政治的、文化的影響を大きく受け、ハイランド地方とは対照的な地域として発展した。

イングランド北部で起こった産業革命では、石炭と鉄鉱石の埋蔵量が多かったことで、産業発展への貢献度が大きかった。一九世紀にはグラスゴーを中心に製鉄・造船など重工業が繁栄し、「世界の工場」となった。紡績機の導入によって毛織物産業が際立って発展した。

ローランドが都会的で工業的な性格の地域であるのに対し、ハイランドは田園的で農業的な特徴をもつ地域である。風光明媚なハイランドの土地柄は、現代では観光業の支えにもなっている。五世紀の後半にケルト系のスコット人がアイルランド北部から海を渡ってハイランド地方の西部に住みつき、ダルリアダ王国を建国したことで、ハイランドはケルト人の本拠地となった。その後、スコットランドに先住していたピクト人と対立・抗争の関係に入ったが、キリスト教の伝播《でんぱ》が両者を結び付け、さらにヴァイキングの襲来に備える必要があったことなどから、九世紀半ばにスコット人の王ケニス一世マカルピンがピクト人の王を兼ねたことで、ケルト系の連合王国アルバが成立した。

ハイランド地方にはケルト系のゲール人が住み、ゲール語を話し、ゲール文化の伝統を守った。しかし、スコットランド・ゲール語の話者は減少し続け、現在のスコットランド・ゲール語は消滅が心配される稀少言語となっている。

宗教の独自性

スコットランドは、とくに宗教、法律、教育の面で、独自性の目立つ市民社会をつくり出した。スコットランドの宗教を知らなければ、スコットランドを理解することはできないといわれる。実際、キリスト教はブリテンのどこよりもスコットランドでは重要な役割を果たした。

四世紀の終わり頃、スコットランドへ最初にキリスト教を伝道したのは聖ニニアン（三六〇頃〜四三二）であった。ベーダによれば、聖ニニアンはローマで修行を積んだブリトン人で、ローマで聖職の任を受け、司教の地位に就いた。彼は三九七年か三九八年、ソルウェイ近くのウイットホーンに「カンディダ・カーサ」(「白い家」の意) と呼ばれる石造の修道院を創設し、布教の起点とした。七世紀の終わりまでには、スコットランドではニニアンのほか偉大な伝道者 (たとえば、聖コルンバや聖ケンティガーン、聖モルアグら) が布教に努めた。なかでも聖コルンバ、別名コルム・キレ (五二一頃〜五九七) は、五六三年にアイルランドから司教や修道僧らを連れてスコットランドへ到着し、アイオナ修道院を本拠にピクト人を改宗させるのに献身した。スコットランドの守護聖人である聖アンドルーは、六〇年頃、X の形をした斜め十字架にかけられたと伝えられるが、布教などについては不明である。

一五六〇年の宗教改革以降、スコットランドで教会制度を支えたのは長老派であった。長老派は、教会に関する意思決定は教会内で自立的になされ、しかもその決定は特定の個人ではなく、共同の合議のもとでなされるべきことを理念にしている。この理念に従って長老派は教会法廷を通じて教会を機能させる。長老派は、司教あるいは主教のような個人的権力の大きい制度を認めない。長老派教会の意思決定は重層的に組織された教会法廷でなされる。組織の階層は、最下層に各教区教会のキルク・セッション (長老会) があり、その上位にプレスビテリ、さらにその上位にシノッド、そして最上位に教会総会がある。

長老派の意思決定は民主的であるが、一方で厳しい面もある。教区教会は、地域に密着し、教区内を監督するのが重要な任務である。教区の管理者は各信徒の事情をよく把握し、信仰や生活の状況に鋭く目配りする。学習や進学が困難な人がいると、組織的に怠りなく援助した。その一方、教義に反する行為をしたり、信仰努力が不足している信者は、教会法廷で裁かれ、公的に処罰されることになる。

スコットランドは宗教改革の時期でも、改革自体による流血も軽微で、殉教者もイングランドよりは少数であった。しかし、一九世紀に至って二つの大きな宗教関連事件を経験した。一つは聖職叙任権を地主に与えることに長老派が反対したことで、一八四三年に起こった教会分裂であり、もう一つはアイルランドからのカトリック教徒の大量移民である。教会分裂では、トマス・チャーマーズ率いる四〇〇余名の牧師が長老派教会を脱退し、スコットランド自由教会を設立した。教会分裂は長期にわたって続き、多数の長老派教会員が絞首刑に処せられたり、ブリテンの兵士たちに射殺されたりした。長老派は過去四〇〇年にわたって離合集散を繰り返し、現在は六つの派の教会に分れている。

イングランドとの歴史的関係

スコットランドは南のイングランドと隣接していることから、両国の間には政治、経済、社会、文化などあらゆる面で、深い歴史的関係を持ち続けた。その関係は、手短にいえば、「敵対的な関係」に尽きる。小国スコットランドは大国イングランドに支配され、従属的位置に置かれたため、そのくびきから逃れようと大陸のフランスと「古き同盟」を結び、ややこしい勢力関係が生じた。

そもそもスコットランド人とイングランド人は異民族であったことに、敵対的な関係が生じた根本的原因がある。スコットランドは、ケルト系のピクト人とアイルランドから移住したケルト系のスコット人が合一して建国した、ほぼ純粋なケルト人の王国である。一方のイングランドはゲルマン系のアングロ・サクソン人がローマ軍の撤退後に大挙して侵入してきて築いた国である。両国が親和的な関係を保持できる背景は当初からなかった。

七世紀にアングル人のノーサンブリア王国がスコットランドのピクトランド（ピクト人の王国）に侵入して関係が悪化した。一〇世紀に入って今度はアルバ王国が南進してウェセックスに侵入し、一一世紀にもスコットランドのマルカム二世が南下してイングランド北東部のダラムを包囲した。スコットランド王アレグザンダー三世（在位一二四九〜八六）の後継をめぐって、大君主制のもとイングランド王エドワード一世が介入し、エドワードに臣従を誓っていたジョン・ベイリアルをスコットランド王に選んだ。だが、エドワード一世がベイリアル王に軍事協力を求めてきたとき、ベイリアル王は拒絶しフランスにくみしたため、エドワード一世はスコットランドを攻撃し、ベイリアルから王位を剝奪した。ここからエドワード一世のスコットランド支配が始まる。

イングランド支配への反感が高まり、英雄的指導者ウィリアム・ウォレス（一二七〇〜一三〇五）とアンドルー・マリ（一二九七没）の連合軍がスターリング橋の戦いでイングランド軍に対して歴史的勝利を収め、イングランド軍をスコットランドから追い出した。しかし、翌年ウォレスはフォルカークの戦いで反撃に出たエドワード軍に敗れ、スコットランドは再びイングランドの支配下に置かれることになる。ウォレスは捕えられてイングランドへ送られ、残虐な方法で処刑された。

一三一四年六月一四日、ロバート・ブルース（ロバート一世、在位一三〇六〜二九）はスターリングの南にあるバノックバーンで、エドワード二世が率いるイングランド軍と戦い、スコットランド軍はロバート王の巧みな戦術と地の利を活かし、イングランド軍に史上空前の大勝をした。この戦いは「バノックバーンの戦い」と

エディンバラ城前の広場で毎夏催されるエディンバラ・ミリタリー・タトゥー

して有名である。この時期のウォレスやブルースらの一連の戦いはスコットランドの「独立戦争」と呼ばれる。一三二〇年、スコットランドの貴族・聖職者・一般信徒から成る集団がアーブロース修道院で会合を開き、スコットランド独立とブルースの王位承認を求める請願書をローマ教皇ヨハネス二二世宛に送った。この請願書が有名な「アーブロース宣言」(「スコットランド独立宣言」)である。一三二八年、イングランドがエディンバラ・ノーサンプトン条約によって、スコットランドの独立を認めたあと、教皇はスコットランドの完全な主権とブルースの王位を承認した。

一六〇三年、イングランドのエリザベス女王の死去後、スコットランドのジェイムズ六世がイングランドのジェイムズ一世を兼ねることになり、同君連合が成立した。以後、スコットランドとイングランドは一体化の方向をたどり、一七〇七年に、両国の議会合同が実現してイギリス連合王国が誕生し、スコットランドはイングランドに併合された形になった。それから二〇〇年を経て、今スコットランドでは、イギリスから独立しようとする機運が高まっている。

第1章 古代の部族社会

8000B.C.
/
80

氷河時代のあと

スコットランドはグレート・ブリテン島の北部に位置し、半島や島の多い地形で、内陸は広大な地域にわたって丘陵や荒野が連なる寒冷の地である。ブリテン島南部のイングランドとは、同じ島の中でも地理地形の様相はだいぶ異なり、その意味では、両地方は対照的でもある。最初に人間が住み着いた時期も、スコットランドのほうが比較的温暖なイングランドより遅かったと推定される。

ブリテン島北部は紀元前八〇〇〇年頃まで氷河期最後の氷に覆われていたため、スコットランドはヨーロッパの中で人間が居住するようになる最後の場所の一つであった。氷河期を通じて、スコットランドはヨーロッパ大陸と地続きであったり、分離したりを繰り返した。イングランドと異なり、スコットランドは氷河期末期には氷河によって全面的に厚く覆われていた。人類や動物は地続きの凍土地帯（ツンドラ）を往来していたのであろう。やがて気候の温暖化が進み、氷が融けて海水面が上昇するにつれ、ブリテン島とヨーロッパ大陸をつないでいた平らな陸地が水没し、最終的に現在北海と呼ばれる海域が生じた。それによって大陸とブリテン島は分断されることになる。その時代のスコットランドには、オークやトネリコ、楡、白樺、ナナカマド、松などの植物が自生し、動物では、熊、狼、オオヤマネコ、鹿、猪、野生の牛などが生息していた。スコットランドの動物相は、イングランドよりはむしろ、スカンディナヴィアやカナダのそれに類似していたとみられる。

スコットランドより気候が温暖なブリテン島南部では、前六五〇〇年より以前すでに、少なくとも四〇〇〇年にわたって狩猟民が住んでいた。しかし、スコットランドでは前六五〇〇年以前に人間が住み着いた形跡はない。気候がゆったりと温暖になった前四〇〇〇年頃以前のどこかの時点で、人間の最初の小集団がスコットランドへ出現したと推定される。その時期は、現在の歴史区分では、石器時代の中期（中石器時代）にあたる。最初の居住者たちは、イングランドあるいはアイルランドから渡ってきた狩猟・採集民や漁民であった。彼らは一か所に定住することなく、海岸地帯などを移動して歩く半遊牧民的集団とみなされる。これらの集団の構成規模は小さく、海岸や河口、川岸、湖、沼の沿岸などに質素な居を構え、原始的な石や木で作った用具で動物、鳥、魚などを捕獲し、生活を営んだ。彼らの実際の生活については、発掘品など考古学的資料によって解明するしかなく、未知の部分がほとんどである。

中石器時代——狩猟民が居住

考古学者たちの発掘調査によると、スコットランドでの最古の居住地の一つは西部地方にあるラム島のキンロッホであるが、ほかにもオークニー、オロンセイ、ジュラなどの島でも最初期の住居跡が発見されている。ファイフ州テンツミュアのモートンで初期の定住地を発掘したところ、中石器時代にはテイ川の中の小さな島だった場所にも貧弱な住居跡が確認された。最初に居住した人々は狩猟・採集民や漁民で、小集団をなして海岸や川岸、森林地の周縁部などの食料を確保しやすい場所に居住地をつくった。内陸部には密生した森林や沼地があるので、彼らは奥地に入ることはめったになかった。狩猟民は一か所に定住することなく、移動を繰り返す半遊牧民的な集団であった。彼らの住まいは木材、柴、皮革などで建てられた小さなもので、発掘しても内部からはほとんど家財道具などは出土しないのが普通であるという。

中石器時代の人々は定住地の周囲から食料を豊富に確保できた。森林地での狩りで得られる鹿などの動物や、海、川、湖沼での漁労によって捕れる魚介類、水鳥（カモメや鵜など）、高地に生息するライチョウなどの鳥類が主なものであった。金属がまだなかった時代には、狩猟や漁労に用いる槍や弓矢の先端には、骨や火打石製の鉤《かぎ》や針を取り付けた。ブリテン島北部の狩猟・採集民は、おおむね火打石やクオーツ（石英）の小石から効果的な道具を作ったが、居住地の海岸や川の砂利石の中から適当なものを見つけられなかったときは、遠隔地から物々交換で仕入れなければならなかった。道具と物々交換されたものは、たとえば鷲の羽根、シロテンの毛皮、セイウチの牙などであった。動物を仕留めるわなや魚を捕獲する網を作るには、細枝や草木の繊維を用いたりした。

当時はクジラも捕れたのはたしかで、一八七七年にクジラの骨格がスターリング近くのメイケルウッドで発見されたのはその証拠である。発見場所から判断して、浅瀬に乗り上げたクジラを狩猟民が仕留め、殺したのであろう。赤鹿の角のピックアクスが頭蓋骨に突き刺さったままであった。

新石器時代——農耕始まる

紀元前四〇〇〇年頃、スコットランドにヨーロッパ大陸から新しい生活様式を携えた人々が移住した。氷河期の後で海水面が上昇したことで証拠はほとんど消滅したが、彼らは海を渡って到来したと考えられている。この時期からおよそ二〇〇〇年間は、考古学の区分では新石器時代に当たる。中石器時代末期から新石器時代初期にかけて、居住者の一部は依然狩猟生活を営んでいたが、多くは定住して農耕生活に従事するようになった。スコットランドでは、人口が少ないのに森や川、湖、海には食料資源が豊富だったから、農業の発達はかなりゆるやかであったかもしれない。しかし農耕で得た収穫物は冬期の食料として貴重なものであったので、新石器時代人は農耕に力を入れた。主な栽培作物は大麦、エマー麦などの穀類であった。耕作に必要な知識は新たな居住者たちによってもたらされた。豚と犬は以前から飼いならされていたが、羊、牛、山羊の飼育法はヨーロッパから伝えられた。

農業を営むにはまず耕作地を確保しなければならず、新石器時代人は猛烈に開墾に励んだ。樹木を伐り倒すには斧あるいは鉞《まさかり》のような、鋭利な石の刃物が必要である。農耕民たちは、そうした用具を遠方のアイルランドやブリテン北部から手に入れたことが判明している。穴を掘ったり、土を掘り返したりする原始的な耕作用具も開発され、種類も次第に増えた。土地の開拓が人の手に余る場合は、動物の力を借りた。たとえば、猪や野生の豚を囲い込み、樹木や低木を倒したり枯れさせたりして、耕作地を切り開いたことが知られている。木の切り株や柴木は燃やし、その灰を撒いて耕地を肥沃にするのに役立てた。

前三〇〇〇年頃、農業を営む最初の村落がスコットランドに現れた。たとえばオークニー諸島の主島メインランド島にあるスカラ・ブレイの遺跡は新石器時代の集落跡である。スカラ・ブレイ集落は前三一〇〇〜前二六〇〇年に建造されたとみなされる。建造の時期はストーンヘンジ（前二〇〇〇年頃）よりだ

オークニー諸島のメインランドにある新石器時代の集落跡スカラ・ブレイ

いぶ古い。この集落は一〇軒ほどの住居からなり、そのうちの一軒は石材を加工する仕事場であったらしい。日常生活のごみをまとめて固めたミドンと呼ばれる巨大な塊を積み上げ、それに上から大きな穴を開けて石（オークニーの地で採れるフラッグストーン）を配置し、正方形の安定した住居を完成させた。住居の平均的な面積は三六平方メートル、屋根までの高さは三メートルほどであったと推定される。現在の住居跡には屋根は残っていない。大部分の住居はミドンをくり貫《ぬ》いた通路で結ばれていた。囲炉裏は石で囲まれ、ベッドや収納棚などは石でできていた。この集落の住民は大麦などの穀類を栽培し、牛や豚、おそらくは羊や山羊も飼っていたらしい。

新石器時代には大きな建物を造る技術が進歩した。最大のものは死者を埋葬するための建物、埋葬の儀式に関連する建物であった。スコットランド全域でさまざまな種類の埋葬地と墓が発見されている。この時代の住民たちは、同質の種族ではないにしても、死（および死後）については、総じて同様の観念を共有していたとみられる。彼らは強い宗教心をもっていた。集落の中の重要人物が死んだときは、大きな墓あるいは塚に埋葬された。スコットランドでは長い塚、丸い塚、石室墳などさまざまな種類の塚が発見されている。中には大規模な構造の塚もある。大部分のスコットランドの塚には内部に通路がある。その一方の端にはたいてい前庭があり、そこでは宗教儀式が行われたが、地面に穴や火を使った跡があることから、塚は祭りや集会の行われる中心的場所だったとも考えられる。半地下の石と土手で囲った石室墳は新石器時代人が「大地の子宮」と考えたもので、彼らが死後にそこで再生することができると信じた場所である。それは輪廻転生の信仰を具体的に表しているとみてよい。

巨石の遺跡と遺構

新石器時代から青銅器時代へ移行する時期に、スコットランドで立石群（ストーン・サークル、スタンディング・ストーン）が異様に多く建造される現象がみられた。それらのなかで最も名高いのはカラニッシュ立石群である。スコットランドの西方にあるヘブリディーズ諸島のルイス島に今も残るこの巨石群は、前三〇〇〇年頃から建てられ始め、前二〇〇〇年頃に完成したが、その建造時期はストーンヘンジとほぼ同じ頃にあたる。カラニッシュはストーノウェイの西方約二四キロメートルのロウアグ湾を見下ろす丘の上に立っている。一三個の立石が直径一二メートルほどの不規則な円の形で並び、円の中心部には高さが四・七五メートルの巨石が立っている。円の真ん中には前二〇〇〇年頃に造られたとみられる小さな石室墳がある。その円から東、南、西の方角にそれぞれ五個ずつの立石、北の方には一九個の立石が二列に並んでいる。さらに、円のすぐ外側の南西と南東にも一個ずつ石が置かれている。上空から見ると、石の配列は十字と円が組み合わさった形状で、高十字架（ハイクロス）に似ている。

アウター・ヘブリディーズ諸島のルイス島にあるカラニッシュ立石群

カラニッシュのストーン・サークルの重要性は古くから認識されてきた。一七世紀には、地元の住民たちはこの立石群を「人形《ひとがた》の石」と呼んだ。石の形は、人間が魔法によって石に変身したかのようにみえるからである。近年考古学的資料に基づき、倒れた石や失われた石が元通りに復元されたことで、この立石群の建造をめぐる謎が解明されつつある。

スコットランドの北方に位置するオークニー諸島にも巨石群の

遺跡が残っている。主島メインランド島の西部のほぼ中央にあるステンネス立石群は、新石器時代の石塚墳墓で知られるメイズ・ハウから八〇〇メートルという近い場所にある。メイズ・ハウとほぼ同じ時期（前三一〇〇年頃）に建てられたと思われる。建造された当初は直径三〇メートルほどの円形の立石群であったが、現在は石は四個しか残っていない。石は地元で採れるフラッグストーンである。

メインランド島には西部のほぼ中央にリング・オブ・ブロッガーの立石群も残っている。この巨大な立石群はストーンヘンジと同じ頃に建造された。直径は約一二〇メートルで、当初は石が六〇個立っていたが、現在はほとんどが失われて二五個しか残っていない。

青銅器時代の生活

新石器時代を通じておよそ二〇〇〇年のあいだ、スコットランド農民の生活様式はほとんど変化することがなかった。前二〇〇〇年頃に使用されていた用具や道具、武器などは、数世紀前に新石器時代初期の農民が用いたものとさほど違いのないものだった。ところが、前二〇〇〇年頃、ヨーロッパの西海岸から新たな移民が到着し、生活の様相が一変する。この重要な変化をもたらしたのは「ビーカー人」と称された人々である。ビーカー人の名は、彼らがビーカー形の壺や金属製品を作ったことに由来する。ビーカー人は印欧（インド・ヨーロッパ）語族に属する民族（イベリア半島に起源をもつとされる）で、前二六〇〇年以降に北海を経由してブリテン島に渡来したが、前二〇〇〇年頃まで彼らの金属加工技術は普及しなかった。

彼らは定住地をもたず、鋳掛屋・鋳物師・交易商人などの仕事をしながら各地を渡り歩く流浪の民であった。高い金属加工の技術を携えていたことから、集団としての勢力を強大にした。ビーカー人がいかにすぐれた金属加工技術をもっていたかは、彼らの墓から出土した金属の斧、青銅の短剣などが証拠立てている。ブリテン島に出現してから、ビーカー人は金属製の戦斧《せんぷ》や弓矢などの武器を用いる戦士としての性格を強め、次第に先住民を打倒し、ブリテン島の新たな支配層となった。金属使用で武器の精度が上がっただけでなく、農耕機具の改善で労働生産性が高まり、経済活動が活発化していく。その結果、人々の富の蓄積が増大し、住民の間で貧富の差が広がり、社会構造に変化が生まれた。考古学的資料によれば、ビーカー人は先住民より身長が高く、平均して一・八五メートルくらいあった。体格は頑丈で、頭蓋は丸形であった。おそらく先住民との通婚（異なる種族や民族、集団間の結婚）によって、彼らは先住民と同じ聖地で宗教的儀式を執り行うようになった。

紀元前二〇〇〇年頃、スコットランドへ青銅加工の技術が伝えられ、スコットランドでの青銅器時代が始まる。青銅は銅と錫《すず》の合金で、スコットランドでは銅の鉱床はあちこちにあったが、錫はまったく産出されなかったため、青銅生産者たちは錫を求めて産地として広く知られたコーンウォール（ブリテン）まで出かけた。未加工の銅を取り出すために、先史時代の職人たちは小さな溶鉱炉で鉱石を超高温（一〇〇〇度以上）に熱しなければならなかった。それほどの高熱を得られる燃料は木炭しかなかった。青銅加工の作業はまず木炭を確保することから始まった。

青銅器時代の最初期にスコットランドで製作された青銅器は、斧、槍、ハルバード（斧と槍を組み合わせた武器）、鎌などの道具や武器のほか、イヤリング、腕輪（アームレット／ブレスレット）、ブローチ、ネックレスなどの装身具であった。中期青銅器時代（前一四〇〇頃〜前九〇〇頃）までには技術が一段と進歩し、細やかな装飾で洗練度の高い製品も作られるようになる。権力のある階層の人々は高級な青銅製品によって富を誇示するのを好んだ。後期青銅器時代（前九〇〇頃〜前四〇〇頃）までには金属加工職人は念入りな刀剣、盾、大鍋、壺などを製作した。金属製の武器が使われたことで、戦闘の仕方に変化が生じたことも重要である。

青銅器時代を通じて、スコットランド製の青銅器は、黄金や黒玉炭、琥珀《こはく》を用いた製品、さらには織物や陶器などとともに、アイルランドやブリテン、スカンディナヴィア諸国との交易で貴重な取引商品となった。この時代にとくに注目されるのは、スコットランドの内外で、物品の交易にとどまらず、知識や観念の伝達や交換も行われたことである。

ケルト人の移住――鉄器時代へ

スコットランドでは前五〇〇年までに、道具や武器に用いる金属として、鉄が青銅に取って代わり始めた。鉄は青銅より硬く、刃先を鋭利に仕上げることができるなど有利な特徴をもっていたので、新しい時代の主役となった。スコットランドの鉄器時代の始まりは、ケルト人が最初に移住してきた時期と一般にみなされている。ケルト人はヨーロッパ大陸に居住していた時期に発達した言語と習俗、それに鉄加工の技術をスコットランドへ持ち込んだ。彼らは最新の技術で作った鉄製武器を使って戦いに勝つことができたことで、先住民を圧倒し、支配することができた。

しかし、ここで注意しなければならないのは、ケルト人は大陸から大規模な集団をなして移住し、スコットランドに侵略してきたのではないということである。従来はこの「侵略」説で説明されてきたが、近年は疑義が出され、否定される傾向にある。ケルト人は少数の集団をなし、それほど目立たない形で、さまざまな時期に何度にもわたって、主に南の方角から渡ってきたとみられる。だがその経路も確かではなく、海陸の多様なルートで移動したのであろう。アイルランドへのケルト人移住も、同様に「侵略」であったとは考えられない。スコットランドでも、アイルランドでも、ケルト人が移住してきた時期には、すでにケルト文化あるいはケルト文化に類似した文化が広まっていた可能性がある。イースト・ロジアンのトラプレイン・ローで発見された受け口付き斧は、この地域の土着の鍛冶工がケルト人の来住以前から鉄を使用していたことを証拠立てている。スコットランドでの新しい鉄文化は、ケルト人が決まった時期に大挙して到来したことで導入されたわけではない。

ケルト人の起源については、彼らがみずからの文字による記録を残さなかったため、明確な事実を知ることは困難である。ケルト人（とされる民族集団）がヨーロッパの歴史記録にはじめて登場するのは紀元前六〜五世紀頃のことである。前五世紀半ばの古代ギリシアの歴史家ヘロドトスは、ドナウ川の源流についての記録のなかでケルト人について言及している。前五四〇年頃から前四七五年頃に活躍したギリシアの歴史家ヘカタイオスもケルト人の存在を確認した内容の報告をしている。この時期にケルト人がドナウ川上流付近に居住したことは考古学的にも確認されている。しかし、その時期以前のケルト人についてはほとんどわかっていない。鉄文化をもち、騎馬を得意としたことから、中央アジアを源流とする遊牧民族であったのではないかと推定される。

スコットランドのケルト人について最初に言及した記録は、前三五〇年頃、ギリシアの船乗りピュテアスによる航海の報告である。彼はブリテン島の最北端の港の名を「オルカス」と書いている。これはケルト人の部族の名前で「若い猪」の意であるが、現在のオークニーを指しているのは間違いない。ただ、この記述をもって、早くも前四世紀にブリテン島の北端にケルト人が住んでいたと断定するわけにはいかない。しかし、紀元一世紀に、ローマ人によって、北の果てでも西の果てでもケルト語が使われていたことが確認された。現代ではスコットランドの多くの地名や宗教、民俗、芸術的製品などから、前五世紀の前半までにスコットランドでケルト文化が普及していたことが明らかになっている。

ケルト語

ケルト語は印欧（インド・ヨーロッパ）語族のケルト語派に属し、二つの語群に分かれる。語群の一つは、ゴイデル語群（Qケルト語とも呼ばれる）で、もう一つはブリソニック語群（Pケルト語とも呼ばれる）である。スコットランドで話されるスコットランド・ゲール語は、アイルランド語、マン島語と並んで前者に属し、ウェールズ語、コーンウォール語、ブルターニュ語は後者に属する。Qケルト派かPケルト派かの区別は、いわゆるケルト語の祖先ともいうべき「ケルト祖語」の音素／kw／が／k／になるか／p／になるかによる。たとえば、ゴイデル語群で「息子」を意味するmacはブリソニック語群では（m）ap（ウェールズ語）、mab（ブルトン語）、map（コーンウォール語）となる。別の例では、頭を意味するゴイデル語群のceann（マン島語はkione）は、ブリソニック語群ではpen（ウェールズ語）、penn（ブルトン語）、pen（コーンウォール語）である。

ケルト語を話し、鉄加工技術に長けたこれらの人々は、顔や身体を染料で装飾したと伝えられる。ゴイデリック語では彼らはみずからをクルティン（彩色した人）と呼んだが、ブリソニック語ではプリティンと呼んだ（この語から、ブレタンあるいはブリトンの名称が生まれた）。数世紀後にブリテン島北部に侵入したローマ人が、そこに住む民族集団を指してピクティ（「彩色された」の意）と呼んだことから、その民族の名がスコットランドの多くの地名に残ることになった。例を挙げれば、ピットクール、ピトメダン、ピタロウ、ピトロッホリーなど）やペント（ペントランド湾、ペントランド丘陵など）である。

ゴイデリック語を話すケルト人はアイルランドに居住した後、おそらくそこからスコットランド西部へ植民したのであろう。ブリソニック語を話すケルト人はスコットランドの東部を占拠し、フォース湾河口からさらに北東の遠隔地、オークニー諸島とシェトランド諸島まで居住地を広げたと考えられる。

戦士社会

ブリテン諸島のケルト人は大陸（ガリアなど）のケルト人とほぼ同様の社会を構築し、似たような生活を営んだとみられる。彼らは血縁関係でまとまったクラン（氏族）を基盤に階層的な部族社会を形成し、族長がこれを率いた。部族は内外での闘争ないしは戦争が多かったため、戦士階級の役割が大きく、好戦的な戦士社会の性格をもっていた。ケルト人は騎馬術に長け、戦闘ではチャリオット（馬に引かせる二輪戦車）を乗り回して戦った。ユリウス・カエサル（前一〇〇～前四四）はブリテン（ブリタニア）に遠征したとき、ケルト人が巧みにチャリオットを操り、勇猛果敢に戦うさまに危険と恐怖を感じた。彼は『ガリア戦記』（五巻一六節）で、ケルトの戦士がチャリオットから飛び降り、徒歩でわたり合ってから、すぐさまチャリオットに引き返し、次々と交代して攻撃する戦法には、「まったく歯が立たない」と記述している。

さまざまな城砦

ケルト人の有力な部族は外敵からの攻撃に備え、丘陵の上に城砦（丘砦、ヒル・フォート）を築いた。丘砦は東部地方を中心に各地に建造されたが、現在でも丘砦の跡をとどめる遺構があちこちに見られる。大陸の場合と同じく、スコットランドの丘砦は高度な建造技術を用い堅固に造られた。壁は石積み工法で建てられ、壁の外側は複数の盛り土の仕切りや溝で囲まれた。多くの丘砦は面積が広く、部族の統治機能（族長、有力戦士ら支配層の居宅や重要な作業所、倉庫など）の敷地を確保するのに十分であった。この点で、イースト・ロジアンのトラプレイン・ローの丘砦は、内部に強力な都市城砦的な要素をもっていて注目される。その丘砦は一六万平方メートルの広さがあり、敷地内には、居住地域のほかに、金属・ガラス製品などを作る工場が設置されていた。

スコットランド北東部で最も堂々とした丘砦の一つは、アンガスのブレヒンの北方にあるホワイト・ケーターサンである。この丘砦は海抜三〇〇メートルの高地にあり、城壁は厚くて堅固であった。南西部では、レンフルーシャーのウォールズ・ヒルにある大規模な丘砦が注目される。この丘砦の面積はわずか七万平方メートルしかないが、円形の木製の住宅の跡が残っている。ダムノニイ族の居住地であった可能性があるとみられる。

ブロッホ

スコットランドでは独特な石造の円塔城砦（ブロッホ）が各地で建造された。ブロッホは現在五〇〇くらい残存しているが、ほとんどが崩壊し、円塔の基礎部分が残るだけのものが多い。建造年代は前五〇〇年以降と考えられる。最初は比較的小さい石造の城砦であったが、前一〇〇年までには、自然石を積み上げた造りの巨大な円形の塔に変化した。高さがもともとどのくらいあったかはわからないが、現存している石積みの高さは五メートルから一三メートルまでさまざまである。平均的な規模は直径が一三メートルほどで、上へいくにつれて直径が小さくなっている。壁は外壁と内壁の二重構造で、二つの壁のあいだは空間になってい

シェトランド諸島のメインランドにあるムーザ・ブロッホ

る。壁の厚さは二〜四メートルある。壁のあいだの空間には階段が設けられており、それを上っていくと最上部へ出られるようにできている。

ブロッホの用途は主として外敵の防御に用いられたことが考えられるが、避難場所や集会場所などとして多目的に使われたのかもしれない。大部分のブロッホは内部に囲炉裏《いろり》や箱形寝台、貯水槽、食料貯蔵室などの設備があることから、何らかの形で人が住んでいたと推定されている。しかし、どのくらいの人数がどのように住んだかはわかっていない。大きいブロッホの場合は、広範囲の地域を支配した族長の本拠地だった可能性もある。

クラノーグ

ケルト人の住居のなかには湖上に造られた住居（クラノーグ）がある。新石器時代に建てられ始めたが、アイルランド、スコットランドにも多い。湖畔の浅いところに杭を打ち、大木を並べて土台を造ったあと、それに土や石をかぶせて人工の島を造り、その上に住居を築いた。湖上住居と湖岸の往復には丸木舟が使われることが多かった。地域によっては住居と湖岸とが狭い木造の橋でつながっている場合もあった。湖は飲み水や魚の確保を容易にし、外敵を防ぐのに大いに役立ったであろう。その意味では、湖上住居は一種の城砦の性格をもっている。

有名なのは、スイスのヌーシャテル湖のもので、一八五七年に湖の水位が下がったときに、多くの木材の杭が現れ、ケルト人の住居跡と確認された。発掘すると、たくさんの武具や首環（トルク）、腕輪、貨幣などの奉納品が出土し、聖域でもあったことがわかった。ラ・テーヌ期特有の装飾がほどこされており、貴重なケルト文化の遺跡である。

動物たちの絶滅と生き残り

スコットランドは、ブリテン島のほかの地方にはまったく見られない、あるいは極めて珍しい種類の動物が、過去に生息し、あるいは現在も生息している土地である。その理由として、ブリテン北部に位置するスコットランドの山岳、森林、湖沼、渓谷などが、地理や地形の面で特異であったことだけでなく、厳しい気象や天候が変化に富んでいることも挙げられるであろう。ことに、ハイランドや島嶼地方は、さまざまな生物の種を残存させ、保護する自然環境に恵まれている。たとえば、スコットランド本島から北西の極めて遠隔の地にあるセント・キルダ島には、今日でも古代からの希《け》有《う》な原生種の牛や羊などが生息しており、スコットランドの動物相がいかにユニークであるかを示している。

スコットランドの最後の氷河期以後、少なくとも一〇万年くらい前には、気候が徐々に温暖化し、マンモス、有毛のサイ、ジャコウウシ、横穴クマ、ホッキョクギツネ、レミング（タビネズミ）といった哺乳動物は絶滅し、洪積世（更新世）時代のアカシカなどは小型化し、現在見られる程度の大きさになった。しかし、エルク（ヘラジカ）、トナカイ、バイソン（野牛）、ヒグマ、狼、ビーバーなどは歴史時代まで生き残った。といっても、バイソンは鉄器時代に入って最初に姿を消したとみられる。原始時代の種のクマは一〇世紀まで生存したらしいが、トナカイとエルクは、もう少し後代まで生き延びたとみられる。ビーバーは一六世紀まで生息していたことは、インヴァネスシャーで記録されている。

スコットランド中部のケアンゴーム山一帯は、かつては豊富な種類の哺乳動物の生息地として知られた。実際、エルク、ヒグマ、バイソンなどが九世紀から一〇世紀まで生息した証拠がわずかながら残っている。ビーバーは西ハイランドで一六世紀まで生息し、野生の猪は一七世紀初期まで生き残ったといわれる。これらの動物は、今では姿を消してしまっている。

スコットランド先史時代の野生動物の横綱的存在であった巨大なバイソンは、エルクと異なり、記録はあまり残っていない。氷河時代が去って、ブリテン島が広範な森林におおわれていた時代には、バイソンの群れが移動するさまは普通のものであったに違いないが、巨樹が密生する森林は、大型の動物の生存には困難な場所となり、次第に消滅していった。大群をなして集まるアメリカのバイソンと違って、スコットランドのバイソンは小型で、小集団をなして生息し、主食としてヤナギ、ヤマナラシ（ポプラ）、オークなど落葉樹の葉を好んだ。

エルクは、一〇世紀頃に造られたブロッホ（円塔形の防御施設）の時代以後までスコットランド北部に生息したが、直接的には狩猟、間接的には森林破壊が主な原因で一三〇〇年頃に絶滅の運命にさらされた。スコットランドにエルクが生息した状況は、ブロッホなどから発見された骨によって明かにされている。

スコットランドのヨーロッパ種のクマはスコットランド北方の森林地帯に多く生息したが、一一世紀（一〇五七年頃）に絶滅したとされている。絶滅の理由は、厳しい気候やクマの食べるえさの不足と説明されるが、人間が食用の肉と毛皮欲しさのために乱獲したことも大きな原因だっただろう。

10 世紀頃までスコットランドに生息していたエルク（ヘラジカ）

第2章 ローマ人の侵入から全国統一まで

80
/
800

ローマ軍のブリテン侵入

紀元一世紀にローマ軍がブリテン島北部のスコットランドに侵入したことで、スコットランドの先史時代は歴史時代へ移行することになった。血族的な部族社会が、一気にローマ帝国の高度に組織化された強大な文明と出会ったわけで、その両世界の衝突の意義は大きい。属州の拡大を目指すローマ帝国は、紀元前から海のかなたのブリテン島へ深い関心を寄せていた。だが、ブリテン島の南部については、カエサル（前一〇〇〜前四四）が前五五年と前五四年の二度、ブリテン島南部へ侵入したことから、ケルト人の住む地域については、ある程度の現実的な知識と情報を得ていたとしても、中部・北部についてはほとんどわかっていなかった。ローマ人にとって、スコットランドはまったく未知の土地で、原始人の住む場所くらいの認識しかなかったかもしれない。

当時「ブリテン」として意識された地域は、ローマ人によって「ブリタニア」と呼称された。ローマ人の目には、ブリタニアはさまざまな民族のパッチワークと映った。二世紀のアレクサンドリアの天文学者で地理学者クラウディオス・プトレマイオス（八三頃〜一六三頃）〔英語ではトレミー Ptolemy〕

はブリテン島の地図のなかで、広大な領地を支配している部族集団の名を挙げた。プトレマイオスは、各地域で集団をなすケルト人部族名を地図に記載した。たとえば、ギャロウェイ地域にはノワンタエ族、ボーダー地域にはセルゴウァエ族、ロジアン地域にはウォタディニ族、スコットランド中部にはダムノニイ族が居住するとし、ほかにフォース・クライドとマリ湾の間の地域にはさまざまな部族が住み、なかでも主要なのはカレドニイ族であることを示した。ローマ人がスコットランド全域をカレドニアの名で呼んだが、そのことは、実際カレドニイ族が政治的に一体化した強力な部族だったことによるものかは、議論があってはっきりしない。

当時のスコットランドの人口は、全体で二五万から三〇万くらいであったと推定される。ケルト人の大小の部族集団が割拠していたが、彼らは好戦的で、他部族と、時には同じ集団内でも、戦争することが多かった。戦士の役割が大きく、彼らは騎馬と戦車の操縦に長けていた。

ローマ帝国によるブリタニア南部の征服は、ローマ皇帝クラウディウス（在位四一～五四）が皇帝就任後の四三年から本格的に始まった。これより先、前五五年と前五四年の二度、ユリウス・カエサルが率いる共和政ローマ軍はブリテン南部へ上陸したが、この侵入は完全な征服に至らず、ローマ軍の勢力誇示と偵察程度にとどまった。

ボウディッカ女王の支配下にあったイケニ族の反乱（六一）や、ヨークシャーのブリガンテス族の離反があったにもかかわらず、ローマ軍は絶え間なく北進を続けた。七八年までにブリタニアのローマのプロヴィンス領はのちにイングランドおよびウェールズの諸地方を含む地域にまで広がった。

ローマ軍の北進

ローマの遠征軍司令官は、当時のローマのブリタニア総督、クナエウス・ユリウス・アグリコラ

（四〇〜九三）であった。アグリコラはローマの名だたる政治家・将軍で、ウェールズでのケルト人の抵抗や、ボウディッカの反乱を鎮圧後、ローマにとっては未踏の地であるブリテン北部（カレドニア）への関心を深め、その征服を目論んだ。

スコットランド征服を目指すアグリコラのローマ軍には、ローマ帝政期の著名な政治家・歴史家であるタキトゥス（五五頃〜一二〇頃）も加わった。タキトゥスはアグリコラの娘婿である。彼は後に岳父アグリコラの伝記『アグリコラ』（九八年頃）を著した。この書はブリテン北部についての最初の文献になった。後代の人にとってありがたいことに、この時代のスコットランドの様子は、タキトゥスの記録によって知ることができる。『アグリコラ』は身内による著作であることから、公平さに不安を抱く向きもあるが、タキトゥスの史眼は客観的で、信頼性は高い。タキトゥス以降、スコットランド史は、考古による物的証拠によらず、文字によって事実を確証する歴史時代に入ったことになる。

タキトゥスによれば、全ブリタニアをローマの支配下に置こうとする皇帝ティトゥス（在位七九〜八一）の命令で、アグリコラは総勢二万人の軍団を率いてスコットランド南部へ侵入、八〇年頃までにはソルウェイとトゥイード川あたりまで北へ進み、チェヴィオット丘陵を越えた。しかし、北方へ進めば進むほど、ローマ軍にとっては、大貯蔵所があり主要な駐屯地であったヨークやチェスターから軍需品を補給することが困難になった。

八〇年、アグリコラはソルウェイとタインを結ぶ線からさらに北方へ侵攻し、ケルト人部族を服従させた。このあたりのローマ軍の進路の先には、四つの部族が住んでいた。東方にはトゥイード川とフォース川の間にウォタディニ族がおり、トラプレインに彼らの本拠があった。西方にはセルゴウァエ族の領地が広がり、さらにその西のクライド川の渓谷と河口には、ノウァンタエ族とダムノニイ族がいた。だが、ローマ軍の進撃を強力に食い止めようとしているのはセルゴウァエ族のみとみたアグリコラは、ニューステッドに大きな城砦を築くため、北進を決意する。四つの部族を征服したあと、アグリコラはさらに北方へ軍を進め、フォース・クライド地峡に一連の城砦を建造した。これらの基地から、八四年、彼は地形的に通行が可能な唯一の道を北へ向かった。キャロンを通り、それからスターリング近くのフォース川を越え、マエアタエ族の領地に入った。アグリコラはテイ川河口へ到達し、パースの北方二四キロメートルの地点にあるインチトゥシルに巨大な城砦を築いた。

カレドニア人

アグリコラが八〇年にブリテン北部へ入ったときには、ブリテン南部はすでに征服されていた。その遂行はある面では彼にとっては困難であったが、別の面では容易なところもあった。最も困難だったのは、道路状況が悪く、軍隊の移動が思うようにいかなかったことである。当時はまだどの地域も深い森に覆われていて、いたるところに深い沼地（ボッグ）や水域があった。作物が栽培されているところは、あちこちに点在しているだけだった。

ブリトン人（ケルト人）は戦闘にかけては、とてもローマ軍に太刀打ちできる力はなかった。ローマ軍の装備は完璧に近いほど行き届いていた。兵士の大半は金属製の兜《かぶと》（ヘルメット）をかぶり、胸や太ももにも防具を着用していた。左手には大型の盾を携え、右手には先端のとがった、短くて強固な剣をもっていた。一方のブリトン人といえば、鉄製の武器をもってはいたが、盾は小型であるうえに、胸部を守る工夫をしている兵士はほとんど見られなかった。ローマ軍兵士はみな十分に訓練され、上官の命令には絶対に服従するよう教育されていた。それに対し、ブリトン人は、あまり組織的に動くのは得意でなかった。彼らが全体で強力な一人の指揮者のもとにまとまることなく、多くの部族集団がそれぞれの族長の指揮を仰いだことが、アグリコラの征服を容易にしたのかもしれない。こうして、二年間の戦闘を経て、アグリコラはフォース湾とクライド湾の南の地域をすべてローマの支配下に置いたのであった。

だが、アグリコラが侵入しようとしていた北の地域はローマ人に「カレドニア」と呼ばれたカレドニア人の居住地で、アグリコラが征服するのに最も困難な地域であった。カレドニアとはゲール語で「森林地の要塞」の意で、カレドニイ族が多く住んでいたことに由来する。その名のとおり、ハイランドの丘陵が連なる地帯で、森林地が広がり、進軍もこの上なく困難な場所が多かった。しかし、ハイランドを征服するというアグリコラの決意は固かった。カレドニア人についての情報を偵察隊や商人を通じて収集し、攻撃の準備を進めた。

カレドニア人の生業は農業、漁業、牧畜などであったが、好戦的な性格が強く、土地の境界などをめぐって近隣の部族集団と戦闘を繰り返し、戦闘方法は原始的であったとしても、戦いには相当慣れていた。しかし、カレドニア人はローマ人が現れるまで異民族の侵入に直面したことはなかった。危機意識を高めた諸部族は結束を固め、決死の覚悟で迎撃に備えたとみられる。決戦を前に、彼らの一部は、夜間にアグリコラの陣営を襲い、見張りの兵を殺害し、ローマ軍に追い返されたりした。

モンズ・グラウピウスの戦い

八四年夏の初め、アグリコラ指揮下のローマ軍は、アバディーンシャー中央部の、タキトゥスがモンズ・グラウピウスと呼んだ場所でカレドニア人と激戦を繰り広げた。この戦闘は、モンズ・グラウピウスの戦いと呼ばれる。グラウピウスの場所がどこであるかは特定されていないが、最近の研究では、ベンナキーのモンクレイフの丘と同一視されている。

モンズ・グラウピウスの戦いは、タキトゥスによれば、アグリコラが率いる二万人のローマ軍と、カレドニアの族長カルガクスが指揮する三万人の武装勢力の戦いであった。カレドニア軍はまず、遠方から敵を目がけて投げ矢を放ったあと、突進して敵の隊列を壊した。そこへ槍兵を乗せた二輪戦車が突撃し、敵兵を倒した。だが、カレドニア軍は敵に接近して相打ちするのは得意ではなかった。彼らの盾は小型で、護身の武具を着けている者はほとんどいなかったからである。

カレドニア軍は精一杯戦ったものの、結局、組織の固いローマ軍に太刀打ちできず敗北し、近くの森の中へ退散した。戦いには敗れたものの、指揮者カルガクスは、カレドニア人がローマ帝国と戦いうる力があることを証明した。彼は英雄的戦士として名を高め、後世に伝えられた最初のスコットランド人となった。

タキトゥスは『アグリコラ』の中で、カルガクスが彼の軍勢に奮起をうながすため、「ローマ人は廃墟を作っておきながら、それを平和と呼んでいる」とローマ人を辛らつに非難したと記録している。この有名なタキトゥスの記述は、一面においては帝政ローマに否定的な視線を投げかけているように響く。タキトゥスは当時のローマ帝国の腐敗や圧政を問題視し、共和政ローマに懐古的思いを寄せていたのであろう。

アグリコラはさらに軍を北進することを提案したが、彼は戦いの後すぐに本国ローマから召喚されたため、ローマ人はスコットランド北部の大半を放棄し、トゥイード川沿いのニューステッドにある城砦に軍隊を集中させた。カレドニアの奥地には険しい山岳や長大なロッホ（湖）、深い渓谷などがあり、交通や運輸が困難あるいは不可能な地域が広がっているため、ローマ人はそれ以上の深入りを避け、撤退する道を選んだのであろう。「ブリテンは征服されて、すぐに投げ捨てられた」とタキトゥスは不機嫌な筆致で書いている。

ハドリアヌスの長城

アグリコラ召喚後のローマの統治者たちは、アグリコラが当初意図した北方海岸線よりはるか南方に、東西をつなぐ人工の境界線を引き、スコットランドとローマ帝国を区分した。インチトゥシルの要塞を放棄した後、ローマ人はアードッホからバーサまで一連の監視塔を建てたが、これらは九〇年頃には無用になったらしい。一世紀の終わりには、ロクスバラシャーのニューステッドがかなり重要な拠点になっていたとみられる。頑丈な石造の兵舎が並び、インチトゥシルよりは建造の仕方が永続的であった。ニューステッドをはじめ、ダルズウィントン、グレンロハールなどの要塞が一〇五年頃まで主な駐留地であった。その年、ローマ軍はソルウェイからタインを結ぶ線の南へ撤退した。

アグリコラが去って約四〇年後の一二一年、時のローマ皇帝ハドリアヌス（在位一一七～一三八）は属州ブリタニアを訪れ、ローマの領地に侵入を繰り返すカレドニア人を排除するため、ソルウェイからタインまでをつなぐ遠大な長城（防壁）の建造を命じた。いわゆる「ハドリアヌスの長城」である。一二二年に工事が開始され、完成まで一〇年の歳月を要した。建設作業にはローマの属州から動員された一万四〇〇〇人以上が従事したといわれる。完成当時の長城の長さはニューカッスル・アポン・タインからカーライルまで一一八キロメートルに及んだ。壁の高さは四メートルから五メートル、厚さ約三メートル（部分によっては二・五メートル）で、当初は土塁であったが、後に石垣で補強されたとみられる。約一・五メートル間隔で監視所が設置され、六キロメートル間隔で要塞も建設された。各要塞には五〇〇人以上一〇〇〇人ほどのローマ兵

ハドリアヌスの長城

が配置されたと推定される。

ハドリアヌスの長城は軍事上の防衛線として建設され、スコットランドを防御する役割を長らく果たしたが、次第に役割が薄れ、ローマ人の支配力が弱まるにつれ、北方からこの防壁を越えてピクト人などが南下するようになった。しかし、四世紀後半ば以降もスコットランドとイングランドとの境界として使われ、固定化した。この長城はソルウェイからタインまで、そのほとんどが今も残っている。

アントニヌスの長城

ハドリアヌスが去って約二〇年後、皇帝アントニヌス・ピウス（在位一三八〜一六一）が統治した時期に、当時のブリテン総督、ロリウス・ウルビクスはアントニヌス帝の命を受け、フォースからクライドまでをつなぐ新たな防壁、いわゆる「アントニヌスの長城」を築いた。ウルビクスがブリテンでどのような戦果をあげたのかは、ほとんど知られていないが、アグリコラと同じように、フォース湾とクライド湾の南の部族を統治したに違いない。

アントニヌスの長城は、フォース湾沿いのフォルカークからクライド湾沿いのオールド・キルパトリック（ウェスト・ダンバートンシャー）まで六〇キロメートルに及ぶ長さである。この長城は、基盤は石造で、その上に芝土が整然と盛られた。高さはおよそ三・三メートル、底部の厚さはおよそ四メートルである。防壁と並んで、北側には溝が掘られた。南側には広い幅の道路が一本走り、兵士たちが侵入者を撃退するため移動できるようにした。三・二キロメートルごとに、敵を日夜監視できるように要塞が設置されていた。

総督ウルビクスの意図は、アントニヌスの長城を建設し、ローマのフロンティアをハドリアヌスの長城よりさらに北へ移動することで、スコットランド南部とローマ世界との「緩衝装置《かんしょう》」をつくることであった。ところが、アントニヌスの長城は、およそ五〇年間守備の役割を果たしたものの、ローマはカレドニア人を制圧するのに十分な軍隊がなかったことと、ブリタニア北部の属州を維持することにほとんど利益がなかったことから見捨てられ、再びローマの北のフロンティアはハドリアヌスの長城まで後退した。

ローマとの最後の攻防

一六一年頃のローマのブリテン統治の戦術は、諸部族を監視するため、ローランドを見回るだけであったようである。ハドリアヌスの長城を突破するようなことがあれば、警告するだけで、ほぼ半世紀の間、この政策で十分であった。しかし、三世紀の初めになって、諸部族はローマにとって次第に厄介になってきた。部族の略奪の遠征が一層大胆になり、長城への攻撃回数が増えるようになった。結局、腹を立てたローマの執政官は、皇帝セプティミウス・セウェルス（在位一九三〜二一一）に増援軍を派遣するよう要請した。

二〇八年、皇帝は二人の息子カラカラとゲタを引き連れ、ブリテンにみずから足を運んで対策を一歩進めた。ハドリアヌスの長城の補修を命じたあと、アグリコラの全スコットランドを支配しようとする戦術に回帰し、フォース川沿いのクラモンドに大がかりな基地を造営し、テイ川沿いのカーポウに城砦を築いた。セプティミウス軍はカレドニア人の軍勢を破り、カレドニアの北端である北方のマリ湾まで到達した。二一〇年、軍事的優勢の中でセプティミウス帝はカレドニイ族とマエアタエ族と和睦条約を結んだが、条約は短期間で終結したため、戦いは続いた。カラカラはストーンへイヴンまで進んだが、二一一年、セプティミウスの病死で戦いは終わった。それ以降ローマ軍とカレドニア人との戦いは急に勢いがなくなる。カーポウの城砦は抜け殻と化し、翌年に解体された。

紀元二〜三世紀には「パクス・ロマーナ」（ローマのもたらした平和）が保たれ、ブリテンでは安定した状況が続いたが、次第にローマの支配が弱体化するにつれ、北部で諸民族による攻撃が激しくなり、さらにまた、アングロ・サクソン人によるブリテン南部と北部での襲撃も深刻になった。三世紀の終わり頃には、ブリテン東側の北海沿岸に一続きの「サクソン防塁」が築かれた。三六〇年にスコット人とピクト人が境界線のハドリアヌスの長城を破壊、それを修復するため近くの拠点都市から作業員が動員された。三六八年と三八三年にもハドリアヌスの長城が攻撃を受け、歩哨の兵士たちが殺された。三八三年、ブリテンで総指揮に当たっていたマグヌス・マクシムスがローマの新皇帝に任命され、事態は一層悪化する。彼は大陸での戦いのためにブリテンの駐屯兵の多くを連れてガリアへ帰還、兵士たちは二度とブリテンへ戻ってこなかった。そのためマクシムスに同行しなかった残留兵が城壁を守備せざるを得なかった。このことにふれて歴史家ギルダスは、マクシムスがブリテンをスコット人とピクト人の攻撃にさらした、と書いている。

ローマ軍の撤退

三九五年、ローマ帝国は東西に分裂し、大陸ではライン川以東にいたゲルマン人が西方へ大移動を開始すると、ゲルマン人と戦わせるため、ブリテン島駐屯のローマ軍団が次々と大陸に派遣された。皇帝マクシムスに任命されたブリテンのローマ軍の司令官スティリコは、ピクト人とサクソン人の制圧に向かったものの、四〇一年に引き返し、軍を大陸でのヴァンダル人との防戦のために派遣しなければならなかった。ローマ軍のブリテンでの防備がほとんど無力になり、一方ブリテンのケルト諸部族は再び力を盛り返し、自立の勢いを見せてきた。ローマ帝国に対するブリトン人の不満が高まり、農民の反乱まで起こった。西ローマ皇帝ホノリウスはついにローマ軍によるブリテン守備の放棄を命じ、四一〇年、ローマの最後の軍がブリテン島から撤退した。

ローマ帝国がブリテンを支配した期間は約三七〇年に及んだ。しかし、結局、ローマはブリテン島を完全に属州化することはできなかった。支配の末期には、ブリテン島北部で勢力を強めたスコット人とピクト人、それに海外からのアングロ・サクソン人の攻撃に苦しんだ。ローマ軍が去って、ここにブリトン人がみずから主体となって統治する時代が始まる。

ケルト再興へ

ローマ軍がブリテンを去ったあとの最初の数十年間については、ローマの著述家も言及することがなく、はっきりわかっていない。この時期二度にわたり（四二八〜九／四四五〜六）ブリテンを旅行したオーセルの司教、聖ゲルマノスによれば、最初の旅行のときのブリトン人の生活は、ローマ支配時代とまったく変わることなく続いているように見えたという。

ブリテンでは、長期にわたるローマ支配によって二つの文化の融合（ローマ化）が広い範囲で進んだが、一方でそのような地域にあっても、古来のケルトの文化や伝統は損なわれず、脈々と生き続け

ローマ軍によるピクト人への攻撃を表す石碑（142－143 頃建立）

た。ローマ人が去ったあとケルト人には、政治組織や生活習慣、宗教、言語など多くの面で、ローマの都市文明の影響をはね返すかのように、ローマ支配以前にもっていた自力の文化を取り戻そうとする、ケルト再興の動きが目立つようになった。ローマ支配による中断があったが、ブリテン土着のケルト人たちは文化の連続性を守り抜いたといってよい。といっても、ローマ化はブリテン全体に及んでいたわけではなく、ローマ世界と接触のなかった、あるいは少なかった北部や南西部の多くの地域では、ほとんどローマ化されず、一貫してケルト独自の本質的価値を維持したことも事実である。

ケルト古来の中心的都市であるキウィタスは、ローマの温存政策のおかげで完全なローマ化をまぬがれ、ケルト人みずからの支配力を確実に高めていくことになる。それはやがて強大な王国を形成する足がかりになったという意味で、重要な歴史的意味をもっている。

たとえば、ウェールズ南西部のデメタエ族のキウィタスは、のちにウェールズ初期のデメティア王国、つまりダヴェドに発展し、ウェールズの重要な一地方となる。ケルト人としての自立・自治を保ち得なかった都市もあったが、南西部や北部などの周縁地域では（ローマ的都市はまれで）ケルト独自の統治方式を維持していた都市が多く、そのような地域は次第にケルト意識を高め、ローマ後のゲルマン人など外敵の侵入による政治・軍事の混乱に立ち向かっていく。

ローマ支配下のケルト社会では、ケルト古来の信仰がまだ根強く残っており、ケルトの神殿があちこちに建設されたりした。たとえば、三六四年には、セヴァーン川沿いにリドニイの神殿が建造された。当時の神殿は病気治癒の場でもあり、多くの人が訪れ、貨幣など奉納物をささげた。ドーセットのドーチェスター近くのメイドン・カースルには三六四年以降に建てられた名高いケルトの神殿跡がある。ローマ支配が終わりに近づいた（一方でキリスト教が到来し始めた）時期に、こうした土着的な信仰の高まりが興ったことは、ケルト人の精神の連続性を明かす一つの証拠と考えてよいであろう。

ローマ化の一方で、言語や芸術、教育などでも、ケルト世界の独自性は損なわれず、完全に保持された地域は広い範囲に及んでいる。

アングロ・サクソン人の侵入

五世紀の半ば頃、ゲルマン民族が西南ヨーロッパへ大移動した時期に、ゲルマン人の一部がブリテン島へも侵入したため、先住のケルト人が圧迫を受け、領地を奪われることになった。ブリテン島へ侵入した主な種族は、西ゲルマンに属するアングル人、サクソン人、ジュート人であった。彼らは、現在のドイツ北西海岸やスカンディナヴィア半島から北海を経て、ブリテン島へ波状的に渡ってきた。

ブリテン島のケルト人（ブリトン人）の諸王国は、ゲルマン人から国土を守るため、時に連合しながら、激しく防戦に努めた。たとえば、スコットランド南部（今のエアシャーあたり）を支配したフレゲッド王国の王イリエン・フレゲッドは、攻め入ってくるアングル人と熾烈な戦いを展開した。この戦争の実態については、六世紀のウェールズを代表する宮廷詩人タリエシン（六世紀後半、フレゲッド王に仕えた）が多くの詩を書き残している。

また、現在のエディンバラの南方にあったケルト人の王国ゴドジンは近隣のケルト諸王国と同盟を組んで、三〇〇人の騎兵隊を編制し（歩兵については不明）、六〇〇年頃カトラエス（現在のヨークシャー北部のカテリック）でアングル人と戦ったが、ゴドジン王国側は一人（三人ともいわれる）が生き残っただけで、その他は全員が戦死したと伝えられる。この悲惨な戦争については、六世紀のウェールズ詩人、アネイリンによる詩『ゴドジン』で物語られている。

アーサー王伝説のアーサーはこの時期にアングロ・サクソン人と戦った英雄とされる。実際のアーサーはブリテン全体の王ではなく、おそらくケルト人部族の族長あるいは部族の指導的戦士であった可能性があるが、際立って大きな戦績をあげたことから、さまざまな物語によって偉大な王として神話化されたものであろう。いずれにしても、アーサーはこの時期のブリテン史の大きな謎である。

侵入してきたゲルマン人はブリテン島に定住し、アングル人は中央と北部、サクソン人とジュート人は南部を本拠とした。アングロ・サクソン人は多くの部族国家に分裂していたが、六世紀末頃までに、ケント、エセックス、サセックス、ウェセックス、イースト・アングリア、マーシア、ノーサンブリアの七つの王国が成立、七王国（ヘプターキー）を形成した。九世紀前半にウェセックス王エグベルトによって統一され、イングランド王国が成立した。ケルト人は、アングロ・サクソン人によって辺境地方の現在のウェールズやスコットランドに追いやられた形で居住することになる。

ブリテン北部の王国と対立

ローマ人がブリテン北部を去った後、およそ一五〇年にわたって、この地方で何が起こったのかはっきりわからない。だが、大きな変化が起こっていたことが想像される。アグリコラがブリテン北部へ来た当時は、少なくとも一七の自立したケルト人の部族が存在し、それぞれの部族には族長がおり、戦争が起こらない限り、たがいの部族は無関係であった。スターリングからダンバートンを結ぶ線の北側と諸島にはいくつかの異なる言語を話すピクト人、南側の東部にはブリソニック語を話すブリトン人（ウォタディニあるいはゴドジン族）、南側の西部と南西部には同じくブリトン人の三つの部族（セルゴウァエ族、ノウァンタエ族、ダムノニイ族）が居住していた。五世紀から六世紀にかけ、この領地区分の様子は大きく変化していく。

ピクト人の王国（ピクトランド）は安定していたが、五〇〇年頃、スコットランド南西部の一角にゲール語を話すスコット人がアイルランドから移住し、彼らの部族の名を取ってダルリアダ（ダルリアタ）と呼ばれる植民地を創設した。南西部のブリソニック語を話す諸部族は一体となってストラスクライド王国を建国、ダンバートンに首都を置いた。ゴドジン族はゲルマン語を話すアングル人との戦いに敗れ、アングル人は、トゥイード川河口の真南のバンバラに城砦を築き、そこを本拠地とした。六世紀末までに、スコットランド南東部はアングル人の支配下に置かれる。

ダルリアダは領地を拡大し、強力なゲール語勢力の影響がピクトランドの南部でも顕著になった。ピクト人、スコット人、ブリトン人、それにアングル人の四つの王国はそれぞれ断固としてみずからの領地を保守し、王国の接するところでしきりに戦闘が起こった。ことに南部のアングル人の王国が拡大するにつれ、北部への影響が目立って増大した。バンバラのアングル人の拠点が際立って堅固になり、やがてノーサンブリア王国が成立する。七世紀半ば、ノーサンブリアはスコット人の王国とピクトランドの南部を征服した。

ピクト人の王国

この時代の四つの王国の中で最も大きかったのはピクト人の王国であった。ピクト人の芸術作品や考古学上の発掘品からピクト人の社会は原始的なものではなかったことが明らかであるが、彼らはみずからのことを語る文字記録を一切残さなかったために、未だに謎めいた部分が多い。ピクト人については三世紀の早い時期に、ローマの著述家エウメニウスによって言及されている。ピクトという呼び名は、おそらく古代ケルト語の priteni から派生したものであろう。あるいは、ローマの兵士たちがピクト人をラテン語の Picti（「彩色した（あるいは入れ墨をした）人々」）と呼んだことに由来するかもしれない。というのは、ピクト人は戦争に出かけるとき、身体に動物の文様を描いたとの記録があるからである。しかし、実際にピクト人が彩色していたかどうかはわからない。ローマ人はピクト人のことを「裸体で裸足」とも書いているから、ローマに屈せず抵抗する北方人を蔑視した表現かもしれない。四世紀に、ピクト人はスコット人とともにハドリアヌスの長城を越えて南下し、ブリトン人の居住地を幾度となく攻撃した。攻撃は五世紀初めにローマ人が撤退するまで続いた。

ピクト人は印欧（インド・ヨーロッパ）語族に属さない言語を話したとかつては考えられたが、その説は現在では否定されている。カレドニアの部族はみなケルト語を話していた。西部のスコット人も南西部のブリトン人もケルト語を用いていたのである。ただし、スコット人はアイルランド・ゲール語に似たＱケルト語を話し、ブリトン人はＰケルト語を話した。ピクト人の用いたケルト語は、かなり早い時期にブリトン語から分化して独自の展開を遂げた可能性がある。現在、スコットランドに「ピット」のつく地名が非常に多いが（たとえば、「ピトロッホリー」など）、それらの土地はピクト人の居住地だったところである。

ピクト人は、三世紀から八四三年にケニス・マカルピンによって併合されるまで、スコットランドのフォース・クライド線の北側を支配し、南西部に住むスコット人と境界を接していた。ピクト人の王国（ピクトランド）は南と北に分かれ、さらにそれらは、あわせて七つの王国に分割されていた。すなわち、南部はフォルトリウ、フィブ、アスフォルタ、キルキンの四王国、北部はカイト、フィダッハ、ドルイマルバンの三王国である。具体的には、南部の王国はファイフ、パース、アンガスを支配し、北部の王国はマリ湾を中心に、

ピクトの石に彫られた戦士の騎馬像

マリ、アバディーンのほかハイランド地方、西方諸島を統治した。

海上を支配することがピクト人には極めて重要であった。王国は大艦隊を維持し、マリ湾のバーグヘッドに強力な本拠を置いたとみられる。ブリテン諸島のほかの集団との広範な交易活動に力を入れた。交易はほかの地域の進んだ文化を取り入れるのに益することが多く、好都合であった。民衆は農耕や狩猟に従事し、税は穀類や作物で納められた。富裕なピクトの貴族は豊かな財力で工芸職人を雇い、いわゆる「ピクトのシンボル・ストーン」（巨大な石板・石柱の表面に独特な象徴的文様や図像を彫り込んだもの）を製作させた。ピクト人の文化には未知の部分が多いが、彼らの残したシンボル・ストーンは、考古学的資料としてだけでなく、芸術作品としても高い価値をもっており、ピクト人の実態を探求する上で極めて貴重なメッセージを発している。

ピクトの王たちは強権をもち、王位継承のときには、継承権のある身内の間で血みどろの争いをしばしば繰り広げた。王権を守るために、王は精神的権力者（魔術師やシャーマンなど）と協力関係を維持し優位に立った。主要な部族は対立し合い戦争に発展することが多かったが、戦争によって通婚が行われ、部族の併合や統一が進み、やがてスコットランド統一への基盤を作り出していく。

スコット人の王国

スコット人はもともとアイルランド北部（現在のアントリム州とほぼ同一範囲）に居住していたゲール人（ケルト人）であるが、スコットランドに渡ってきて植民地をつくり、のちにアイルランドの親王国と同名のダルリアダ王国を建国した。スコットランドという国の呼称は、このスコット人の名に由来する。アイルランドの年代記によれば、アイルランドのダルリアダ王国の王、エルクの三人の息子が率いる一派は、四九八年から五〇三年のあいだに海を渡り、現在アーガイルとインナー・ヘブリディーズ諸島となっている地域にダルリアダ王国を創建した（ただし、最近ではスコットランドの地元ゲール人が建国したとの異説も出ている）。この部族集団は四〇〇年頃のローマ人の記録に、ヒベルニア（アイルランド島）の部族を意味する「スコッティ」として現れる。「スコッティ」とは「襲撃者」の意味であるが、彼らはその名のとおり好戦的で、闘争的であり、その当時ローマの支配下にあったブリテン島の北西部海岸を攻略していた。

スコット人はゴイデリック語を話すケルト人で、スコットランドに植民した頃はすでに、聖パトリックによってキリスト教徒となっていた。スコットランドのダルリアダ王国はダナドに首都を置き、アイルランドのダルリアダ王国と一体的関係を維持しながらも、スコットランド中心部へ向けて勢力を拡大し、スコットランドに先住していたピクト人との覇権争いを強めていった。

エルクの息子たちは四つの小王国を誕生させ、それらの王国はたがいに抗争を繰り返した。聖コルンバ（コルムキレ）がスコットランドに到着してようやく、ダルリアダのスコット人は協力し合う態勢を取り始める。スコット人は、コルンバのキリスト教布教という旗印のもと、ピクト人に対する戦いを前進させた。五七五年、ドラムスキート（現在のデリー近く）の会議で、コルンバはすぐれた外交手腕を発揮し、有能なダルリアダのエイダンを、アイルランドから自立した、スコットランドのダルリアダ王として即位させることに成功した。エイダンはスコット人とピクト人との協力関係を築き、ブリトン人がアングル人の侵入に対抗できるように支援した。

六〇三年と六四二年に、スコット人はアングル人と戦って敗北し、その後の内乱で弱体化する。七三一年、ピクトの王アングス・マクフェルグスに制圧されてしまう。アングスはノーサンブリアに戦いを仕掛け、さらに七五六年には、ノーサンブリアと連合を組み、ブリトン人の王国ストラスクライドを攻撃した。アングスは七六一年に没するまで、ピクトランド、ダルリアダ、そしてストラスクライドの事実上の統治者（王）であった。

八四〇年頃ダルリアダ王国の王位を継承したケニス一世マカルピンは、八四二年頃ピクト王国の王位を兼ねることでアルバ王国の王となり、政治の中心をフォーテヴィオットに据えた。また宗教的な拠点をダンケルドに置き、王国の東部支配に重心を移して統治の安泰を目指した。アングル人支配圏を攻撃したが、一方でヴァイキングやブリトン人（ケルト人）によって侵攻されたために、融和政策に追われた。スコット人はゲール語（Qケルト語）を話し、ゲール人としてアイルランドと連帯性を保ったが、一二世紀から一三世紀にかけてイングランド人やノルマン人と接触することで、国家的制度や習俗、使用言語などに変化が生じ、ゲール語やゲール文化は次第に北西部に後退していく。

ブリトン人の王国

ローマ軍撤退後の移行期に、ピクト人の王国とスコット人の王国と並んで、スコットランド南西部のストラスクライド（現代のレンフルーシャー、ダンバートンシャーの一部、ラナークシャー、エアシャー、およびダンフリースシャーにわたる地域）に、ブリトン人のストラスクライド王国があった。王国の名はクライド渓谷に由来する。ブリトン人は前ローマ時代にブリテン島に広く居住していたケルト人で、彼らは、アングロ・サクソン軍の侵入によりブリテン北部に追い込まれ、ストラスクライドに王国を成立させたのであった。古代ブリテン王国のなかで最も長命で、住民は、ブリソニック語群（Pケルト語）に含まれるウェールズ語を話した。南部丘陵地帯のブリトン人は、言語の面でも物質文化の面でも、現代のカンブリアやノーサンブリアの住民と同質のものをもっていた。

六世紀を通じてブリトン人は北東のスコット人、南東のアングル人との対立関係に苦しんだ。ブリトン人はイングランド人には外国人呼ばわりされたが、彼ら自身は「カムリ」と名乗ってウェールズ人である誇りを示した。彼らは「北方の雄」として知られた。イングランドの敵意の矢面に立ち、ブリテンの北方を征服したからである。ブリトン人の心の中には、ウェールズ語による英雄的な物語——大詩人タリエシンによる、アングル人と戦ったブリトンのフレゲッド王国（おおよそダンフリース、ギャロウェイ、カンブリアに相当する地域）のイリエン王をめぐる詩作品、スコットランド南東部に本拠地をもち、アングル人と戦ってほぼ三〇〇人の兵士が全滅したゴドジン王国のこの上なく悲劇的な詩『ゴドジン』など——が鮮やかに記憶されていた。だが、ストラスクライドのブリトン人は六世紀において彼らの歴史を好転させることはできなかった。

五七三年、アーデリッド（おそらくカーライル付近のアーシュレット）の戦いの結果、ストラスクライド王国は二つに分裂し、それ以後、分かれたまま存続した。首都はアルクルイド（ダンバートン）に定められていた。後にブリトン人を再統合しようとする企ては、六一三年、チェスターで彼らを敗北させたノーサンブリアのエセルフリズによって防げられた。ブリテン北部で最も文明化していたストラスクライドのブリトン人は、彼らより攻撃的な近隣諸国に地歩を奪われ、次第に弱体化した。結局、ストラスクライド王国は敵対するアングル人に吸収され、彼らの独特の言語は、南西部に多いウェールズ語の要素が残った地名に残るにとどまる。

ギャロウェイ(現代のウィグタウンシャーとカーカブリシャー)には古代のケルト人が住んでいた。ギャロウェイ・ピクト人として知られる。辺鄙《へんぴ》な、山の多いこの地域は、一四世紀まで多かれ少なかれ別種の土地として存在した。

アングル人の王国

アングル人の王国はピクトランドの南の東側にあり、南の西側にあるストラスクライド王国と境界を接していた。ピクト人やスコット人、ブリトン人がケルト人であるのに対し、アングル人はゲルマン人であり、しかもどう猛で好戦的な種族とあって、ブリテン北部の五世紀以降の歴史に少なからず対立と抗争の構図をもち込んだ。

アングル人はアングロ・サクソン人の一部を構成する種族で、西方系ゲルマン人に属し、原住地はユトランド半島南部、北ドイツ地方であった。五世紀後半以降ブリテン島へ渡った。

種族の名は、ユトランド半島南部に位置するアンゲルン半島に起源がある。アンゲルン人、アングル人とも呼ばれた。ちなみに、イングランドは「アングル人の土地」に由来する。

五世紀初め頃から、ゲルマン人海賊がスコットランド南東海岸を襲撃し始め、四五七年には、アングル人の族長イダが、バーニシアとして知られる王国を創建した。やがてバーニシアは隣接するデイラ王国を服属させ、ノーサンブリアとして知られる領域を支配する。七世紀初めには、ノーサンブリアはブリテン全体で最も強力な国家の一つとなった。

ノーサンブリアは、マーシアによる敗北を含む多くの挫折にもかかわらず、オズワルド王のもと復興を遂げた。オズワルドはバーニシアとデイラを再統合し、一時はピクトランドとストラスクライド、そしてダルリアダを支配した。六四二年、メイザーフィールドで決定的に勝利したことで、マーシアのペンダはブリテン北部での主導権を一〇年以上にわたって奪取した。しかし、ノーサンブリアのオズウィ王がまたそれを回復させた。六五五年、リーズ近くのウィンウェイドで、オズウィ王はペンダを打ち負かし、ノーサンブリアを以前にも増して強力な国にした。領土はフォース川からハンバー川まで広がり、ノーサンブリアは絶頂期を迎える。

ノーサンブリアがブリテン北部の中核になる可能性もあった。しかし、ノーサンブリアは六七〇年にオズウィ王の死後、衰退に向かった。オズウィの後継者エクグフリスは、六七一年のピクト人による一斉攻撃を受け、その後王国の内紛に直面した。ピクト人の侵入は撃退できたものの、ノーサンブリアにとってピクト人は絶えず脅威であった。結局、六八五年、エクグフリスは大遠征隊を組織し、ピクトランドの南部に進撃した。ネクタンズミア（アンガスのダンニヘン）で、ブルード指揮下のピクト軍がノーサンブリア軍と激突、エクグフリスは戦死し、彼の軍隊は壊滅した。このようにして、ノーサンブリアは北方への進出に終止符を打つことになった。

ネクタンズミアでの敗北は、ノーサンブリアにとって、二度と立ち直れない大打撃であった。一方、ピクト人はこの勝利でアングル人のかせから解放されただけでなく、ダルリアダのスコット人も、ストラスクライドのブリトン人も、それぞれ独立を取り戻し、ノーサンブリアはもはやブリテン北部で中心的役割を果たすことはなくなった。権力の中心はピクト人の手に再び移った。

ピクト人は八世紀を通じて優勢な民族集団であった。七八九年、アンガス・マクファーガスの跡を継いだコンスタンティン一世は、父親の財産を強固なものにした。ネクタンズミアの戦いがなかったら、スコットランドとして知られる国は存在しなかったかもしれない。

キリスト教の伝来と布教

ローマ人がスコットランドに駐留中に、キリスト教がスコットランドに伝来した。キリスト教徒の小集団がすでにハドリアヌスの長城以北に存在した証拠がある。それはローマの軍隊内のものであるのは疑いないが、そこからキリスト教がスコットランド各地へ広がったことは考えられる。そのルートとは別に、四世紀の終わり近く、スコットランドへ最初にキリスト教を伝道したのは、聖ニニアン（三六〇頃〜四三二頃）であった。彼はキリスト教信者の両親のもとに生まれたと伝えられる。尊者ベーダ（六七二／六七三〜七三五）によれば、ニニアンはローマで修行を積んだブリトン人で、ローマで聖職受任され、司教の職位に就いた。

三九七年か三九八年、生まれ故郷のストラスクライドに帰り、ソルウェイ近くのウィットホーンに「カンディダ・カーサ」〔白い家の意〕と呼ばれる石造の修道院を創設した。この修道院はほどなくして神学校としての役割を果たすことになり、キリスト教布教の起点となった。聖ニニアンはスコットランド南部のピクト人の改宗に努めたが、布教活動の詳細は不明である。彼の門弟たちの布教は信じられないほどの長旅であったと言い伝えられるが、おそらくそうした巡歴もニニアンの功績に含まれるであろう。カンディダ・カーサは、ケルト語を話すキリスト教徒に多大な影響を与え、彼の墓は巡礼の目的地となった。

七世紀の終わりまでに、聖ニニアン、聖コルンバ、聖ケンティガーン、聖モルアグ、聖マエルブハら偉大な伝道者や多くの助祭たちの労苦に満ちた布教が、ブリテン北部の四つの王国にキリスト教を広めるのに大きく寄与した。彼らの労苦は、人々の精神生活を高めただけでなく、やがてスコットランドの成立という政治的統合をもたらす基盤をつくったかもしれない。

聖コルンバがアイルランドからスコットランドへ到着する前、六世紀から七世紀にかけて活躍したのは、グラスゴー司教の聖ケンティガーン（五一八頃〜六一二）であった。彼はグラスゴーの守護聖人として信仰を集める一方、スコットランド全体の聖人としても崇敬され、聖マンゴーのニックネームでも呼ばれる。ケンティガーンについての同時代の歴史記録はなく、後世に書かれた二つの聖人伝に頼るしかない。それらによれば、聖ケンティガーンはブリトン人の国ロジアンの王女セネウの息子であったが、母の胎内にあるうちに海に流され、フォース湾の北岸に到着した。そこでスコット人の聖アサフに教えを受け、五五〇年にストラスクライドの司教に任ぜられた。その後ブリテン南部へ移動し、聖デイヴィッドと親しくなり、彼の許しを得てウェールズ北部に修道院を建設した。カンブリア、ウェールズ、グラスゴーなどで布教に努めた。カンブリアでは当初国王に迫害されたが、王が替わってから王国再建の支配権を任され、カンブリア全体の改宗を達成した。グラスゴーに戻り、生涯そこで布教した。聖コルンバと会見したのもグラスゴー時代である。

聖コルンバ（コルムキレ）

五六三年、聖コルンバは四二歳のときに、二〇人の司教、四〇人の司祭、三〇人の助祭、五〇人の修行僧を連れてスコットランド西部のアーガイルに到着した。彼らの一行が居住した地域は、当時、ローマの城壁の南側に位置するカンブリア王国、ストラスクライド王国、スコットランドで成立したばかりのスコット人の王国（ダルリアダ王国）とピクト人の王国から成っていた。聖コルンバはダルリアダのコナル王と縁戚関係にあったことから、王は聖コルンバにマル島南西にある小さな島——のちに「聖人の島」となるアイオナ島——を修道院建設の用地として提供した。聖コルンバの一行は二年間この島に滞在し、修道院を建設したことになっているが、その建物の痕跡はほとんど残っていない。聖コルンバは本島の内陸部へ伝道の旅に出る決意をする。

アイオナ修道院（再建される前の18世紀頃の建物）

聖ニニアンがすでにスコットランドの最北までキリスト教への改宗を達成していたものの、ピクト人だけがまだ改宗していなかった。聖コルンバはインヴァネスでピクト王ブレデイと面会し、福音伝道のための王国内の通行許可と修道士の安全の保証を得た。王は最初はあまり熱意がなかったが、やがてみずから改宗し、それが大きな契機となって、聖コルンバは最終的にピクト人全体を改宗させることに成功した。

アイオナは裕福な共同体で、宗教と文化の中心地として発展し、アイルランドおよび北イングランドにも大きな影響力を持つようになった。五九七年に聖コルンバはアイオナに葬られたが、アイオナがヴァイキングによって襲撃されたため、彼の遺品はダンケルドに移された。

アイオナ修道院の第九代修道院長アダムナーン（六二七／六二八〜七〇四）は、創設者聖コルンバの没後一〇〇周年にあたる六九七年、聖職者・女性・子どもへの殺傷に対する罰則規定「無垢の法」（通称「アダムナーン法」）を発布したが、その発布の前後に『聖コルンバ伝』を著した。アイオナ修道院に残る記録などをもとに、聖コルンバの聖性と活動を書き記したものである。聖コルンバ以降のアイオナ修道院の発展や当時の各地の修道院の状況をとらえるうえで、現存する貴重な資料となっている。

スコットランドの守護聖人である聖アンドルーについては、詳しいことはわかっていない。聖アンドルーはキリストの一二人の使徒の一人で、紀元六〇〜七〇年頃、Xの形をした斜め十字架にかけられたとされる（スコットランドの国旗が斜め十字架であるのはここに由来する）。伝説によれば、死後三〇〇年経ってから、レグルスというギリシア人修道士（スコットランドでは聖ルールとして知られる）が、聖アンドルーの遺骨の一部を地の果てに移すため船で運んでいたところ、船がスコットランドの東海岸（現在のセント・アンドルーズの近く）

ピクト人に布教する聖コルンバ

で座礁したとされる。しかし、これには別の説もあり、七三三年に遺骨の一部が収集家によって運ばれ、大聖堂に納められたともいわれる。いずれにしても、聖アンドルーはスコットランドの守護聖人として崇められ、大聖堂は多くの信仰者の集まる巡礼地となった。

ヴァイキングの襲来

八世紀から一一世紀にかけてスカンディナヴィア出身の海賊であるヴァイキング（デーン人）がヨーロッパ各地を荒らしまわったが、ブリテン諸島にも来襲し、北部・中央部のケルト圏・イングランド圏で略奪と放火を繰り返した。スコットランド西海岸にある最も重要なアイオナ修道院は、七九五年にヴァイキングによって襲撃され、八〇二年再度略奪行為に見舞われた。八〇四年には貴重品をケルズに移したものの、八〇六年にまだ修道僧たちがアイオナに居住していたために、六八人が殺害された。修道僧ブラマックが聖コルンバの重要な遺物を隠したことから、彼とその仲間の修道僧たちが殺害された。さらに九八六年、ヴァイキングの襲撃で修道院長など一五人の僧が殺戮された。

九世紀の半ばまでには、ヴァイキングは、シェトランド諸島とオークニー諸島からマン島にまで及ぶ広範な地域で、強力な支配勢力圏である「アイルランド・北欧帝国」を確立した。その範囲は、アイルランドの大半とスコットランドの西方諸島をすべて包含した。

ヴァイキングの侵略のねらいは、大半がスコットランド北

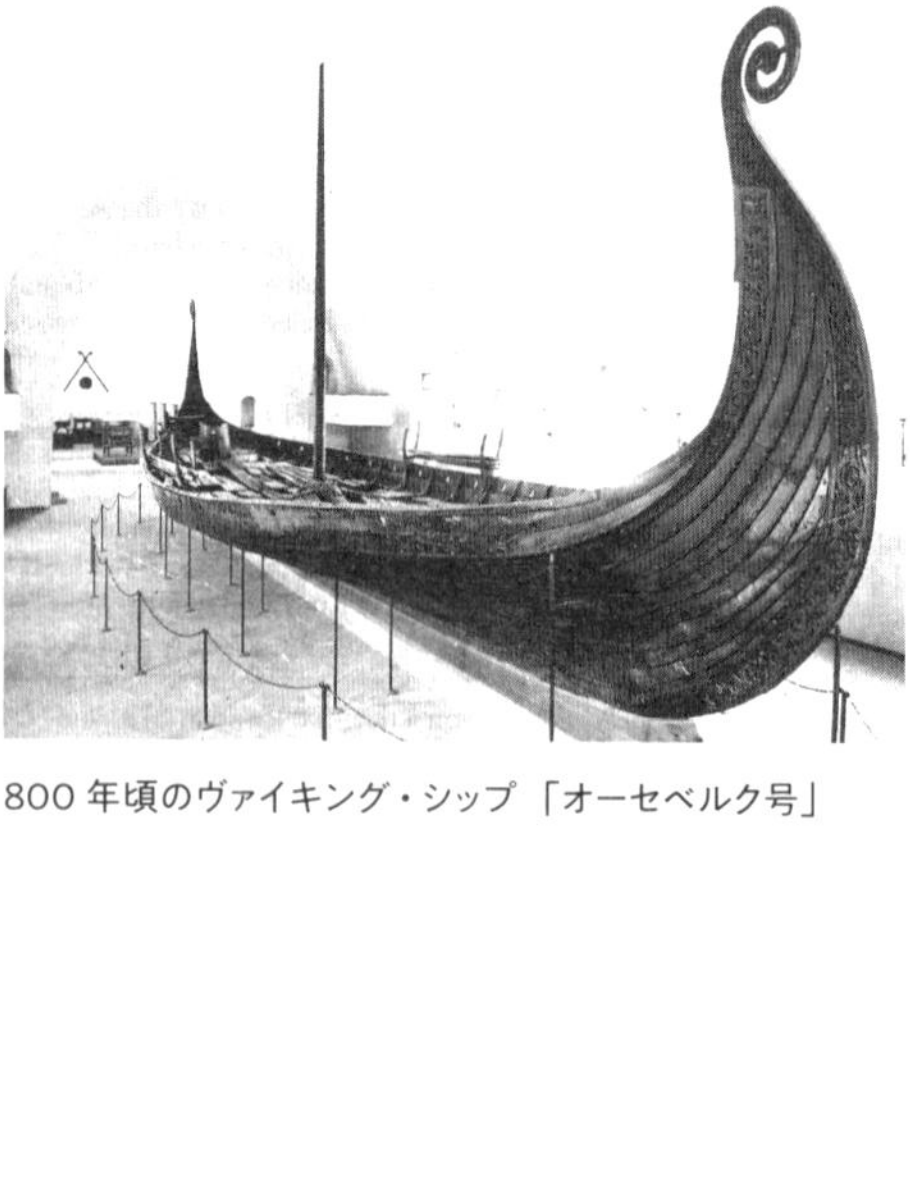

800年頃のヴァイキング・シップ「オーセベルク号」

西部（現在のラナークシャー、レンフルーシャーなど）のストラスクライドの征服と支配に向けられた。ケニス・マカルピンがアルバ王国（スコットランドの統一王国）の王に就任する以前の八三九年に、ヴァイキングはすでにダンバートンの要塞を略奪していた。ストラスクライドを救援するために、多くのピクト人がストラスクライド入りしたものの、彼らは寛大な気持ちからヴァイキングを撃退する行動は起こさず、かえってストラスクライドの弱みに付け込んで、自分の勢力圏を築くだけだった。ヴァイキングの攻撃は沿岸部にとどまらず、次第に内陸部へ進んだ。八七四年と八八六年の二度、ピクト人とスコット人の連合軍はヴァイキングに敗北した。しかし、この騒乱の時期を通じて、アルバの王たちは結束を崩さず統治を維持した。

シェトランドの聖ニニアンの島も攻撃にさらされた。こうした襲撃の後、ピクトのコンスタンティン王は、教会の本拠をダンケルドに移した。運命の石はスクーンに移され、何世紀にもわたって王が就任する時に使われた。コンスタンティンは八二〇年に死去し、彼自身この移転を実行できるところまで長生きしなかった。続く四半世紀については年代記に記録がない。スコット人とピクト人の合一の過程については推測の域をでない。

ピクトの石のシンボル

スコットランド本島の北部には、最初期の居住民ピクト人（ケルト人）が残したさまざまな図像あるいは文様が彫り込んだ立石、いわゆる「シンボル・ストーン」が散在し、謎めいたメッセージを今に伝えている。文様や図像は、一見原始的で単純素朴なものにすぎないが、その実、巨大な石板や石柱に彫り込む表現技術は相当に高い。ピクト人は文字を用いた記録は残さなかったので、物言わぬ民とみられてきたが、シンボル・ストーンの表現を分析すると、彼らの多様で奥深い思考や想像の様式が浮き出てくる。

ピクト人の起源、言語、社会などについては、現代にいたってもなお議論が多い。ピクト人の名が最初に出てくるのは、三世紀に書かれたローマ人の詩である。そこには、ピクト人は「身体に彩色した人びと」（Picti）として描写される。おそらくローマ軍の兵士の目から見た描写であろうが、ピクト人が入れ墨をしていたことを表すとの解釈がある。ローマの将軍アグリコラが率いる軍隊が北進し、ピクト人の住むカレドニアに侵入したため、カレドニア諸部族の連合軍とローマ軍が八三年、モンズ・グラウピウスで戦闘を行った。ローマ軍はその戦いで勝利したが、ピクト人を支配することはなかった。以後、ピクト人は結束を強め、強力なピクト人の王国を守った。しかし、九世紀半ばに、スコット人（ゲール人）の王国の王ケニス・マカルピンによって、スコットランド王国に統合され、ピクトの言語と文化は衰退し、ゲール文化に吸収された。

ピクト人は巨石の表面にピクト独自の図像やデザインを彫り込んだ。それらの表現はピクトのシンボルと呼ばれるが、個別の表現はそれぞれ固有の意味をもっている。象徴性が高く、象徴言語の意味は複雑である。図像の形の受け止め方で、複数の意味が生じ、解釈は容易でない。ピクトの石の多様なシンボル表現は、形態と意味から大まかに「ロッド（棒）」、「物品」、「抽象」、「動物」のジャンルに分類できる。

ロッドの図像では、直線状のものはまれで、V字型かZ字型が多い。ほとんどすべての三日月はV字と交差している。三日月の内部に文様がある。Z字型の多くは、二個の二重円と交差する。Z字のロッドは矢のような形で、死を連想させる。

物品に分類される図像では、上から見た取っ手付き大鍋と思われるものが目を引く。部族で集団生活をしたピクト人にとって大鍋は必須の調理器具であった。大鍋は生命を維持するために貴重であったから、ケルト社会では聖性をもった器として崇められた。金床や槌のような道具の図案もある。明らかに櫛、鏡、鋏《はさみ》とわかるデザインも目立つ。

ピクト人のシンボル・ストーン

抽象的な表現で最も多いのは三日月であるが、たいていはV字と交錯して用いられる。背中合わせになった三日月もある。ほかにZ字と組み合わされた円盤、馬蹄形（アーチ）、花、結び目、長方形などがある。

動物の図像は、一族の象徴となる動物（トーテム）が多い。ケルトの神話に多く登場し、異界とも関わる猪の図像が目立つ。背びれが大いに強調されるのが普通である。力と豊饒を象徴する牛の図像も多い。牛はケルト社会で富の象徴であったので、格別に重きを置かれた。馬が彫り込まれた石もいくつか発見されている。ほかに目立つ図像は、蛇、鹿、鮭、鷲、水鳥などである。

第3章　スコットランド王国の成立

800／1286

スコットランド人とピクト人の統合

八世紀終わりから九世紀は騒乱の時代で、七九〇年代には航海術にすぐれたヴァイキングがスコットランドの西海岸を襲い、シェトランド、オークニー、ヘブリディーズなどの諸島、ノーサンブリアに支配権を確立した。一方、スコットランド側では、スコット人とピクト人との関係は数世代の間に、婚姻関係を通じて親密さを増していた。しばしば対立することがあったとしても、二つの王国は、八〇〇年代に入り共通の敵ヴァイキングに対して結束して立ち向かわざるを得ない危機的状況に追い込まれた。

ピクト人王国とスコット人王国を統合に導いたのは、ケニス一世として知られるケニス・マカルピン（在位八四三～五九）〔マカルピンはアルピンの息子の意〕である。彼はスコット人の父親と、ピクト人の母親のもとに生まれたといわれるが、詳しいことは知られていない。ケニス・マカルピンは八四一年、スコット人の王国ダルリアダ〔ダル・リアダあるいはダル・リアタとも表記される〕の王になり、八四三年、ピクト人の王に就任した。ここにスコット人とピクト人の統合王国が成立し、マカルピン王朝が始まる。

比較的勢力の弱いスコット人王国ダルリアダの支配者が、どのようにしてより大きくて強力な隣国のピクト人王国を引き継ぐのに成功したのか、確かな証拠がないのでわからない。この統合に先立ち、数世代にわたって、ピクト人とスコット人はたがいに接近の度合いを強めていたようである。ヴァイキングがピクト人の本拠地を襲撃し、住民を大量に虐殺したことは、ピクト人に大きな動揺を与えていた。おそらくこのピクト人の弱体化した状況に乗じて、ケニスはピクトランドに軍隊を率いて乗り込んだとみられる。彼は休戦の旗を掲げて多数のピクト人貴族の指導者を宴席に招き、彼らを全員殺害したと伝えられる。

彼のピクト人への王位要求はさほど反対がなく受け入れられたようであるが、その背景には、ケルト社会の王権相続の方式が深く関わっていた。ピクト社会は女家長制で、王位は母方の子孫に受け継がれる決まりであった。ダルリアダの王アルピンの息子ケニスは、母親がピクトの王女であったことから、この決まりに従って、母親からピクトの王になりうる権利を得たのである。

マカルピンはピクト人の本拠地であったスクーンで即位式を行った。この時に用いられたのがいわゆる「スクーンの石」である。この石は「運命の石」とも呼ばれ、以後スコットランド王の即位式で伝統的に使用されることになった。

マカルピン王は即位後、本拠地をダルリアダからピクトランドの中心に位置するパースシャーのフォーテヴィオトに移した。また、コルンバ系教会の中心でありアイオナがヴァイキングによる襲撃を受ける危険があったため、八五〇年頃、宗教センターが聖コルンバの遺骨と聖遺物とともにダンケルドに移された。

ダルリアダの歴史的アイデンティティはこれで終わり、ケニスとその子孫の支配する新たな王国は、パースに近いスクーンを首都に決めた。この統合王国は、間もなくゲール語で「アルバ」または「アルバン」と呼ばれるようになった。統合王国、つまりアルバ王国（スコシア王国）は、ピクトランドに基盤を置いてはいたが、ゲール語を話すスコット人が主導権を握ったことから、政治的概念としてのピクトランドは次第に廃れていく。

アルバ王国の初期

ケニス一世が統治したアルバ王国は、以前よりもヴァイキングの襲撃に対する防御力を強めたが、八四三年から一世紀以上もの間、ヴァイキングの恐ろしい攻撃を受けた。この時までに、ヴァイキングは、海賊行為を働く集団以上のものに変わっていた。彼らの活動範囲は拡大され、スコットランドでは、オークニー、西方諸島のほか、本島のケイスネスなどでも本拠地を確立していた。彼らは一過性の侵入者ではなく、攻略した場所で定住者となり、その地をアルバの王たちの許可を得ず支配した。

ケニス・マカルピンは八五〇年、政治の中心をフォーテヴィオトに、宗教センターをアイオナから大聖堂のあるダンケルドに移すなど、アルバ王国の勢力を固め、安定させることに努めた。マカルピン王は、何よりもまず戦士であり、戦いを最も重んじた。彼はすぐれた戦士を各地から集め、戦いを勝利に導く備えを万全なものにしようとし、古いブロッホは改築し、新しいものを絶えず建造した。この時期に、アイルランドの高い円塔に類似した円塔がスコットランドに多数出現した。アバーネシーやブレヒンの円塔がその代表例である。円塔は敵軍の攻撃を監視するのに役立つほか、危急時に避難したり、重要物品を保管したりするのに不可欠であった。アルバ王国はまた、戦争に要する金属製の武器や武具の製造・保管にもとくに力を入れた。しかしながら、アルバ王国はスコット人とピクト人の統合王国であったが、次第にピクト人の習俗や文化が消滅し、ピクト語も使用されなくなった。ケニス・マカルピンが王になってからは、ピクト文化の破壊が顕著になり、ピクト人のアイデンティティは失われていった。

ヴァイキングの侵略者との戦闘は続き、フォーテヴィオトは焼き打ちされ、ダンケルドは襲撃された。ダンケルドの被災のあと、宗教センターはアバーネシーに移されたが、一方で、イエスの使徒の一人聖アンドルーの遺骨がもたらされたという伝説をもとに、セント・アンドルーズが聖地として崇敬を集めるようになり、もう一つの宗教センターとなった。

八五八年、ケニス・マカルピンがガンで死去し、兄弟のドナルド一世（在位八五九～六三）が即位した。

王位継承のルール変更

ピクト社会は母系制社会であり、王位に就くためには、母方の血筋から出生したと確認できることが絶対の資格とされた。スコット人の王であったマカルピンは、母親がピクト人の王女であったことから、ピクト王位を獲得できた。しかし、ケニスの後継者ドナルド一世の代になり、王は、「親族」である者から選ばれる方式に一変した。これは「タニストリ」と呼ばれる制度で、スコット社会は、ダルリアダと同じく、この制度を採用していた。王位継承の原則については、アルバはピクトの方式からスコットの方式に大きく転換したことになる。

「タニストリ制」によれば、王位の継承者は王家の「親族」の一員でなければならなかった。親族とは、王であった共通の祖先から四世代の間に生まれた子孫に限定される。親族の男性であればだれでも、「王の器」である限り、王に選ばれる資格があった。強力な王の場合は、跡目争いが起こらない前提で生前に後継者を指名した。この制度の利点は、長子継承制度と異なり、成人の王を選ぶことができる点である。王としての能力を判別できることも長所である。欠点は、王位を目指して競争が高まり、しばしば殺人や敵対関係が生じることである。

ケニス・マカルピン自身は、たしかにダルリアダ王フェルグス・モール・マク・エルクの子孫であり、王ではなかった人の息子であったが、おそらく度外れの無情さを発揮して王位に就いたのであった。その残酷さは、アルバではむしろ王の力を保証するものとして尊ばれた。

ケニスの後継者たち

ケニス・マカルピンはアイオナの先祖代々の墓に埋葬され、ドナルド一世が王位に就き、マカルピン王朝が続いていく。しかし、アルバの王位をめぐっては、権力への野望による争いが激しく、王国が堅固になるには、一九〇年もの長い年月を要した。ケニス・マカルピンに続いた一五人の王のうち、三分の二は暴力による死を迎えた。戦場での死もあったが、暗殺の剣による場合も少なくなかった。

ケニスに続いた王たちが直面した困難な問題は、ストラスクライドのブリトン人、ロジアンのアングル人、あるいはヴァイキングとの対立や騒乱であったが、とりわけヴァイキングの侵略は王国の土台を揺さぶる危険性をはらんでいた。ケニスの息子で、ドナルド一世のあとに王位を継いだコンスタンティン一世（在位八六三～八七七）は、ヴァイキング襲来によって窮地に追い込まれ、デーン人との戦いで殺された。

ソルウェイにデーン人が定住したあと、八六六年と八七〇年、ダブリン王オラフ・クアランがストラスクライドに侵入し、八七〇年にダンバートンが占拠された。八七五年には、アイルランドのヴァイキングがスコットランドのかなり北方まで襲撃範囲を広げ、ピクトランドの北方の大半を攻略した。

ヴァイキングの侵略はコンスタンティン一世の息子で、「スコットランド王」あるいは「アルバ王」

と呼ばれた最初の君主、ドナルド二世（在位八八九〜九〇〇）の代になっても続き、八九〇年には、ノルウェーの支配者ハラルド・ハーヴァグルがオークニーと西方諸島を支配した。ドナルド二世の時期に、シェトランド、オークニー、ケイスネス、そしてヘブリディーズがノルウェーのハラルド・フェアヘアの所有地となり、ノルウェーの伯爵領となった。

ケニスの孫コンスタンティン二世（在位九〇〇〜四三）は九〇三年、アイルランドのデーン人に勝利したものの、ロジアンのエルドレッドと連合した九一八年の戦いでは徹底的に敗北させられた。だが、デーン人は弱体化しており、追い打ちをかける力はなかった。コンスタンティンは娘をダブリン王、オラフ・シートリクソンと結婚させることで、平和を手に入れた。ところが、この同盟はイングランドで最強の王、ウェセックスのエセルスタンと敵対させることになった。

九二六年、エセルスタンはノーサンブリアを併合し、九三四年に海陸からスコットランドへ侵入した。九三七年、コンスタンティンはストラスクライドのブリトン人、ダブリンのヴァイキングの王と連合してエセルスタンの王国を攻撃した。しかしダンフリースシャーのブルーナンバーグで完全に打ち負かされた。この戦いは「ブルーナンバーグの戦い」と呼ばれる。コンスタンティン二世は王位をドナルド二世の息子マルカム一世（在位九四三〜五四）に譲り、みずからは修道院に引退した。

ロジアン支配

一〇世紀を通じて、アルバ王国はアングル人の土地であったロジアンの獲得のための戦いに力を入れた。一〇世紀末までには、ロジアン地域はアルバ王国に服属するようになった。フォース湾の南海岸とラマーミュア丘陵との間に位置するロジアンは格別の要所で、この地域の征服はスコットランド王国の宿願であったといえる。ロジアンは、五〇〇年代の後半に、アングル人によって樹立されたロジアン王国の版図に入った。見るからに険しい岩山の上に築かれた砦は、ダン・エディン（Dunedin, ケルト語で「傾斜地の上の砦」の意、七世紀からはDin Eddyn）と呼ばれた。六〇〇年代に入り、ノーサンブリア王国の王エドウィンがロジアン王国を倒し、この砦を占拠して堅固な城砦に再構築した。

九四二年に王位に就いたマルカム一世の時代には、ロジアンはまだアングル人の王国ノーサンブリアの領土であった。九四五年、マルカム一世はイングランド王エドワード一世に対し、カンバーランドをスコットランドの領地として認めることを求め、カンバーランドはマルカム一世に譲渡された。またこの年、マルカム一世の後継者インダルフ（在位九五四〜六二）の治世に、包囲戦のあとロジアンのダン・エディンをアングル人の守備隊から奪取した。インダルフはノーサンブリアの領土を（おそらくはロジアンとあわせて）取り戻そうとしたが、失敗に終わる。

ケニス二世（九七一〜九五）のもとで、ロジアンはスコットランドに譲渡された。九六六年、ノーサンブリア王国は崩壊し、南部地域がイングランドの支配下に置かれたことで、政治状況が変化したのかもしれない。イングランドのエドガーは、九七一年頃、ケニス二世に条件付きで正式にロジアンを譲ることを伝えた。その時、エドガーは、ケニス二世に、エドガーをケニスより上位の王として認めることと引き換えに、ロジアンをスコットランド領として認めると言ったと伝えられる。しかし、この条件提示には証拠がない。

一〇〇五年、ケニスの息子マルカム二世（在位一〇〇五〜三四）が王位に就いた。彼は、スコットランドのロジアン支配が名目的なものだったことから、ロジアンを攻略し、さらに南方のダラムまで侵攻した。しかし、ダラムの戦いで徹底して敗北したために、ロジアンには一二年間手を出すことなく、代わりに、北方や西方への支配力を固めることに力を入れた。

一〇一八年、ノーサンブリアのアングル人の軍隊とトウィードのカラムで戦って勝利を収め、ロジアンを支配下に置いた。クヌート王はロジアン譲渡を確約したが、実際に永久的統合が実現するまでには、さらに一六年の歳月を要した。

マルカムの治世の残りは大部分マリでの反抗を抑えることに重点がおかれたが、ロジアン地域での彼の地位を堅固にすることにも努力が注がれた。ロジアンの西南に位置したブリトン人の王国ストラスクライドは、一〇三四年のダンカン一世の即位時に、カラムの勝利に貢献したにもかかわらず、血統を口実にアルバ王国に併合された。

一〇三四年、マルカム二世は古くから王位継承の原則であった「タニストリ制」(親族から王を選ぶ方式)を廃止し、新たな原則である「長子相続制」に変えた。この制度によれば、後継者はおのずと長子に決まり、「タニストリ制」につきもののライバル同士の争いが起こりにくくなる。マルカムはケニス家が代々王位を継ぐことを決め、同年没した。

マルカム二世の死後、彼の孫でストラスクライドの王ダンカン一世(在位一〇三四〜四〇)が王権を引き継いだ。イングランドとの境界は流動的であったけれども、ブリテン北部の四王国は明らかにスコットランドを形成し終えていた。この頃から、それまでアルバあるいはスコシアとして知られた国に対して、「スコットランド」という名称が使われるようになった。

ダンカンからマクベスへ

マルカム二世の熱烈な対抗者排除によって、彼の孫ダンカン一世への譲位は円滑になされた。ダンカンは、すでにストラスクライドの王であり、マルカムの後継者になることで、ピクトとスコット、ロジアン、ストラスクライドの四つの王国を支配する最初のスコットランド王となった。

しかし、マカルピン王家の親族関係がダンカン一世の王権を崩壊させることになる。スコットランドには伝統的に南北の対立関係があり、強権的なマルカム二世の死後、その対立関係が王権の相続をめぐって噴出した。ダンカンのいとこであるマクベスは北部マリの支配者で、ダンカンのもう一人のいとこソーフィンはオークニー伯であった。二人は、いわば反ダンカンの北部連合を結成していた。

マクベスはダンカンの即位に大いに不満であった。自分のほうがスコットランド王国の王座に就くにはよりふさわしいと信じていたからである。それに加え、マクベスの歴史上の実在した妻グルッホはケニス三世の孫娘であり、王家の血筋をひいていたことが、マクベスの王位継承の正統性をマクベス（夫妻）に強く意識させたかもしれない。

一〇四〇年、マクベスの王国マリへ打撃を加えようと、ダンカンは北方へ軍を進めた。戦いはダンカン王軍にとって完全な敗北に終わり、ダンカンはマクベスの戦士たちによって殺された。マクベスはダンカンの息子たちを殺すことはできなかったが、南に向かい、みずから王位に就いた。

彼を追い出すための最初の攻撃は、予想どおりダンカンの父親でダンケルドの世俗修道院長クリナンによって企てられたが、一〇四五年までは実現することなく、クリナンの決定的な敗北と死で終わった。一〇四六年には、外部からの最初の動きとして、クリナン家に関係のあったノーサンブリアのシュアド伯からの干渉があった。しかし、一〇五〇年には、マクベスは十分に王権を固めたと確信し、ローマへ巡礼の旅（おそらくは主要な教会会議に出席するため）に出かけた。彼はその地で「貧困者たちに献金を穀物の種子のようにばらまいた」と伝えられている。一〇五四年にはシュアド伯による二度目の遠征が行われたが、マクベスは切り抜けた。

マクベス肖像

マクベスは、一般に信じられている人物とは違って、賢明な君主であったらしい。彼はスコットランドを首尾よく支配し、一七年にわたって強力な王の地位にとどまった。しかし、マクベスの弱点は、ダンカン王の息子たちを除去できなかったことにあった。ダンカンの長男マルカムは、シュアド伯を後ろ盾にした戦闘でマクベスを敗北させた。マクベスは逃走した。シウォード伯はマウンスの南方のスコットランドを支配し、マルカム・カンモアをマルカム三世（在位一〇五八〜九三）として王に即位させた。

一〇五七年、マルカム三世はマリに戦争を仕掛けた。マクベスはアバディーンシャー南部ランファナンでマルカム軍を阻止したものの、結局打ち負かされて、殺害された。一〇五八年、マルカムはマクベスの義理の息子ルラハを殺戮し、北方のマリも支配した。

マルカム三世即位、カンモア王朝へ

マルカム三世は戦士王であった。父親がマクベスに殺されたとき、ダンカンの息子たちはまだ子どもであったが、難を逃れイングランドとアイルランドに送られた。成人したマルカムはイングランドの支持を得てスコットランドへ侵入してマクベスを打倒し、王位に就いた。ここにカンモア王朝（マルカム三世からアレグザンダー三世まで）が始まる。マルカムは強力な指導力をもつ王妃マーガレットとともに、三五年の長期にわたってアルバ王国を支配した。

マルカム三世はマルカム・カンモア（カンモアはゲール語で「大きな頭」、あるいは「偉大な族長」の意味）のあだ名で同時代人に知られた。マルカムは先進的な動きをすばやくとらえる能力があった。彼はスコットランド王国の領域を南方に広げる野心を抱いていた。ノーサンブリア伯トスティグとは「兄弟の誓いをした友人」であったが、伯が巡礼旅行で不在になった機に乗じて、ノーサンブリアを襲撃した。しかしその結果は、略奪行為を生んだだけで領地の拡大にはつながらなかった。一〇六五年、トスティグが彼の兄弟であるイングランド王ハロルドに追放され、トスティグがスコットランドに逃れてきたとき、マルカムはトスティグを助ける代わりに領地を渡すよう求めた。だが、トスティグはノルウェーと同盟を結んだため戦争になり、トスティグは命を落とした。

ところが、その不運が転じてマルカムに幸運をもたらすことになる。一〇六六年、ノルマンディー公ウィリアムがイングランド南部海岸のヘイスティングズに上陸し、イングランド王ハロルドが死んでアングロ・サクソン人の支配に空白が生じたすきに、マルカムはイングランド北部を攻略し占領することができた。ハロルド王の死によって、ノルマンディー公ウィリアムがイングランド王になり、アングロ・サクソンの王家の人々は、王位継承者であるアセリング家のエドガーとその妹マーガレットを含め、逃亡者になった。その時、マルカム三世は慈悲心から、彼ら逃亡者を救った。一〇六九年、マルカムはマーガレットと再婚した。最初の妻はオークニー伯ソーフィンの娘インギビョーグであったが、彼女は一〇六九年以前に亡くなっていた。マーガレットとの結婚で、マルカムとその王国は新たな文化的、政治的影響にさらされることになる。この結婚がイングランドとの関係を築く端緒となった。

ノルマン文化の影響

マーガレットはマルカムに非常に愛されていた女王で、スコットランドの宮廷や宗教生活の改革に挺身した。ハンガリー系イングランド人であったが、ヨーロッパを広く旅行した経験をもち、国家にとらわれない、国際的な感覚を身につけていた。マーガレットは宮廷を先進的なヨーロッパの流儀に改めることに強権をふるった。彼女は宮廷の生活様式や慣習、行動の基準、服装、食器などを変える決

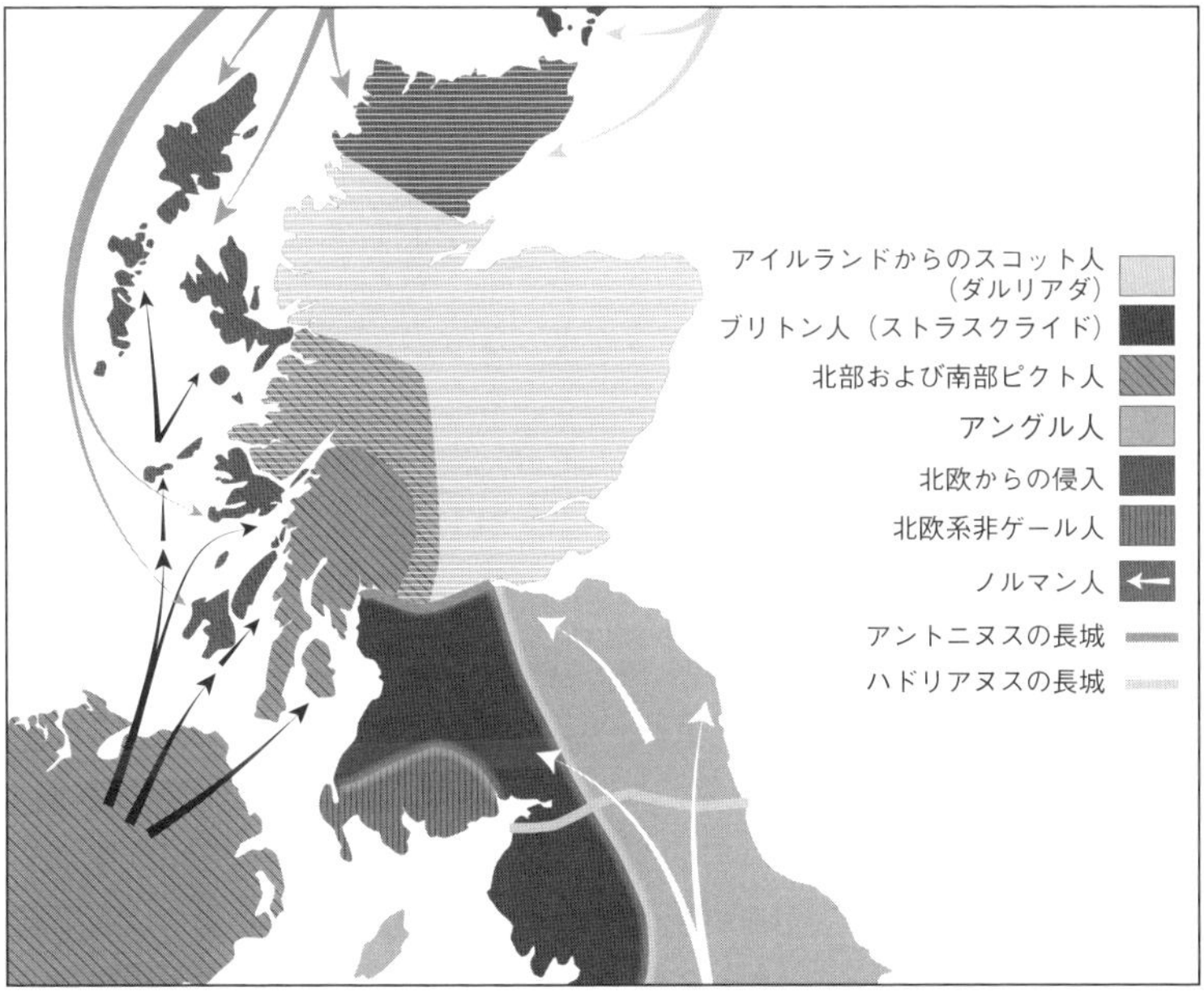

11世紀以降のブリテン諸島の民族移動と居住地域

心をしたといわれる。ダンケルドの宮廷にはフランス・ワインが導入されたが、貴族たちは泥酔したり、決闘したりすることが禁じられた。品格ある服装に身を包み、ダンスをしたりバラッドを歌ったりすることが奨励された。彼女は禁欲的で信仰深く、文明の基準からみてつねに正しい礼節を守ることを求めた。

　また、彼女の敬虔《けいけん》な信仰心は、とくに宗教生活の改革に深く関与させた。修道院の創設に力を入れ、ダンファームリンにはベネディクト派の小修道院を建立した。ケルト教会はローマ帝国の没落後、ローマとの接触を絶っていたが、マーガレットはケルト教会と彼女自身のローマ教会を一体化させることに努めた。

　六六三年のホイットビーの和議でノーサンブリアのケルト教会がローマのカレンダーを受け入れ、続いてピクト人、それから七一六年にアイオナ、その後アイルランドが受け入れた。マーガレットの影響がスコットランドに表れる頃には、ローマ対ケルトの目立った差異は解消されていたであろう。彼女自身はのちにキリスト教への献身と帰依の功績によって、聖者の列に加えられた。エディンバラにある一一世紀の「聖マーガレット礼拝堂」は修復され、今も残っている。

王妃が精力的に宮廷生活と宗教文化の変革に取り組む一方で、旧式の戦士王であるマルカム三世は、義理の兄弟エドガーの王位就任を実現することを口実に、しばしばイングランドを襲撃し、ノーサンバーランドとカンバーランドへ一連の国境攻撃を仕掛けた。これに対し、一〇七一年、ウィリアム征服王はスコットランドへ侵入し、アバーネシーでマルカムを服従させた。とはいえ、両国は戦争の合間にしばしば友好関係を保った。マルカムがイングランドの宮廷では人気のある人物であったからである。しかし、一〇九三年、ノーサンバーランド攻撃の途中で、待ち伏せていた友人のノルマン人に殺された。マーガレットも三日後に死ぬ。

スコットランドでもイングランドと同じくノルマン・コンクエストの影響は大きかった。マルカム三世とマーガレットの時代に、スコットランドへイングランドから先進的なフランス文化を基調にしたノルマン文化が流入し、スコットランドのノルマン化が進んだ。確かにスコットランドの文明化は先進のヨーロッパの国々に並ぶ水準に近づいたが、その一方で、この時期にゲール語とゲール人の生活様式は、徐々にではあるが確実に、辺境的なものに変わり始めた。ゲール語に代わって、宮廷と支配層に使われる言葉はアングル語（のちにローランド・スコッツ語に発達）になった。誕生したばかりの国スコットランドにとって、この文化的、言語的ひび割れ現象は、長期的に見て重大な結果をもたらすことになる。

カンモア王朝の混乱続く

マルカム三世の死後三〇年間、スコットランドは弱くて不安定な王による支配が続き、混乱した王国の歴史をたどった。マルカムの跡を継いだのは、彼の六〇歳の弟ドナルド・ベイン（在位一〇九三～九四、復位一〇九四～九七）であったが、長くは統治しなかった。ドナルドは父親の死後、マルカムがイングランドに身を寄せていた間、ヘブリディーズ諸島に送られていた。そのため彼は、イングランドやノルマンの影響よりむしろ、北欧やケルトの影響を強く受けていた。マルカムの死後王位を継承するとすぐ、彼はマルカムのアングロ・ノルマンに傾いた姿勢への反動で、マルカムとは逆の方向へ政策を転換した。それはケルトの側からの最後の抵抗であった。

このドナルドの反抗は、父親のウィリアム征服王の死後イングランドの王位を引き継いでいたウィリアム・ルーファス〔ウィリアム二世〕（在位一〇八七～一一〇〇）を不快にした。彼は、強引にドナルドを廃位させ、代わりに人質としてイングランドに確保していたダンカン（マルカムと最初の妻インギビョーグとの子）を即位させた。しかし、ダンカン二世（在位一〇九四）は、即位後すぐ、キンカーディンシャーのモンダインズの戦いで敗北して殺害され、ドナルド・ベインが復位した。だが、一〇九七年、アングロ・ノルマン軍がドナルドを再び追い出し、老王の在位は長くは続かなかった。ドナルドは投獄され、盲目にされた。ルーファスはダンカンの異母兄弟（マルカムとマーガレットのもう一人の息子）エドガーを王位に就かせた。エドガーのイングランド寄りの治世の間、以前にも増してノルマン人がスコットランド南部に住み着くようになったのが目立った。

エドガーは彼の前任者に対する残忍な仕打ちにもかかわらず、「温和な人」エドガーとして知られた。エドガーが王位に就く以前、ノルウェー王ハロルド（ハーラル美髪王）は西方諸島をすべて征服し終え、ノルウェー王の支配下に置いていた。しかし、エドガー王の時代に、西方諸島の住民はノルウェー支配に反旗をひるがえし、ノルウェー人や自分たちの族長らを殺戮した。この時期のノルウェー王はマグヌス・ベアレッグズであったが、彼はこの島民たちの反乱を耳にして、報復を決意した。彼はまず大艦隊を率いてオークニー諸島を占領し、彼の息子に支配させた。その後、西方諸島に上陸、住民の家屋を焼き払い、安全な場所に避難した人々すべてを殺し、ありとあらゆる物を奪い去った。

そのうえさらに、マグヌスはマン島とアングルシー島をも征服し、エドガーに西方諸島はノルウェーの所有地であり、スコットランドのものではない、宣告したと伝えられる。エドガーに父親のマルカムほどの能力があれば、西方諸島はスコットランド領であると主張して、戦端を開くことになったかもしれないが、エドガーには戦争に持ち込む気はまったくなかった。

一〇九八年、二人の王は条約を結び、西方諸島はノルウェーに正式に譲渡された。西方諸島がスコットランドの別の王によって取り戻されるまで、一〇〇年以上もの時間が流れることになる。

一一〇七年に、エドガーは子孫をもうけずに死んだあと、彼の弟で「猛烈な人」アレグザンダー一世(在位一一〇七頃~一一二四)が王位を継承した。アレグザンダー一世は力強い性格で、イングランドのヘンリー一世の娘と結婚し、スコットランドを「極めて勤勉に」支配したといわれた。マクベスの領地であったマリで反乱を鎮圧したり、ヨークの大司教たちによる大司教区支配に反対してスコットランド教会を守ったことなどが彼の功績として挙げられる。一一二四年、彼は子どもがいないまま世を去った。

デイヴィッド一世による革新

アレグザンダー一世の後継者となったのは、マルカムとマーガレットの九人の息子たちの末弟、デイヴィッド一世（在位一一二四〜五三）である。彼は王家の中で最も偉大な人物となり、経済・社会面で際立った革新政策を実行した。叔父であるドナルド・ベインから逃れたあと、デイヴィッドはヘンリー一世の宮廷で暮らすように送り込まれ、そこでイングランドとノルマンの進歩した文化様式になじんだ。ヘンリーはデイヴィッドに対して面倒見がよく、デイヴィッドとノーサンバーランドの領主ハンティンドン家の女性相続人、マチルダとの結婚を実現させた。デイヴィッドはカンブリアの支配者に任ぜられ、強大な力をもつに至る。ハンティンドン伯として、デイヴィッドはイングランド王に忠誠の誓いをしなければならなかった。アレグザンダーの後継の王になってスコットランドに戻ったとき、デイヴィッドはまた強力なアングロ・ノルマンの影響力をも持ち帰ったのであった。その影響力は結局スコットランド社会を大きく変容させることになる。

デイヴィッド一世の永続的な政策は、スコットランドに封建制度を導入することであった。イングランドとの接触のなかで、彼はウィリアム征服王とその後継者たちによって進められた封建制度の効率のよさに、強い印象を受けた。封建制度の根底にある原理によれば、すべての土地は国王の所有に帰するものであり、国王から直接土地を借り受けた領臣あるいは直接受封者は、代わりに、国王を政治的に支持し、戦争など軍事的危急に際しては、王軍のために兵役に服する義務があるとされていた。土地の転借人も同様に、領臣のために、戦時には兵役に服する義務があった。全体の制度は、忠誠の誓いに支えられており、恩恵と義務の関係を守ることによって、人々は安全と保護を得ることができる仕組みである。現代から見れば、さまざまな問題を含む封建制度であるが、当時においては、進んだ概念に基づいた、国家を繁栄させ、安全にする必然の枠組みとして受け入れられた。

スコットランドの王政を、こうした封建的王政に変えることに、デイヴィッドは熱中した。デイヴィッドはイングランドのアングロ・ノルマンの貴族をスコットランドに迎え入れ、封建的な王に仕立てようとした。ノルマン人の友人たちに土地を与え、封建的支配関係を築いていった。フランス語を話す新たな貴族階級がスコットランドで確立されることになる。ローランド地方では、部族と血縁に基づいた古くからのケルトの概念は、法と規則による封建制度に取って代わられた。

デイヴィッドの宮廷は、ノルマン人の支援を得て、執事や侍従、城守、式部官など重要な制度的職位を導入し、中世ヨーロッパに共通の世界的視野に立った構造を見せるようになった。彼は最初の勅許自治都市と州を設立した。自治都市は王に毎年認可料を支払うことへの見返りとして、外国貿易を行うことを許された。彼はまた、王国内で一律の法制度を確立することに努めた。さらに、一貫した度量衡の基準を初めて制度化した。最初のスコットランド貨幣を鋳造させたのも彼である。デイヴィッドの統治が進むにつれ、それまでゆるやかだったケルト社会の組織は、比較的緊密で効率的な仕組みの社会に変化した。スコットランドはともかくイングランドの影響のもとにヨーロッパ化した。同じケルト社会であっても、スコットランドがウェールズやアイルランドと異なった運命をたどったのは、このあたりに一因があったとも考えられる。

宗教の面でも、敬虔なデイヴィッドは、母親と同じように、ヨーロッパ的な修道院文化の吸収に熱意を示した。彼が創設した修道院は一二以上にのぼる。それらには、ケルソー、カンバスケネス、メルローズ、ジェドバラ、ホリールード、ダンドレナン、キンロス、それにニューバトルなどの修道院が含まれる。これらの多くは現在廃墟となっているが、すばらしい建造物はどれもみな、かつての隆盛の面影を宿している。修道院はいずれも封建制度に支えられていた。国王は土地を修道院に与え保護し、その代わりに、修道院長や修道士らから精神的救済や支援を受けた。こうした相互の保護・支援関係をもとに、修道士たちは瞑想と祈禱の宗教活動に従事でき、また土地所有から生じるさまざまな特権を享受できたのである。

デイヴィッドの孫、マルカム四世

一一五三年、デイヴィッド一世が死去後、デイヴィッドの孫マルカム四世（在位一一五三〜六五）が後継者となったが、そのとき彼はまだ一二歳の少年であった。彼は二四歳まで生きたが、彼の容姿が柔弱にみえたことから、「乙女のマルカム」のあだ名で最もよく知られる。マルカム四世は即位後早々に、デイヴィッド一世が西方諸島の領有権を放棄したことに不満をもった島の住民の反乱に直面した。デイヴィッドの死後、数か月のうちにロスとアーガイルで続いて起こった蜂起は、一一六〇年代まで不穏のまま尾を引き、マリとギャロウェイでの反乱と重なった。

デイヴィッド１世と孫のマルカム４世

マリの反乱では勝利しただけではなく、反乱の首謀者を捕らえ、終身刑でロクスバラ城に監禁した。ギャロウェイの場合、ギャロウェイの人々は、ロジアン人のように英語は話せず、ゲール語しか話せなかったので、彼らは反乱以降英語を話すことを強制された。以後ほぼ六〇〇年間、ギャロウェイの人々は英語の話者となる。

マルカムの即位後およそ三年間、スコットランドの多くの地域で王に対する抗戦が続いた。だが、マルカムを王位から強引に引きずり下ろすような動きはなかった。むしろマルカムによって、クライズデールやカイル、レンフルーといったそれまで統治の不安定だった地域で、王権を強化する政策が進められた。彼はノルマンの貴族たちの応援を得て、強権的であった。そうした姿勢はケルト地域の領主たちの反感を強めたが、彼は戦いでつねに勝利し、反乱を容赦なく、効果的に鎮圧した。

マルカムは反乱を鎮めたものの、イングランド王との敵対関係は改善できなかった。彼はノルマン貴族の顧問を支えにしたが、そのこと自体が問題を引き起こしたのかもしれない。マルカム統治の時期のイングランド王はヘンリー二世で、彼はとても精力的で有能な支配者であったが、欲しいものを手に入れる最善の方法を考えることをしなかった。ヘンリーは、デイヴィッド王が在位時代は、イングランドはスコットランドが手にしているイングランドの北部諸地方を取り戻そうとする気はないとデイヴィッドに誓っていたが、スコットランドが若年のマルカムに支配されているのを見て変心し、約束を反故にする好機到来とばかり、北部諸地域の奪回を企てるようになった。

一一五七年、ヘンリーとマルカムはチェスターで会見、マルカムは有力者たち（その多くがスコットランドだけでなく、イングランドにも広大な土地を所有していた）の忠告で、結局、イングランドとの戦争を回避する最善策として、祖父のデイヴィッドが確保した領地をヘンリーに差し出すことを選択した。領地と引き換えに、マルカムはハンティンドンの栄誉を保持することを許された。それ以後、スコットランドはその土地を取り戻すことがなかった。この取引は、マルカムの治世の中で、歴史を変えることになった最大の出来事であったといえる。

祖父のデイヴィッドと同様、マルカムは教会に対して極めて寛大であった。彼の時代に生きた聖ゴドリッチは、マルカムとイングランドのトマス・ア・ベケットについてアルプスとその北部の間で最も神にとって好ましい人物であると語ったと伝えられる。

鎖につながれた「獅子」

一一六五年にマルカム四世が死去した後、彼の弟で獅子王の名で知られたウィリアム一世（在位一一六五〜一二一四）が王位を継いだ。名前に「獅子（ライオン）」が付いた理由として、明確な証拠は知られていないが、十字軍の時代に、ウィリアム軍が鎧《よろい》にライオンの紋章を付けたことに由来するといわれる。

ウィリアムの統治期間は四九年間に及び、中世スコットランドでは最長であったが、その長さは彼の治世の成功を示すわけではない。逆に、ウィリアムは、スコットランドをイングランド王に服従せざるを得ない状況に陥らせた。ウィリアムは彼の兄が失ったイングランド北部の諸州を取り戻す執念に取りつかれていた。一一七三年、ウィリアムはこの野望を達成するため、イングランドへの侵攻を決意した。ところが一一七四年、最悪の運命が彼を襲う。この年の七月、ウィリアムは国境を越えてイングランドのアルンウィックの町へ侵入したが、敵の力を過小評価して、王自身が捕らわれの身となってしまった。スコットランド王の捕縛に喜んだヘンリー二世は、ウィリアムを海を越えてノルマンディーへ運び、鎖で縛りファレイズ城に監禁した。解放の代償はウィリアムの王国であった。ウィリアムは、同年一二月八日、ファレイズ条約を結ぶ。この条約は、ヘンリーに服従すること、およびヘンリーをウィリアムの封建的大君として認めることに同意するものであった。この条約に同意したことで、ウィリアムは監禁されて一〜二か月後に解放されたが、条約上は、以後全スコットランドがイングランド王の支配下に置かれ、ウィリアムは屈辱的にも一家臣の地位に置かれることになった。

このイングランドへの屈服は、ギャロウェイでの蜂起を誘発し、一一八六年まで争乱が続いた。ロスでは、ダンカン二世の直系の子孫であるドナルド・マクウィリアムが、スコットランド政権を打倒すると宣告した。その宣告どおり、ドナルドはマリでみずからの力だけで戦闘態勢に入ったが、一一八七年、結局戦いに負け、殺された。

スコットランド王ウィリアムはイングランド王の許可なしでは何もできなくなった。一五年間スコットランドはこの状態に置かれたが、ヘンリーが死去し、息子の獅子心王リチャード一世（在位一一八九～九九）が王位に就いたことで、形勢が変化した。十字軍を聖地へ派遣することに心を砕いていたリチャードは、多額の資金を必要とした。ウィリアムはこの資金の一部として一万マーク〔マークは昔スコットランドで使われた通貨単位で、一マークは一三シリング四ペンスに相当〕を負担することで、再び自立した王国と認められ、ファレイズ条約以前の地位を回復した。ウィリアムの統治の時期に多くの反乱が勃発したが、彼は権力を発揮して乗り切り、一二一四年に没したときには、スコットランドを連合王国に近い形で後継者に引き渡した。

黄金時代の幕開け

ウィリアムが一二一四年に死去したあと、彼の息子、アレグザンダー二世（在位一二一四～四九）が王位に就いた。彼はスコットランドを以前にもまして強力な国にした。彼と次の王アレグザンダー三世の功績で、スコットランドは黄金時代の夜明けを迎える。即位直後からアレグザンダーは完全な独立を回復させようとした。イングランドでの反乱がその端緒となった。一二一五年、彼はイングランド王ジョンの敵だった勢力と連合を組み、イングランド北部の返還を要求、一二一六年にカーライルを占拠した。ジョンの息子、ヘンリー三世の支援者に助けられ、反乱軍が敗北したことでアレグザンダーが危険な立場に置かれたため、一二一七年、彼は、和平の政策を打ち出し、イングランド北部地域の奪回を放棄する。とはいえ、イングランド側にも、改めて大君の地位を押し付ける力はなく、両王国は、フロンティア紛争を解決する新たな方策を探るしかなくなった。両国の関係を安定させるため、アレグザンダーは一二二一年、ヘンリーの妹、ジョーンと結婚した。しかし、両国の領土の境界問題が解決をみるのは、一二三七年になってようやく、アレグザンダーが父祖の代からの要求を放棄することに同意し、ヨーク条約が締結されてからである。

イングランドとの関係が安定したことで、アレグザンダーは国内問題に集中するようになる。アレグザンダー二世はまず、それまで絶えず問題を起こしてきたスコットランドの諸地域、とくに西方アーガイルの離島の紛争を鎮圧することに力を入れた。アーガイルと呼ばれた地方はアイルランドからのスコット人（ケルト人）が最初に居住した土地で、住民はスコットランド王の臣民であったが、王にはあまり従順でなく、しばしば王の敵側に味方して戦った。アーガイルはスコットランド本島からは非常に遠く、軍隊が赴くには多大の困難を伴ったので、歴代のスコットランド王は完全に征服するまでに至っていなかった。

一二二一年、アレグザンダー二世はギャロウェイとロジアンの兵で編制された軍隊を率い、最も容易なルートとして、クライド湾から船で渡る計画で、艦隊を準備した。ところが、不運にも九月の嵐に見舞われて船が難破しそうになり、アーガイルへ向かうことはできず、グラスゴーへ戻った。翌年、冬が終わるとすぐ、アレグザンダーは再び出発し、地元の領主や族長たちが連合を組むことができない状況に乗じて、たちまち全地域を支配することに成功した。彼は没収した土地を、自分の忠臣たちに分け与えた。

同じ年の後半、それまでと異なる種類の乱暴で荒っぽい反乱が起こった。ケイスネスの貪欲な司教アダムが、管区の信徒に教会の維持費として規定の二倍の金額を請求したため、結局一二二二年、三〇〇人の怒った信徒がアダムの邸宅へ押しかけた。信徒たちはアダムの側近に対し、近くに住むケイスネス伯に救済してもらうよう求めた。その時、ケイスネス伯は、危険が差し迫っているのに手を打たず、「司教が困っているなら、自分のところへ来るように」と言うにとどめた。一方、怒った群衆は無力な司教を捕まえ、彼の衣服をはぎ取って殴打し、それからキッチンの炉火まで連れて行き、火あぶりにして殺した。

この事件を聞いたアレグザンダーは、イングランドへの侵攻計画を取りやめ、ケイスネスへ急行、恐るべき処分を実行した。首謀者たちを残虐な方法で処刑した。アダム司教を救わなかったケイスネス伯については、罰として彼の広大な領地の大部分を没収し、後に彼を自宅で焼死させた。

アレグザンダーは死の直前の短期間、長い間心に掛けていた大きな計画を達成しようとした。その計画とは、ヘブリディーズ諸島をノルウェー王の手から取り戻すことである。歴史をさかのぼれば、一〇九八年、エドガー王統治の時期に、ノルウェー王マグヌス・ベアレッグズがヘブリディーズ諸島の支配を固め、それ以降島はスコットランドの領有ではなくなっていた。これらの島は、敵軍からスコットランド本島を守るには、絶対的に重要な拠点であった。

アレグザンダーは最初、その当時ノルウェー王だったハーコンに、島は本来スコットランドの領土であることを主張し、返還を求めたが、ハーコンは聞こうとせず、アレグザンダーは購入することを提案した。しかし、ハーコンはこれも拒絶したため、アレグザンダーは戦争で奪取することを決意、艦隊を率いて出発したが、途中オーバン湾で病気になり、ケレラ島で没した。

ヘブリディーズの征服

アレグザンダー二世の息子、アレグザンダー三世（在位一二四九～八六）が王位に就いたとき、彼はまだ八歳の子どもで、一時、スコットランドは摂政によって統治された。アレグザンダーは、イングランドのヘンリー三世の甥で、義理の息子であった。一二五一年、一〇歳のアレグザンダーは、イングランドのヘンリー三世の長女マーガレットと結婚し、それ以来、スコットランド問題へのヘンリー三世の影響力が強まった。しかし、アレグザンダーの未成年時代を通じて、大君主をめぐる問題は浮上しなかった。

一二五八年から五九年に、アレグザンダーが王の任務を全面的に担うようになり、イングランドがスコットランドに介入する機会はほぼ消滅する。アレグザンダーとヘンリーの家族関係は背景に隠れ、一方、イングランドの政治的危機のために、ヘンリーは大君としての要求を押し付ける立場にいられなくなった。

ヘンリーが困難な状況で身動きできない中、アレグザンダーはスコットランドの西方諸島の征服を完遂させようとした。平和的移譲の交渉が決裂し、スコットランドがノルウェー側を襲撃したため、ノルウェー側が反撃を開始した。一二六三年七月、ノルウェー王ハーコン四世が一〇〇艘以上で編制する艦隊を率いてオークニー諸島に到着した。到着の翌日、皆既日食が起こり（実際、一二六三年の八月五日に皆既日食があったことを天文学者たちが確認しているという）、ノルウェーの兵士たちは日食を敗北の前兆と考えた。しかし、ハーコンは彼らの恐怖にもかかわらず侵攻を続け、アラン島の南、ラムラッシュ湾に錨《いかり》を下ろした。

アレグザンダー３世

一方、アレグザンダーは海岸のあらゆる城を兵の増員で固め、ハーコンの上陸が予想されるエアシャーの海岸には大軍を配備した。一〇月一日、恐るべき猛烈な嵐がこの地方を襲い、ハーコンの艦船に二日二晩にわたって猛烈な打撃を与えた。ノルウェー軍は日食の予兆を思い起こし、恐怖に震えたであろうし、アレグザンダー軍は天のもたらした幸運に感謝の祈りを唱えたかもしれない。戦闘はエアシャーのラーグス近くの土地で繰り広げられた。ノルウェー軍は勇敢に戦ったが、数の少ないアレグザンダー軍に海岸まで追い込まれ、小舟に乗って艦船へ逃げた。しかし、ハーコンは戦いの続行を断念した。嵐で多くの艦船が失われたうえ、残された艦船の損傷がひどかったからである。ハーコンはノルウェーから来た時と同じルートで帰国の途についた。ハーコンはオークニーを経由し、カークウォールに上陸したが、病に倒れ、帰国途中で生涯を閉じた。スコットランドの勝利に終わったこの両国の対戦は「ラーグスの戦い」と呼ばれる。

ラーグスの戦いは、ノルウェーによる西方諸島の支配の終わりを告げた。ハーコンの死後、一二六六年に、アレグザンダーはハーコンの後継者マグヌス王と「パース条約」を結んだ。この条約で二人の王は、西方諸島はスコットランドの一部であることに同意、スコットランドはノルウェーに即金で四〇〇〇マーク、永久的に年一〇〇マークを支払う（毎年の支払いは実績で一四世紀まで続いた）ことに決まった。

オークニー諸島とシェトランド諸島はノルウェー支配下に置かれたままとなり、これらの島がスコットランドの領有となるまでには長い時間を要することになった。

一二七二年、イングランドのヘンリー三世が没し、彼の義理の兄、エドワード一世が新王となった。エドワード一世は、アレグザンダー三世の力を認め、両者の間には波乱のない関係が続いた。一二六六年から一二七五年のマーガレット王妃の死までの期間は、スコットランドでは政治的権力争いはほとんど消え、王の権威が堅固になった。この時期は、スコットランド史の黄金時代といわれる。

しかし、アレグザンダーの統治の最後は不運に見舞われ、王自身にとっても国民にとっても、悲しくも痛ましいものとなった。マーガレット王妃の死に続いて、マーガレットが産んだ三人の子どものうち、アレグザンダーは一二八一年、デイヴィッドは一二八四年に死去し、パース条約による和解で一二八一年にノルウェーのエイリーク二世と結婚した娘のマーガレットは、結婚して二年後、出産で急死した。彼女は同名の幼児マーガレット(「ノルウェーの乙女」)を後に残した。王の後継者は、ノルウェーにいるこの孫娘マーガレットだけとなってしまう。一二八五年、アレグザンダーは譲位を確実にするため、ドゥルー伯の娘ヨランドと再婚した。

ところが、翌年三月、アレグザンダーはエディンバラ城から、フォース湾を横断して、王妃の待つキングホーンへ向かう途中、夜の闇の濃い海岸沿いの岩場で、乗っていた馬が足場を踏み間違って王は崖から転落、急逝した。四五歳の若さであった。王妃はアレグザンダー三世の子を一人も産まなかった。この悲劇の影響は、その後長年にわたってスコットランド王国に痕跡をとどめた。

シェイクスピアの『マクベス』

劇作家ウィリアム・シェイクスピア（一五六四〜一六一六）の四大悲劇の一つとされる『マクベス』は、武将マクベスが主君であるダンカン王を殺害して王位に就いた史実をもとにしている。シェイクスピアは、彼とほぼ同年代のイングランドの年代記作者ホリンシェッドまたはホリンズヘッド（一五二九頃〜八〇頃）の『年代記』（一五七七）から素材の大部分を得た。

『マクベス』の成立年が一六〇六年頃であったとすれば、それはジェイムズ一世（スコットランド王として六世）がイングランド王に即位（一六〇三）後間もない時期で、シェイクスピアはジェイムズ一世を喜ばすためにこの劇作品を書いた可能性がある。シェイクスピアはステュアート王家の英雄的祖先を劇化することで、ジェイムズ一世を賛美するつもりだったかもしれない。実際、『マクベス』の第四幕第一場で、ステュアート王家の代々八人の王が亡霊として次々に現れる場面があり、また同じ幕の第一場と第三場に、ジェイムズ一世に対する賛辞と解釈できるセリフもある。さらに、魔女を登場させたのは、『悪魔学』の著者（ジェイムズ一世）を意識してのことであるとの見方もある。『マクベス』が、新王ジェイムズが即位したあとそれほど時間が経たない時期に、彼を賛美する気持ちを込めて書かれたことは大いにありうる。

シェイクスピアは『マクベス』の執筆にあたり、実際の歴史的事実にあまり従っていない。事実と虚構がないまぜになっている。もともとマクベスその人の事実についてはかなりあいまいであるが、彼が武勇に秀でた高潔な人物で、深い信仰心をもち、一〇四〇年から一〇五七年までの一七年間、スコットランド王として立派に統治したことなどは、史実として疑いない。国民にも人気があったことも確かである。その彼が、血のつながっている主君のダンカン王を殺害し、のちにダンカンの子マルカム三世に復讐されたのは事実である。マクベスは主君を殺し、王位を簒奪《さんだつ》したわけだから、極悪人と考えられても当然であるが、ただマクベスの時代には、こうした下剋上はよく起こったことで、マクベスだけを責めるわけにもいかないだろう。しかも、マクベスの場合は、王位を継承する正統な権利があった。マクベスは当時マリの領主であったが、母方の血のつながりでマルカム二世の甥であり、その上、妻の名により、正統な王位継承権をもっていた。マクベスが文人肌で無力なダンカンより、自分の方が王位にふさわしいと思ったとしてもおかしくない。

だが、天才劇作家シェイクスピアは、そうした歴史事実へ肉迫することはない。彼はマクベスの正統な継承権を無視し、同時に、一方の王位を奪われたダンカンの非力と弱点を包み隠してしまう。シェイクスピアは、年代記的な事実に変更を加え、マクベスの一七年間に及ぶ立派な長期の治世を、わずか一〇週間くらいに圧縮し、マクベスを陰鬱な城での狂的な王殺しの主役にしてしまった。人間心理の恐るべきメカニズムをとらえ、高い緊張感をもって表現するには、歴史事実の外枠を解体し、劇的に再構成する必要があるのであろう。

ホリンシェッドの『イングランドおよびスコットランド年代記』に載っている挿絵

第4章 王国から国家へ

1286/1371

「ノルウェーの乙女」の死

アレグザンダー三世が一二八六年三月一八～一九日に急逝したため、だれが後継者となるかで、スコットランドは緊急な大問題に遭遇した。生き残っているただ一人の相続人は、彼の孫娘、マーガレット（一二八三～九〇）であった。彼女はアレグザンダー三世の娘マーガレットとノルウェー王エイリーク二世の一人娘で、ノルウェーで生まれ育ったことから「ノルウェーの乙女」と呼ばれた。アレグザンダー三世が死去したときは、彼女はまだわずか三歳であった。

アレグザンダー三世の生存中に、後継者を孫娘のマーガレットにすることは認められていたことから、アレグザンダーの死後すぐ、彼女は王位に就き、スコットランド初の女王マーガレット（在位一二八六～九〇）が誕生した。しかし、マーガレットはあまりに若くて統治できなかったため、六人の後見人（主な貴族や司教）がスクーンの議会によって選ばれ、彼女が成人に達するまでスコットランドを支配することになった。

マーガレットが即位した後、後見人たちは、アレグザンダー三世の義理の兄弟で、イングランド王のエドワード一世から、マーガレットとエドワードの息子、カナーヴォンのエドワード（のちのエドワード二世）との結婚の申し込みを受けた。エドワード王は手回しよく、すでに法王からの承認を取り付けていた。後見人たちは、イングランドとの過去の歴史から成り行きを十分に警戒したが、結局断ることができず、結婚の申し込みに応じることにする。

一二九〇年七月一八日、スコットランド南部のバーガムで合意された「バーガム条約」で、スコットランド女王とイングランド王の後継者との結婚の条件が取り決められたが、それは、国境地帯にイングランド軍を配備することと、スコットランドの王位継承権をイングランド側に移すことを条件とした、スコットランドにとっては極めて屈辱的な内容であった。

ところが、事態はエドワードの思惑どおりには展開しなかった。バーガム条約が締結されて間もない一二九〇年九月二六日頃、幼いマーガレット女王が急死し、結婚は不可能になってしまった。女王は結婚のため、船でノルウェーを出発しスコットランドへ向かう途中、極度の船酔いのため、オークニー諸島（かその近く）で亡くなったのである。まだ七歳であった。「ノルウェーの乙女」の死で、スコットランドは王位継承者がいない状態に陥った。

王位継承請求者一三人が乱立

マーガレット女王の後継者を決める過程は、スコットランドに対するイングランドの支配権の激化をもたらし、混乱した時代の端緒となった。王位を求める候補者が一三人の多数に上り、選考に当たっては、エドワード一世が強権をもって介入し、イングランドを優位に導く決定をした。

真っ先に王位の請求をしたのは、アナンデールの領主ロバート・ブルースであった。彼は、アレグザンダー二世がかなり以前に、まさかの時はブルースに後継を託したことを理由に、王位継承権があることを主張した。ブルースは近くのスクーンで即位式を行うつもりで、パースで軍の行進を始めた。この行動に内戦の勃発を恐れた後見人の一人、ノルマン出身のセント・アンドルーズの司教ウィリアム・フレイザーは、エドワードに書信を送り、平和を維持するために裁定を求めた。また、ブルースの支持者たちも、エドワードに助力を懇願する書簡を送った。こうしたフレイザーらの対応は、スコットランド人からは賢明さに欠ける売国行為としてこれまで批判されているが、内乱を避けるためのやむを得ない判断であったと弁護する見解もある。

一方、王位が空位であることが広まるにつれ、後継請求者の数が増え、結局、全体で請求者は一三人に上った。これらの請求者はみなマルカム・カンモアの血筋を引いていたが、中でもとくに有力だったのは、ブルースとギャロウェイの領主ジョン・ベイリアルであった。ベイリアルとブルースはともにウィリアム一世の弟であるハンティンドン伯、デイヴィッドを祖先としていたが、ベイリアルは伯の長女マーガレットの息子であったのに対し、ブルースは伯の次女イザベラの息子であった。

一二九一年五月一〇日、エドワードは王位継承請求者と審査官となる聖職者・貴族（スコットランド人八〇人、イングランド人二四人）を、イングランド北部ノーサンバーランドの国境近くにあるノラム城に招き、スコットランド王を決定する審査会を主催した。法定の査定官は一〇四人いたが、ベイリアルとブルースがそれぞれ四〇人を指名し、残る二四人はエドワードが指名する仕組みであった。審議の過程で、エドワードは、みずからがスコットランド王国の君主であり、後継者の最終的決定権をもつと宣言した。この宣言は、スコットランドをイングランドに従属させ、スコットランドの自治を危機にさらすものとして、請求者たちを驚かせた。

審査会の期間中、エドワードは騒動に備え、軍隊を待機させた。彼は請求者たちに三週間の猶予を与え、彼の宣言に同意するか否かを返答するよう求めた。スコットランドは苦しい選択を迫られ、板挟みに苦悩する。審査会に出席したグラスゴーの司教はエドワードに対し、王のやり方は乱暴であると思う、と告げたといわれる。エドワードは、王位継承請求たちと個別に会い、全員から自分への臣従を取り付けた。六月六日までに、一二人の請求者たちはエドワードのスコットランドの支配権を認める書類に署名した。

ジョン・ベイリアル即位

一二九二年一一月一七日、エドワードは審査会を今度はベリック城で開いた。ベイリアルがハンティンドン伯デイヴィッドの長女の子であり、一方のブルースが次女の子であったので、エドワードは、長子相続の建前から、ベイリアルをスコットランド王とする裁定を下した。だが、ベイリアルに決したのは、ブルースよりも御しやすいとみたからであろう。彼は、イングランドへの封建的服従を誓わせるのに好都合な人物を選んだのである。

ジョン・ベイリアル王の統治(一二九二～九六)はスコットランド王権のどん底時代の始まりとなった。ジョン王は、一一月三〇日(聖アンドルーの日)にスクーンで即位し、一二月二六日にベリックでエドワードへの臣従を誓った。エドワードはジョン王に対しイングランドからのいくつかの要求を宣告した。それらには、スコットランドで問題が起こったときは解決のためにスコットランド王はロンドンへ参上すること、イングランドの防衛費の一部を負担すること、フランス軍との戦争の際はイングランド軍に加わり参戦すること、などが含まれていた。エドワードがスコットランドを家臣・従者の地位に置こうとしていることはこれで明白になった。強い個性の持ち主ではなかったベイリアルにとってさえ、エドワードのこうした要求は過大で、とても承諾できるものではなかった。

一二九四年七月、エドワードがジョン王を召喚し、対仏戦争のためにフランスへスコットランド軍を派遣するよう命じたとき、スコットランドは抵抗する姿勢を取った。エドワードから強制された臣従の誓いを取り消す「免罪」を法王から認めてもらい、イングランドから自由になる状況を作った。のちにエドワードはこの服属の要求を取り消したが、スコットランドの爆発的なイングランドへの反感は鎮まることがなかった。一二九五年一〇月、スコットランドは独立を確保しようと、エドワードの不倶戴天の敵国、フランスと同盟関係を結ぶ条約を締結した。これが以後長らく続くフランスとのいわゆる「古き同盟」の始まりとなる。必然的に、スコットランドとイングランドの間に戦争が起こった。一二九六年三月、ジョン王は軍を率い、イングランド北部のカンバーランドへ攻め込んだ。

その仕返しに、エドワードはベリックを攻撃して略奪、大方の市民を殺戮した。四週間後には、さらにダンバーで、スコットランド軍を完敗させた。スコットランド軍の抵抗は崩れても、エドワードは妥協する気などさらさらなく、七月には、ジョン王へ最後の屈辱を与えた。ジョン王は王冠と王の笏《しゃく》を取り上げられ、王の鎧の上に着る陣羽織の紋章もはぎ取られた。この時以来、ジョン王は、「穴の開いた陣羽織」とあだ名で呼ばれることになる。王権を奪取された王は、捕虜となってロンドン塔に送られ、監禁された。

　エドワードは、彼の大君主の地位が脅かされることがないように、一二九六年八月、二〇〇〇人の有力なスコットランド人貴族や地主を召集して臣従を誓わせるとともに、彼らの王がイングランド王であることを認める誓約書への署名を強要した。この誓約書は「ラグマンズ・ロール」として知られる。完全勝

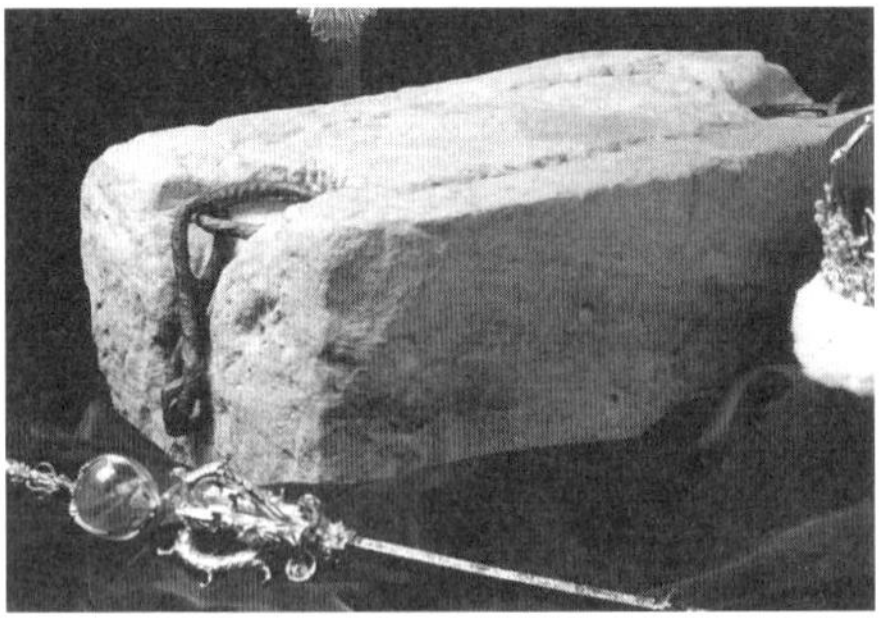

王位継承の儀式で用いられた「運命の石（「スクーンの石」）。1296年、イングランド王エドワード1世に没収され、1996年にスコットランドへ返還

利を確信したエドワードは、スコットランドを統治する国王代理の総督としてサリー伯ジョン・ド・ワーレンを任命し、イングランドへ戻った。この時、エドワードは歴代のスコットランド王が戴冠式を執り行う際に、その上に座って誓いをたてた玉座「運命の石」(あるいは「スクーンの石」)を戦利品としてイングランドへこっそり持ち去り、ウェストミンスター寺院に送った。エドワードはまた、キリストの本物の十字架から作ったとされる聖マーガレットの黒い十字架を奪った。

ジョン王は三年間イングランドで捕虜となり、その後許されて、みずからのフランスの領地に引退した。イングランドから受けたさまざまな屈辱に対し、スコットランド人は、グラスゴーの司教や多くの侮辱に怒った貴族に励まされ、次第に不満反発の感情を増大させた。スコットランドは新たな指導者を必要としていた。ここにウィリアム・ウォレスへの期待が一気に高まる。

ウィリアム・ウォレスの抵抗

エドワードは、今やスコットランドは完全にイングランドの軍門に降《くだ》ったと確信して、帰路についたであろう。ところが、それは大いなる勘違いであった。一二九六年以降、イングランドに反抗する動きは急速に高まっていた。当時のスコットランドの後見人、ロバート・ブルース、ジョン・カミン、ジョン・ド・スールズ、それにセント・アンドルーズとグラスゴーの両司教は、しばしば不安定であったとしても、連合の度合いを強めた。後見人の最上位にいたウィリアム・ウォレス(一二七〇〜一三〇五)はイングランドへの激しい抵抗姿勢を見せ、イングランドを打ち負かすための決起をしきりにうながした。スコットランドの威信の回復と自己イメージの確立を、彼は絶えず民衆に訴え続けた。

だが、この名だたる愛国者ウォレスの背景について、詳しいことはわかっていない。中世を通じて、ほかのスコットランドの指導者とは異なり、彼は偉大な領主ではなく、重要な地位に就いたときは騎士ですらなく、ローランドの小地主の次男にすぎなかった。ウォレスについてのどの記述も、彼の身長が二メートル近くあったことや怪力の持ち主であったことを強調する。彼の用いた剣は長さが一・六三メートルあり、彼が堂々たる体軀の人物であったことをうかがわせる。ウォレスは天性の指導者であったといわれる。彼の全身には、かつて大昔に、ローマ軍に立ち向かったカレドニアの勇猛な戦士にも似た、激しい闘争精神がみなぎっていた。彼は部下を効率的に鼓舞し、動かした。だが、時には残虐で、粗野な性格を表すことがあったらしい。ウォレスがイングランド兵を殺したことで起こった私的な戦いを民衆が支持、その戦いはイングランドへの抵抗運動に発展する。

ウォレスは、主としてハイランド人と北東部出身の人々からなる軍隊を組織し、一二九七年春、ラナークで反乱を開始した。彼は、カレドニア人がローマ人と対戦したときに非常に効果を上げたのと同じ奇襲戦術を用いた。それはイングランド人の戦意を徹底してくじき、彼の攻撃の回数が増えるにつれ、敵陣の警戒心を著しく高めた。フォース川の北方にあるすべての要塞を奪取し、一二九七年の夏までには、かなりの大きさの軍隊を率いるようになっていた。

ウォレスの戦線の北方では、北東部のマリ湾岸に勢力をもつアンドルー・マリ（一二九七没）がイングランドの監獄から釈放された後、バンフ、マリ、そしてアバディーンなどでイングランドに抗戦した。マリもまた、ウォレスと同じ奇襲戦術を用い効果をあげていた。ウォレスとマリは共同戦線を張り、一二九七年までその連合を維持しながら、イングランドに激しく抵抗した。この時期のイングランドへの抵抗に教会も加わり、グラスゴーの司教ロバート・ウィシャートら高位の聖職者が指導者に加わったことも大きな影響を及ぼした。

スターリング橋の戦い

一二九七年の夏を通じて、ウォレスもマリもイングランドとの戦いを続けた。八月の終わり、エドワード配下のサリー伯ジョン・ド・ワーレンと大蔵卿のヒュー・ド・クレッシンガムの軍が、スターリング郊外に集結した。これを受けて、ウォレスとマリは初めて軍団を統合し、スターリング橋で、スコットランド軍よりはるかに規模の大きいイングランド軍の到来を待った。ウォレスは生まれながらの戦術家であった。戦術の巧みさは、スターリング橋の戦いでも明らかに見て取れる。

スコットランド軍は、槍を持った兵士が盾で身を守りながら円形を作って進む戦術を用いた。この新奇な戦術は、おそらくウォレス自身が考案したものであろう。一方、イングランド軍には、多くのスコットランド人の騎士や、エドワードに忠実なスコットランド人の従者が含まれていた。戦いを始めるには、川に架けられている狭い木造の橋を渡らなければならない。その当時の常識では、騎兵は歩兵より断然有利であった。ウォレスとマリの軍には騎兵がまったくいなかった。サリー伯はイングランド軍が完璧に勝利すると確信したかもしれない。試しに二度渡った後、イングランド兵は橋を渡り始めた。ウォレスは橋の反対側で、イングランド兵の半数ほどが橋を渡るのを待って、それから一気に、猛烈な攻撃を開始した。イングランド軍は分断され、総崩れとなって敗北した。イングランド軍の五〇〇〇人以上の兵士と一〇〇人の騎士が死に、サリー伯はベリックに逃亡し、クレッシンガムは殺された。この戦いで、アンドルー・

ウイリアム・ウォレスの像

マリも重傷を負い、同年遅くに没した。

一二九七年冬、ウォレスはイングランドの北部に攻撃を加え、広い地域で略奪した。彼はまたスコットランドの港湾をヨーロッパの商人たちに開放し、スコットランドの貿易圏を拡大することに力を入れた。その後彼は退位したジョン王の名で一年間スコットランドを支配する。ウォレスは国家的功労を認められ、ナイトの爵位を授けられた（サーの称号を許される）が、スコットランドの貴族の大半は、彼の後見人としての地位に不満であったといわれる。スターリング橋の戦いでの勝利は、ウォレスにとって異例の大きな功績であったが、同時にそれは彼の没落の始まりでもあった。イングランド軍との次の対決は、ウォレスに運命的な災厄をもたらすことになる。

フォルカークでの敗北とウォレスの最期

スターリング橋の戦いで勝利したものの、スコットランドはイングランドに対して永続的な勝利を収めたわけではなかった。イングランドが仕返しに出ることは必然であった。一二九八年六月末、エドワード一世が大軍を率いて侵攻してきたとき、ウォレスは補給問題や食料不足で相手側が混乱するのを期待して、初動に遅れを出してしまう。エドワードの忠実なスコットランド人従者、アンガス伯とマーチ伯がウォレスの状況を通報したことで、エドワードは攻撃を急ぎ、一挙に戦いの火ぶたが切られた。七月二二日、フォルカーク近くで激戦が繰り広げられ、ウォレスはスターリング橋の戦いの時のように、歩兵に盾を持たせて四つの円形を作り、その間に弓の射手を配置し、さらにその背後を騎兵隊で固めた。だが、一方のイングランド軍は、今度は、人間の背丈ほどもある強力な長距離用の槍を放つ、膨大な数の射手を動員した。スコットランドの射手はイングランドの騎兵隊になぎ倒され、騎兵隊もまた追い散らされた。結局、エドワードの騎兵隊がスコットランド軍のすき間に突入し、勝利した。

ウォレスは森の中に逃亡して流浪する身となり、スコットランドの後見人を辞任した。フォルカークで敗北したものの、スコットランド軍は完全にイングランドとの戦争に屈したわけではなかった。南東部はイングランドの支配下にあったが、ほかの地域は、後見人のカリック伯（ロバート一世）とバーデノックのジョン・カミンが守り、エドワードの支配も完全には行き渡っていなかった。法王もスコットランドに好意的な姿勢を見せ、エドワードを強く抑制した。法王の保護のもと、ジョン王の拘束は続いた。ところが、新たに二人のスコットランドの司教にウィリアム・ランバートン（セント・アンドルーズ）とデイヴィッド・マリ（マリ）が任命されたとき、エドワードは激怒した。二人ともスコットランドの政治動向に深く関わっていたからである。

一三〇三年二月、ロスリンでイングランドのジョン・セグレーヴの軍がカミンによって打ち負かされ、その敗北への報復として、エドワードは大軍を召集し、一三〇三年から一三〇四年の冬を通じて、スコットランド（主としてダンファームリン）に駐留した。以後、スコットランドの城郭が一つずつイングランドに占拠されていく。一三〇四年には、スターリング城が奪還された。

スコットランドの主要な指導者が、再びエドワードの臣下であることを誓約した。だが、ジョン・スーリスは従わず、フランスへ去り、ウォレスも拒絶したが、彼はスコットラン

ステュアート王家の居城として使われたスターリング城

ドにとどまった。彼はゲリラ戦を各地で繰り返した。エドワードは、ウォレスを捕らえた者に多額の報奨金を出すことを公言し、なんとしても確保しようとした。一三〇五年八月三日、ついにウォレスは捕らえられた。

この時ウォレスを裏切って捕まえたのは、彼の功績に嫉妬する貴族たちの一人、ダンバートンの領主、サー・ジョン・メンティースであった。「メンティース」という語は、以後「裏切り者」の代名詞となる。メンティース領にある広大な水域「メンティース湖」は、The Lake of Menteith と呼ばれ、裏切りの汚名を今にとどめる。スコットランドでは、湖の名称には普通ゲール語の loch（ロッホ）が使われるが、このメンティース湖だけが英語の lake（レイク）で呼ばれる。

ウォレスは鎖でつながれ、イングランドへ送られた。イングランドでの裁判で大反逆罪を宣告され、八月二三日にスミスフィールドで残虐な方法で処刑された。最初に首吊りにされ、どうにかまだ息があるうちに絞首台から下ろされ、腸を引き出された。首が切られ身体が四つ裂きにされる前に、ウォレスは、エドワード一世に反逆したと考えられるいわれはない、イングランド王に忠誠を誓ったことは一度もなかったから、と叫んだ。彼の首はロンドン橋に釘づけにされ、引き裂かれた遺体の四つの部位は、ニューカッスル、ベリック、パース、それにスターリングに送還され、スコットランド人の反抗への警告のために使われた。

ウォレスは、イングランドへの抵抗の英雄的指導者であったにとどまらず、スコットランド史に永続的な功績を残した貢献者であった。彼の愛国主義は、あくまで独立を求めて王国の誇りを守ろうとする、極めて高邁《こうまい》な揺るぎない政治性と倫理性に裏打ちされていた。その意味で、彼はスコットランドの歴史が生んだ真のエリートであったといえる。

ロバート・ブルース登場

ウォレスの死後、スコットランドはイングランドの封建的支配に服従させられ、城郭の大半はイングランド人の手に渡ったが、次第にスコットランド人貴族のあいだにイングランド支配を脱し、王権を取り戻そうとする動きが高まった。一三〇六年になって、新しい指導者として現れたのがロバート・(ザ)・ブルース(一二七四〜一三二九)である。彼はロバート一世として王位に就き、長い間イングランドと激烈な戦いを展開し、最終的にスコットランドをイングランドから解放した。

ロバート・ブルースは王位継承候補者であったロバート・ブルースの孫で、カリック伯ロバート・ブルースの息子であった。母親は古代ケルトの家系を継ぐマージョリー伯爵夫人であったから、一介の騎士だったウォレスとは異なり、階層は格段に高かった。

一家の八代目の名を継いだロバート・ブルースは、エアシャーのターンベリーに生まれたが、父の領地であったアバディーンのアナンデールなどで育ち、典型的なアングロ・ノルマンの教育としつけを受けた。

一二八六年初め、ブルース父子がジョン・ベイリアルへの支援を拒み、イングランド王エドワード一世に忠誠を誓ったとき、ベイリアルは報復のために、ブルースのスコットランドの所有地を没収し、それを義兄弟のジョン・カミンに与えた。このことが、以後のブルース派とベイリアル－カミン派の深刻な不和を生む発端となる。一三〇四年、親イングランド的な父親が死去すると、子のブルースは、自分自身を守るためにウォレス軍に加わり、イングランドの暴虐、抑圧、支配を受けない、独立という、ウォレスの夢を実現しようとする。

一三〇六年二月、ブルースとジョン・カミンは、彼らの不和・紛争を解決するため、ダンフリースのグレイフライヤーズ教会で会見した。ところが、二人のあいだで口論が始まり、ブルースは祭壇の前でカミンを殺害、殺人と冒瀆《ぼうとく》の重罪を犯してしまう。彼はグレイフライヤーズ教会での許しがたい行為のために破門された。これまでイングランドの占領に対し組織的な抵抗の主体となっていた聖職者たちは、彼とは疎遠・不和になった。ブルースは敗北が続いたため逃亡し、数年間身を隠す。

ブルースは緊迫した犯罪状況を好転させるため、彼はダンフリース城を占拠し、その勢いで彼はスクーンに急行した。三月二五日、みずからスコットランド王の就任を宣言する。だが、王位に就いたものの、彼は貴族たちから援助を受けることがほとんどなく、スコットランドの土地と城郭はイングランド人の所有のままであった。スコットランドの自立のためには、土地と城郭を取り戻す以外にないと心得たロバート一世は、一三〇七年ダグラス城を奪回したのを手始めに、スコットランド領内のイングランド人追い出しにかかる。一三一四年初頭までには、エディンバラなどの重要な拠点を奪取するのに成功していた。

一方、スコットランドにとっての鉄槌であったエドワード一世は、病気になり、柔弱な後継者エドワード二世は、反乱を鎮圧するエネルギーも決意も欠けていた。エドワード一世は一三〇七年七月死去し、エドワード二世が即位した。

ブルースの権威高まる

ブルースと彼の少数の部下はイングランド軍の追跡を逃れるため、アイルランド沖の小島の洞窟に隠れた。その洞窟の中で、ブルースは一匹の蜘蛛《くも》が巣を張るさまに心を引かれた。蜘蛛は何度も失敗を繰り返した。だが、最後に、天井まで巣を張るのに成功した。ブルースは、この蜘蛛の姿に感動し、再び立ち上がる決意をしたと伝えられる。ブルースは多くの苦難と敗戦を忍耐強く乗り越え、スコットランドをイングランドから取り戻した。

数週間後、ブルース軍はブルースの故郷であるエアシャー海岸のターンベリー城の反対側にあるアラン島に首尾よく本拠を築くことができた。そこから本島に移り、イングランド軍に奇襲攻撃をかけ、食料、武器、馬を手に入れた。この時期に、ブルースは彼の妻や娘、兄弟たちがイングランドに監禁されていることを知った。彼はそれまで以上にスコットランドをイングランドから奪い返す決意を強めた。

一方、エドワードはみずからスコットランド軍を制圧しようと北方へ向かったが、一三〇七年、国境へ近づく途中で死去した。彼の息子が跡を継いでエドワード二世として即位するが、彼はすぐ南下した。新イングランド王は統率力を欠いていたため、即位後ほどなく自国の臣民と対立し始め、それがブルースには幸いした。エドワード二世は彼の治世の早い時期に、スコットランドを服従させようとはしなかった。一三〇七年から一三一〇年のあいだ、ロバート・ブルースはカミンとほかの敵をつぶす自由裁量を与えられた。

ロバート・ザ・ブルース（ロバート１世）の像

一三〇七年、ブルースは父親からカリック伯の領地を相続し、その地へ戻り、カミンとベイリアルの支援者と戦う準備をした。一三〇八年、バカン伯領地を荒廃させ、彼に歯向かった人々を打倒し、徐々にエドワード二世の占拠する城砦を奪還した。一三〇九年には、初の議会（パーラメント）をセント・アンドルーズで開催するまでに権威を高めた。一三一〇年、スコットランドの聖職者会議はブルースをスコットランド王として公式に認めるに至る。

バノックバーンの戦い

ブルースの甥でマリ伯の息子、サー・トマス・ランドルフは、三〇人の忠実な兵士を率いて、エディンバラ城を奪取するために攻撃を始めた。ランドルフの軍に加わっていたウィリアム・フランクは、三月の嵐の夜、攻撃隊の先頭に立ち、険しい危険な岩場を縄梯子で登り、城内に首尾よく侵入した。攻撃があまりに突然だったため、イングランドの城の番兵は驚きのあまり、まったく手を出せなかった。ほかの兵士は寝入っているところを襲われ、皆殺しにされた。エディンバラ城は、ついにスコットランドの手に取り戻された。ランドルフは大喜びし、奪取成功の知らせはブルースに伝えられた。勇敢にも目的を果たした兵士たちはみな聖マーガレットに感謝の祈りをささげたという。イングランドに掌握されたままの城は、スターリング城だけとなった。ブルースはスターリング城をなんとしても取り戻さなければならなかった。スターリングはスコットランド中部の拠点で、そこを取り戻すことは、イングランド支配の終焉を意味したからである。

一三一三年一一月、王の兄弟エドワード・ブルースがスターリング城を包囲した。イングランド軍守備隊長サー・フィリップ・ド・モーブレイが、一三一四年六月二四日までに救援軍が到着しなければ城を明け渡すことに同意した。ついに、エドワード二世はスコットランドと最終的な決着をつけるため、ブルースとの対戦を決意する。大戦の場所は、ブルースが選んだバノックバーン（スターリング城の南五キロメートルに位置する）と決まった。

一三一四年六月二三日、バノックバーンで、スコットランド軍とイングランド軍の天下分け目の激戦が繰り広げられた。この戦いは「バノックバーンの戦い」として知られる。エドワード二世率いるイングランド軍は、騎兵二五〇〇、歩兵一万五〇〇〇の大軍、それに対しロバート一世のスコットランド軍は、兵士の数はずっと少なく、五〇〇の騎兵、六〇〇の歩兵であった。

戦いは、夜明けとともに両軍の射手の攻撃から始まり、イングランド軍はバノックバーンとペレストリームの川の間に追い込まれ、騎兵隊は動き回れず、非常に狭い場所で戦うしかなかった。その時、不思議なことが起こる。もう一つの軍団と思しき集団が近くの丘を下りて、あっという間に戦場へ接近してきた。実際はスコットランド軍の調理人や従業員の集団であったが、彼らは自由のための戦いに進んで参加したのであった。彼らは鍬《くわ》や台所用具を振りかざして息巻いていた。イングランド軍はこの集団をスコットランド軍の兵士と勘違いし、怖気づいた。状況を読み取ったブルースとその軍団は一層激しく戦ったので、イングランド軍は四方八方に退散した。スコットランド軍はロバート王の巧みな戦法と地の利を活かし、イングランド軍に大勝した。数年ぶりに、スコットランド全体が合一された状態になり、ロバート一世の地位が固まった。

アーブロースの宣言

バノックバーンの戦いの勝利は、スコットランド独立戦争の流れの中で、大きな転換点となった。だが、スコットランドの王権がイングランドに認められるまでには、さらに一四年を要した。強力な王の支配下にあるスコットランドは、弱い王の支配下にあるイングランドにとって脅威そのものであった。スコットランドの独立をエドワード二世は認めようとしなかったため、スコットランド軍は猛烈な復讐に出た。エドワードの治世の残りの間、イングランド北部の州を年ごとに攻撃した。

ロバートはイングランドとの和平の交渉を求め、不首尾に終わったが、一方で彼の地位は高まった。一三一五年四月に、エアで王位継承問題を解決する。彼の跡を継ぐ息子がいないまま世を去ったとき、彼の娘のマージョリーの同意があれば、王権は彼の弟のエドワードおよびその男性の後継者たちに渡ることに決めた。

エドワード・ブルースはアルスターでイングランドに対する軍事行動を起こし、一三一六年五月、アイルランドの王位に就いた（しかし、一三一八年、ダンダークの戦闘で戦死する）。一三一七年、ローマ教皇ヨハネス二二世（一二四四頃〜一三三四）はスコットランドとイングランドのあいだの休戦（二年間）を交渉させるため、二人の枢機卿をイングランドに派遣したが、エドワード二世は頑なに休戦を拒んだ。スコットランドのロバート一世も、ヨハネス二二世の提案に応じなかった。教皇は、ロバート一世を王位簒奪者とみなし、彼をスコットランド王として認めようとしなかったからである。教皇は勅書を発布し、ロバート一世とその追随者に対し破門や聖務停止などの制裁を加えた。スコットランド人は教皇の制裁を無視した。戦争は終結せず、一三一八年、スコットランド軍はベリックを奪回、翌年にはマイトンでヨークの大司教が率いる軍勢を敗北させた。

一三二〇年四月六日、スコットランドの貴族、聖職者、一般信徒の代表からなる集団がアーブロース修道院で会合を開き、教皇宛の独立宣言の書簡文を採択し、これを教皇に送った。その書簡は、スコットランドが独立国であること、その王はロバート・ブルースであること、そして自由と独立が脅かされたときは、団結してこの脅威を排除することを明記している。この書簡文は「アーブロースの宣言」の名称で知られる。また、その内容がスコットランド王国の自由と独立を強く訴えていることから、「スコットランド独立宣言」とも呼ばれる。差出人には、八名の伯と三一名の世俗諸侯、王国共同体らの名が記されている。この書簡が教皇に送られた直接的な背景には、ブルース王らの破門を解いてもらうねらいがあった。

この「宣言」は、王は臣民による支持が必要であり、イングランドに従属的態度をとる王はアーブロースの宣言により排除されるとしている。この「宣言」によって、中世国家が安定的になり、王の支配権の正統性が確立された。一方でまた、王権に制限も加えられたという点に歴史的意義がある。この「宣言」が教皇に送られた当時、世俗諸侯以外にその存在を知っていた人たちはあまりいなかったかもしれないが、スコットランドは自由な王国であり、イングランドには決して服さないとする「宣言」の趣旨は、ブルース王以後も引き継がれ、スコットランドの国是の源流となった。

スコットランド王国の独立

アーブロースの宣言のあと、教皇はブルース王の破門を取り消したものの、エドワード二世はなおもスコットランドの独立を認めなかった。エドワードは、国内の累積する課題に追われ、スコットランドを攻撃するだけの力がなかった。だが、一三二二年になって、軍を率いてロジアン地方へ侵入し、エディンバラまで進軍した。スコットランド側は焦土作戦をとったために、エドワード軍は侵略を阻まれ、結局、飢えが募って退却を余儀なくされる。退却するときに、エドワード軍は残酷なまでに手痛い攻撃を受けた。一三二三年五月、休戦が取り決められたが、それでもエドワードはブルースを王として認めるのを拒んだ。

一三二七年、エドワードは妻イザベラ・オブ・フランス（佳人イザベラ）〔フランス王フィリップ四世の娘で、フランスの牝犬と呼ばれた〕とその愛人で寵臣であったマーチ伯ロジャー・モーティマーによって退位させられ、その直後に殺害された。エドワード二世が廃位された後、息子が一五歳でエドワード三世として即位した。エドワードの叔父にあたるケント伯エドマンドを、モーティマーが無断で処刑したことを怒ったエドワード三世は、母とロジャーを逮捕し、ロジャーを死刑に処し、母を終身幽閉処分にした。

スコットランド軍は一三二七年、イングランド北部を攻撃したが、少年王エドワード三世は無力で、エドワードの摂政たちが休戦を提案したことから、一三二八年五月、ノーサンプトン条約が締結されるに至った。この条約により、スコットランドは独立した主権国家として正式に認められることになった。ロバートも独立したスコットランドの王としての地位を認められた。

この条約の成立を確認する証に、エドワード三世の妹ジョーン（一三二一～六二）とブルースの五歳の息子デイヴィッドの婚約が取り決められた。だが、イングランド人はこの条約の成立をスコットランドへの降伏として苦々しく受け止めた。彼らが「恥ずべき和平」と呼んだのがその証拠である。

この条約によってスコットランドの地位が安定したことを見届けたロバートは、カードロスの宮廷で引退生活を送ったが、一三二九年六月七日、五五歳で死去した。

デイヴィッド二世、フランスへ

ロバート一世の死後、彼の息子がデイヴィッド二世（一三二四～七一）として王位を継承した。まだわずか五歳であった。デイヴィッド二世は、条約の取り決めにより、イングランドのエドワード三世の妹ジョーンと結婚する。幼いデイヴィッド二世の摂政には、ブルース王が生前に決めていたとおり、マリ伯トマス・ランドルフ（一三三二没）が任命された。ロバート一世の甥であった彼は、有能な執政者で、精力的な軍人であったが、政治的手腕を欠く一面もあった。亡き王の願望に反し、彼は、イングランド側に与したアングロ・ノルマン人だけでなく、カミンとベイリアル家の領地をも返還することを拒否してしまう。当然ながら、土地相続ができなくなったナイト爵たちは、反ブルース派の中核を形成する。彼らはエドワード三世に支援を求めた。一三三〇年、みずからの母親とその愛人モーティマーを罷免して統治権力を握ったエドワードは、スコットランドとの戦争の再開に乗り出した。

エドワード王の意図したスコットランドの統治候補者は、故ジョン王の息子エドワード・ベイリアルであった。一三三一年、エドワード王はエドワード・ベイリアルをピカーディからイングランドへ招き、戦略を立てた。一三三二年夏、エドワード・ベイリアルは、軍隊（土地を奪われた不満分子が大きな役割を果たしていた）を召集し、父の王位を奪回しようとファイフに上陸した。一方のランドルフは、王国を守るため軍の先頭に立ったが、一三三二年七月、マッセルバラで戦死する。代わってマー伯ドナルドが摂政に任命されたが、とてもベイリアルに太刀打ちできる相手ではなかった。

一三三二年八月、ドナルド指揮下のスコットランド軍は、ダップリン・ムアでベイリアルとイングランド支持派（スコットランドへの反逆者）の軍隊に敗北した。エドワード・ベイリアルが王位に就き、スコットランドには二人の王が君臨することになる。ベイリアルはエドワード三世を封建的上位者と認めたため、スコットランド人は歴史の逆戻りに怒り、すぐさま反撃に出た。しかし、一三三三年七月一九日、ハリドン・ヒルの戦いで、サー・アーチボールド・ダグラスの指揮するスコットランド軍はエドワード三世に敗れた。

立て続けの敗戦でスコットランドは一二九六年以降最悪の危機に陥り、一〇歳のデイヴィッド王と幼い妻ジョーンは、一三三四年、安全のためフランスへ送られた。二人は一三三四年から四一年までの七年間フランスで暮らすことになる。この間、スコットランドでは混乱した政治状況が続いた。混乱の原因は相続権を失った貴族たちにあった。彼らは土地を取り戻したものの、政治活動は二つの勢力、すなわちベイリアルに味方する一派と、デイヴィッド二世を支持する一派に分かれた。そのうえ、フランス王フィリップ六世は、若いデイヴィッド二世と王妃を特別扱いし、絶対的に擁護する姿勢をとった。

ベイリアルはいったん愛国派に追い出されたが、宗主国の王エドワードの格段の努力で復位することができた。エドワードは彼の臣下を守るため、さらに二度、スコットランドへの遠征を指揮した。しかし、一三三七年、フランスの領地をめぐってエドワード三世がフランスに挑戦状を送って、百年戦争が勃発する。エドワードはたちまちベイリアルへの関心を失い、それまで名目的に支配していたトゥイード川とフォース川の間の領地を守ろうとする気持ちを捨てた。

「古き同盟」と政治の力学

スコットランドとフランスとの「古き同盟」の関係は、一二九五年に始まって以来一五六〇年までに、効果を見せたのはたまにしかなかった。一三〇三年、エドワード一世が大軍を率いてスコットランドを襲撃し、スコットランドがフランスの援助を最も必要としたときに、フランスのフィリップ四世はエドワード一世に味方した。「古き同盟」が復活したのは、一三三四年、デイヴィッドとジョーンがフランスへ逃避し、フィリップ六世が二人を保護したときである。このときの恩は一二年後に返されることになった。

一三四六年、イングランドとフランスの百年戦争が危機的局面を迎えたとき、エドワード三世から、イングランドの占領下にある地域をスコットランドに返還するので、戦争ではフランスには加担しないで欲しいとの提案がなされた。明らかに有利な取引ではあったが、スコットランドはエドワードの申し出を撥《は》ねつけ、フランスとの同盟関係を忠実に守った。イングランドの平和は永続するわけはなく、スコットランドの独立は、イングランドの天敵フランスとの同盟によって継続できるとスコットランド人は確信したからである。イングランドはフランスに勝利してもしなくても、いずれスコットランドを攻めてくると彼らは考えていた。

ネヴィルズ・クロスの戦い

フランス軍がクレーシーで徹底的に敗北させられ、フランス王はなんとしても勝利するため、同盟国スコットランドへ必死に支援を嘆願した。しかし、デイヴィッド二世は、イングランドのエドワード王がフランスで大規模な軍事行動中で、イングランド北部の守りが手薄なのを幸いに、一三四六年、軍隊を率いて国境を越え、目的地のヨークシャーへ向かった。その道中の一週間、スコットランド軍は、北部の諸都市を略奪したり、焼き打ちしたりして進軍し、一〇月一六日にダラムに到着した。だが、イングランド側はすでにこの侵入を予想しており、迎撃の態勢を整えていた。ヨークの大司教は、レイフ・ネヴィルとヘンリー・パーシーとともに軍隊を動員し、一〇月一七日、イングランド北東部、ダラム近くのネヴィルズ・クロスで、スコットランド軍と戦った。イングランド軍は、カンバーランド、ノーサンバーランド、ランカシャーから集められた三〇〇〇〜四〇〇〇の兵とヨークシャーの三〇〇〇の兵からなっていた。

ダラム南方にいたスコットランド軍の部隊がイングランド兵と出くわしたことで交戦状態に入り、スコットランド軍は防御に徹した方陣（ファランクス）を組んで待ち構えた。スコットランド軍の陣取った場所は戦いに不利だったといわれる。スコットランド軍は勇敢に戦ったものの、槍兵のほとんどがイングランド軍の射手に殺された。まとまりを欠いたスコットランド軍の軍勢は、攻撃してもイングランド軍にはね返され、戦局が不利になると、ばらばらに退却した。ロバート・ステュアート（デイヴィッド二世の甥で、のちに即位）やマーチ伯もデイヴィッド王を見捨てて逃げ出した。デイヴィッド二世はイングランド軍に捕まり、戦いはスコットランド軍の大敗に終わった。

デイヴィッド二世は一一年間捕虜生活を送った。王が不在の期間、王の甥（王より八歳年長）のロバート・ステュアートが統治したが、フォース川以南の大半の地域は、イングランドにまだ占拠されたままであった。さらに、スコットランドを悲嘆させたのは、一三五〇年から五一年にかけて、黒死病（ペスト）の蔓延《まんえん》で歴史的な荒廃が起こったことである。この悪疫の流行で、スコットランドの人口の三分の一もが命を奪われた。

一三五四年、エドワード三世は身代金の支払いを条件に、デイヴィッド二世の解放を提案した。スコットランドはこの提案の受け入れようとしたが、フランスが介入し、スコットランドへ援軍を送って再度イングランドへ侵入するよう説得した。一三五五年、スコットランド軍とフランス軍が短期間ベリックを占領するが、エドワードが反撃し、ローランドのあらゆる町や村を徹底して焼き払った。「燃えつきたキャンドルマス」として知られるこのスコットランド南部への攻撃は、デイヴィッド二世の解放をもたらす交渉の序曲となった。一三五七年一〇月三日のベリック条約によって、デイヴィッドは一〇万マーク（一年間一万マークで一〇年分）の身代金を支払う条件で、本国へ送還されることが示された。この金額は絶え間ない戦争で貧しくなったスコットランドには、耐えられない重荷であった。エドワードはのんびりと待ち、情勢の進展を見守った。イングランドの宮殿で一一年間過ごし、イングランドに多くの友人ができたデイヴィッドは、すっかりイングランド寄りになり、エドワード三世が自分の息子をデイヴィッドの後継者として認めるなら、身代金は払わなくてよいというエドワードの要求にすぐさま同意した。

一三六四年、このイングランドの要求をデイヴィッドが議会に提案すると、強い侮蔑を込めて拒否された。議会は、審議を貴族や高位の聖職者、さらに自治都市にまで拡大した。第三階級（一般大衆）は国王の政策決定に影響を与えることはほとんどなかったけれども、交易や産業、法、秩序などの面での条例や規則の制定については、次第に重要な役割を演じるようになっていた。エドワードは要求どおりの問題解決を期待したが、スコットランドは譲歩することなく彼らの主君による統治を守った。

一三六二年、王妃ジョーンが他界し、デイヴィッドは一三六四年にマーガレット・ロジーと再婚した。一三七〇年にマーガレットと離婚したが、彼女は法王に離婚の撤回を請願した。一三七一年二月二二日、法王の裁定が下される前に、デイヴィッドは子どもがないまま死去し、甥のロバート・ステュアートが跡を継いだ。

黒死病の大流行

デイヴィッド二世が統治した時代の一三四九年から一三五〇年をピークに、黒死病、すなわちペスト（腺ペストと肺ペストの同時流行と推定される）がスコットランドでも大流行し、スコットランドでは全人口のほぼ三分の一が犠牲になった。黒死病の蔓延を伝える歌が残っている。

スコットランドで、初めてペストが流行《はや》り始めた。
その勢いはすさまじく、
噂では、三分の一の人々が
すでに命を落としたという。
スコットランドでは一年かそこいら
猛威をふるいつづけている。

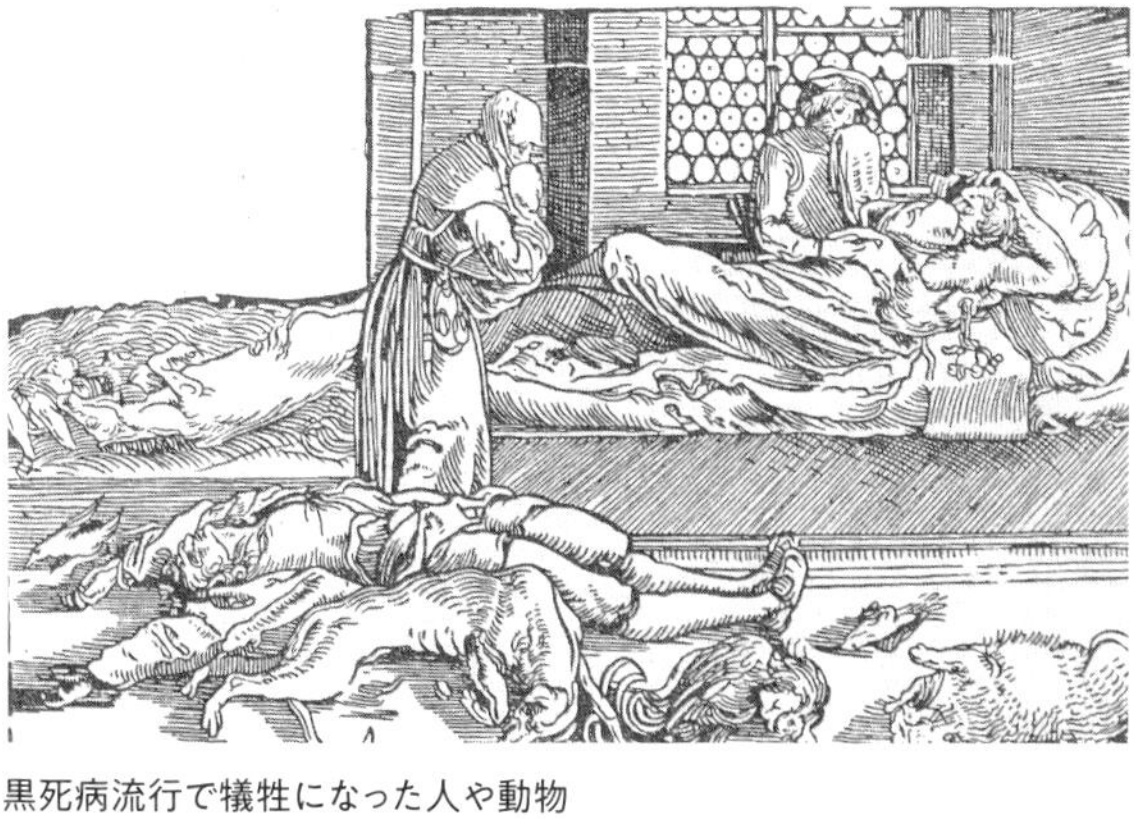

黒死病流行で犠牲になった人や動物

こんなひどい悪疫は見たことがない。
この国のペストは猛烈な勢いで
男も、女も、幼子も、
容赦なく殺していく。

（T・C・スマウト『スコットランド国民の歴史』）

黒死病は最初にクリミア半島で発生し、コンスタンティノープル、ジェノヴァ、マルセイユを経て、ヨーロッパ全体に流行した。イングランドでは、一三四七年に蔓延したが、隣国スコットランドはヨーロッパで最後の罹患《りかん》地であった。くしゃみと皮膚の紅い輪が最初の兆候で、その後すぐに、病名のとおり、身体中が黒いはれもの（斑点）で覆われる症状が出る。そして、発病後二日以内に、たいていの患者は死んだ。死体は感染の危険があるため、普通の方法ではなく、死者の出た家から少し離れたところに掘られた大きな穴に埋められた。流行を防ぐ医学的な知識がなく、密集した不衛生な住居から逃げ出せなかったスコットランド人は、恐怖におののきながら、耐え忍ぶしかなかった。

黒死病は一三六二年と一三七九年にも発生した。戦争による大量の死者に加え、連続的なペストの流行で途方もない数の人命が奪われたことにより、人口と土地のバランスが大きく崩れ、農業に多大な影響を与えた。人口の減少で農民の労働価値が急に高まり、彼らにとって有利な社会状況の変化が生じた。つまり、領主たちは何としても自分の土地の小作人を確保しなければならず、農民の自由を以前より大幅に認めるようになったのである。悪疫流行で農民の地位が向上したのは、不運な歴史のもたらした皮肉な現象である。

城郭の移り変わり

スコットランドは城が多い国である。南はイングランドとの国境近くにあるハーミテージ城から、北は最北のシェトランド諸島にあるミュネス城まで、広い範囲にわたって各地にスコットランドの特徴をもった城（城跡）が存在する。現在城という形で数えられるものは、一二〇〇か所ほどに上るという。規模や種類はさまざまで、堅牢で強大な造りの城もあれば、土地持ち貴族の邸宅を兼ねている城もある。いずれにしても、スコットランドに城が多いのは、この国が長い歴史のなかで、多くの戦いを経験してきたことと関係がある。

ノルマン・コンクエスト後の数年間は、城は防護の必要上短期間のうちに建造されなければならなかった。最初期のノルマン人の城は、木造の「モット・アンド・ベイリー」様式であった。モット・アンド・ベイリーとは、盛土（モット）と外郭（ベイリー）でできた築山（マウンド）の上に、木と粘土からなる天守を築く方式である。マウンドの周囲は濠で囲まれ、尖った杭の柵がめぐらされた。五〇年間に少なくとも一〇〇の城がこの方式で各地に造られた。代表的例はハントリー城である。一二世紀に入り、デイヴィッド一世（在位一一二四～一一五三）の治世に、石造りのノルマン式天守が伝えられた。

最初期の石造の城は一二世紀半ばに初めて築かれたが、一三世紀になってようやく広まった。それらの多くには幕壁（間仕切り壁）が造られた。時代が進むにつれて、こうした城郭の安全さを高めるために、幕壁の脇に大きな塔が造られ、警備のための城門やぐらが増築された。

一二九六年からイングランドのエドワード一世がしきりにスコットランドへ侵攻し、スコットランド中部と南部のあらゆる城を占拠したことから、この時期のスコットランドの城郭は、軍事的長所の多い円塔を建造するようになった。それによって死角の数が減り、弱点となっていた危険な角の部分が解消された。最初の円塔は一二世紀の終わりか、一三世紀初めに登場したが、堅牢そのものであった。

独立戦争で多くの名城が破壊されたり、その後の政情が不安定であったりしたため、中世後半のスコットランドでは、ウェールズにみられるような大きな城郭はほとんど築かれなかった。その代わり、一四世紀から一七世紀には、タワーハウスと呼ばれる単純な矩形の小型の城が建造された。それまでの城より高くて狭く、軍事基地というより、個人的な好みや快適さを重視した、独特な居住空間であった。垂直に上方へ拡張された建物で、一階から多くて四階までの造りであった。一階は食品・ワイン貯蔵庫、入り口、キッチンなどに使われ、二階には大広間があり、三階以上は領主やその家族などの居室であった。建物の構造には大きく分けてL型（たとえばグラームズ城）とZ型（たとえばクレイポット城）があるが、ほかにT型もある。タワーハウスは一六世紀になって、スコットランド王家のフランスとの関係などにより、ヨーロッパの様式の影響を受け、次第に防護面の特徴を失い、装飾的な要素を強めた。タワーハウスの傑作は一六二六年に完成したクレイギヴァー城である。

13 世紀に建てられたカーレイヴァロック城（ダンフリース）

第5章　スチュアート王朝の初期

1371
/
1513

スチュアート王朝の始まり

デイヴィッド二世の死後、ロバート二世が王位に就いてステュアート王朝〔ステュアート王家〕を創始し、長期にわたるステュアート朝時代が幕を開けた。ステュアート王朝は、スコットランドの王朝として一三七一年から一六〇三年まで、イングランドの王朝としては一六〇三年から一七一四年まで続く。

スコットランドの王朝はロバート二世からジェイムズ六世（スコットランド時代）まで七代の王が即位し、統治した。イングランドの王朝は、一六〇三年のジェイムズ六世・一世の即位から、チャールズ一世（在位一六二五〜四九）、チャールズ二世（在位一六六〇〜八五）、ジェイムズ二世（在位一六八五〜八八）、メアリー二世（在位一六八九〜九四）〔ジェイムズ二世の長女、新教徒。オレンジ公ウィリアムと結婚、ともに即位〕を経て、アン女王（在位一七〇二〜一四）まで、六代にわたって七人の王・女王が就任した。ステュアート王朝は、これらすべての王・女王の時代を合わせて、三四〇年以上ものあいだ継続したことになる。

ステュアートの家名は、デイヴィッド一世時代に、功を遂げた先祖がスコットランド王国の重職「宮宰《きゅうさい》」（国内行政の最高職）に任ぜられたことに由来する。ステュアート家の祖先はフランス北西部ブルターニュの出身でアランという名の貴族であった。彼は一一世紀の終わりにドルの宮廷で執事の役に就いていた。彼の息子フラールドが一二世紀の前半に、ヘンリー一世の家臣になり、王からウェールズに封土を与えられた。スコットランドでは、フラールドの孫ウォルターが資産を増やし、デイヴィッド一世は彼にスコットランド南西部のレンフルーに男爵の位と封土を与え、そのうえ王国の宮宰に任命した。ウォルターの死後、その子孫が代々宮宰を世襲することになり、一三世紀にはその職名からステュアート（Stewart）の姓が定められた〔姓の文字の綴りは一六世紀（メアリー女王の頃）にフランスの影響でStuartに変わった〕。一三世紀以降、ステュアート王家はアナンデイル領主のブルース家と親交を深め、ブルース家を補佐し続けた。

その後、ステュアート家の地位が高まり、第六代宮宰ウォルターは、ロバート一世の長女マージョリーを妻に迎えた。一三七一年、ブルース家が跡継ぎのいなかったデイヴィッド二世の死で断絶すると、ウォルターとマージョリーの息子ロバートがロバート二世として王位に就き、ステュアート王朝を開いた。

ロバート二世――新王朝開く

ロバート・ステュアートがロバート二世になりえたのは、一連のありえないような出来事を乗り越えた結果であった。彼は、落馬したけががもとで死んだ母親のマージョリー・ブルースから帝王切開で生まれたが、奇跡的に助かった。一三一八年、まだ二歳のとき、彼は祖父の相続人として認められたが、一三三四年、将来のデイヴィッド二世の誕生で、その地位を喪失した。四七年後、あらゆる子想に反して、デイヴィッドに子どもがいなかったため彼の王朝が断絶し、一三七一年三月二六日、ロバート二世が王位に就いた。幸運が最後にめぐってきたものの、彼が即位したときは、ほとんど人生の盛りを過ぎていて、しかも病弱になっていた。重要な政治課題を抱えたスコットランド王に求められる活力を欠いていたかもしれない。

ロバート二世の治世は、大部分がイングランドとの戦争継続であったが、王自身が実際に戦場へ赴くことはなかった。また、彼のノルマン人としての背景が、八世紀にわたるスコットランドの王権の威信を支えることもなかった。この時期は、スコットランドにとって幸いなことに、イングランドのエドワード三世（一三七七年に死去）はスコットランドとの戦いにほとんど意欲を示さず、彼の後継者リチャードは国内問題の対応に追われていた。この時期を見計らって、ロバート二世は一三八四年、スコットランドに残留するイングランドの守備隊を追い出そうと、フランス軍の援助でイングランド北部を攻撃した。これがランカスター公ジョン・オブ・ゴーント（エドワード三世の三男）とリチャードによる報復的な遠征をうながした。ジョン・オブ・ゴーントは、一三八四年に軍隊を率いてエディンバラに侵入し、引き揚げる代わりに賠償金を要求した。

一三八五年、フランスの提督ジャン・ド・ヴィエンヌが、スコットランドの対イングランド戦を支援するため、大艦隊と二〇〇〇の戦闘員を率いてスコットランドへ到着したが、イングランドは激しく応酬した。この年、ジョン・オブ・ゴーントは、今度は若いリチャード二世とともにエディンバラを攻撃し、焼き打ちした。スコットランドとフランスの連合軍はこの戦いには巻き込まれず、ロジアンで焦土作戦をとり、カンバーランドの攻撃に向かった。フランス軍はそれほどの戦果もなく帰国し、スコットランド軍はさらに戦いを続けた。

一三八八年八月五日、サー・ジェイムズ・ダグラス（二代ダグラス伯）がアイルランドとマン島に侵攻した後、四万の軍隊を統合し、さらにノーサンバーランド伯と騎士道的盟友関係を結んで、ノーサンバーランドへ侵入した。ノーサンバーランドが降伏し、戦利品をもって帰る途中、ニューカッスル・アポン・タインの北西にある小村オッターバーンでイングランド軍に襲撃される。ダグラスは殺害され、ノーサンバーランド伯の息子ホットスパーは捕縛された。この戦闘は、オッターバーンの戦いと呼ばれる。

ロバートは二度の結婚を通じて、多くの世継ぎを残し、王家断絶の問題の回避を図った。少なくとも、二一人の子どもの父親であったが、そのうち一三人が結婚を通じて生まれた。最初の妻はロワランのエリザベス・ミュアで、教皇の特免を得られず、子どもたちは制度上庶子であったが、二番目の妻ユーフィーミア・オブ・ロスとの子どもは確かに嫡出子であった。二度の結婚で生まれた子孫たちの間で、不和や権力争いが数世代にわたって続き、ついには殺人まで起こった。

ロバート二世は、一三八四年以降は高齢のせいもあって息子たちに実権を奪われ、政治の表舞台から遠ざかったまま、一三九〇年に七四歳で世を去った。

ロバート三世、カリック伯

ロバート二世は、イングランドとの関係が落ち着いてから、王位をしっかり保守した。彼の息子たちはそれぞれ権力のある地位を確保し、一三八四年までには、ケイスネス、ロス、バカン、アサル、ストラサーン、メンティース、ファイフ、そしてカリックの伯爵領を支配した。マクドナルド、リンジー、ロスなどの有力な一族と姻戚関係を結び、統治のネットワークを拡大した。ロバート王は、王位継承者の第一位にカリック伯ジョンとその相続人、第二位にファイフ伯ロバートとその相続人、第三位にはベイドンノック領主のアレグザンダーとその相続人を決めていた。これらの順位がうまく実現しない場合には、王の二回目の結婚による息子たち、つまりストラサーン伯デイヴィッド、アサル伯ウォルター、および彼らの相続人に継承権があると取り決め、一三七三年の議会法による確認を受けていた。

だが、活力のあまりなかったカリック伯は、さまざまな不遇によって、次第に権力を失う運命をたどった。一三八四年、父王から権限の委任を得て、ハイランドの騒乱を鎮圧するために遠征したが、失敗に終わった。一三八八年のイングランドのオッターバーンでの戦いでは、同盟を組んだダグラス伯ジェイムズを失う。ダグラスの死で、カリック伯の権力は大きく低下した。同年にはまた、馬に蹴られて大けがを負い、手足が不自由になってしまう。事故によって体の自由を失ったあと、親族間の権力争いの過程で一三八八年には弟のファイフ伯ロバートが実権を掌握した。

一三九〇年、父の死後ロバート三世として即位したとき、カリック伯はすでに五〇歳を超えた半病人であった。統治力がほとんどなくなっていたため、ファイフ伯が王の政務を代行した。この年の六月一七日、王の弟アレグザンダーが、マリのビショップとの不和がもとで、エルギンの大聖堂と町、教区教会などを焼き払う途方もない事件を起こした。王室の権威をたてに起こしたこの冒瀆的行為は、王国の陥った混乱の証であった。犯罪の実行者アレグザンダーは、罰を受けなかった。王室はすでに秩序を与える力を失っていたからである。一四〇二年以降は、オールバニー公に任ぜられた弟のロバートが、王の政務を代行した。

ロバート三世は、一四〇六年、次男ジェイムズ（一二歳）をオールバニー公から守るため教育を口実にフランスへ送ろうとした。だが、船旅の途中、イングランド王ヘンリーに捕らわれ、ロンドン塔に幽閉される大事件が起きた。この知らせを受けたロバートは、失意のうちに世を去った。ジェイムズは一四二四年まで一八年間イングランドで捕虜となった。この期間の大半をオールバニー公が摂政を務めた。

ハイランドとローランドの分断と対立

ロバート三世の時期以降、初期ステュアート朝の無能な統治の最も不幸な結果は、ハイランド地方とローランド地方の分断が新たに持ち上がり、対立が激化したことである。ロバート三世の治世には、中央政府による統治が進む一方、ハイランド地方ではクラン（氏族）同士の不和が激しくなり、抑制されないまま混乱が続いた。一三九六年九月に、対立する二つのクラン――普通はチャタンとケイといわれる――の間の不和に終止符を打とうとする妙な努力がなされた。それは、ロバート三世と彼の廷臣の面前で、両クランが戦闘を行い、その勝敗によって決着をつけようとするものであった。

それぞれのクランから三〇人ずつが、弓、剣、ナイフ、斧を持ってパースのノース・インチに集合し、テイ川の岸辺で、命がけの闘争に挑んだ。その結果、ケイ側は全員が死に、チャタン側は一一人が生き残ったが、彼らはみな重傷を負った。王は指揮棒を投げ捨て、戦いを終結させたといわれるが、こうした対立するクラン同士を和睦させ、ハイランドを平定する効果的な力を持ち得ていなかったところに問題があったのであろう。ハイランド地方のゲール語使用と、ローランド地方のスコッツ語〔英語と共通の要素があるが、異なる地域言語〕使用が不和を生じさせる原因になったのはこの時期からであるといわれる。二分されたそれぞれの地方の人々は、たがいに相手を異質で、時には敵意をもっているとみなしていた。

ハイランドでは、ダンケルド家の後期の王たちのもとに進められた封建主義が衰退し、一四世紀末からは、クラン制度がますます強固になっていった。クランの成員たちは、概念的、非現実的な関係で結ばれていた。各クランは共通の祖先から生まれた子孫であるという信仰と、成員たちと彼らの族長の間には、血縁による親子関係的なつながりがあるとの意識に支えられていた。それは、原始的ともいえる関係であるが、それゆえに、つながりの度合いは本能的で、強かったかもしれない。

ハイランドとローランドの二つの地方の違いは、主に経済力から生じたものであるのは確かである。だが、その差異の根底には、基本的にハイランドと島嶼部は極めて純粋なケルト人の領地であり、片やローランドは、ケルト人とアングロ・サクソン人を中心とした、混淆《こんこう》した民族の領地であったという事実がある。ローランドでは、イングランドに近接していることや、歴史的に先進文化を摂取したことが、地域の発展と進化に大きな影響を与えた。初期ステュアート朝の時代に、この対照的差異が明確になり、困難な政治課題となった。

ローランド社会では、内的混乱と外国との戦争が多かったにもかかわらず、貿易と農業が続けられた。平和で秩序ある生活を願望しながら、絶えず新たな方向を目指した。一方のハイランド社会は、牧歌的、田園的で、古くから英雄性や勇敢さを尊んだ。農業は土地が肥えていないので、大方の土地で断念された。クランの富は所有する牛で評価されたから、クランの成員はみな牛の飼育者であった。クランの成員は好戦的な性格であり、戦闘では死を恐れず戦ったといわれる。族長には私的軍団の所有が認められていた。

ハーロウの戦い――ハイランド氏族《クラン》の蜂起

一五世紀初頭に入って、ハイランドは、半自治的な島嶼部で島々の領主の蜂起があったことから、中央政府にとって脅威を与える地方になった。

ジェイムズ一世がイングランドで捕囚になっていた時期の一四一一年、南部の島々の領主ドナルドが、領地の拡大を目指してローランドへ攻め入り、大きな恐怖を巻き起こした。ドナルドの蜂起は一四〇二年、ロス伯領が領主不在になったことで始まった。ドナルドは、彼の妻の縁により、ロス伯領を所有する権利があると主張したが、オールバニー公が自分の息子のジョン（すでにバカン伯になっていた）に与えようとした。ドナルドは七月二四日、ハイランド人からなる軍勢を引き連れロス伯領を占拠し、さらにロス伯領に属するほかの土地も支配するため、本島東部のアバディーン方面へ進んだ。アバディーンの北西二二キロメートルにあるハーロウで、マー伯アレグザンダー・ステュアート（バデノックの狼の息子）の指揮する軍隊と遭遇し、対戦となった。マー伯の軍隊には、アバディーン市長や自治都市選出議員たちの支援で編制された分遣隊や北東部地方の地元兵らも加わっていた。

戦いそのものは熾烈であったが、結局、両軍がそれぞれ勝利を宣言して終結した。ドナルドは西へ引き返し、自立した王国の領主としての行動をとった。彼はその勢力を東側に示す戦果を得た。一方のオールバニー公は、少なくとも伯領の一部を手に入れた。この戦闘はハーロウの戦いと呼ばれ、「赤いハーロウ」として記憶される。一般にハイランドとローランドのあいだの戦争であったと考えられているが、実際には、ドナルドの目的は個人的なもので、戦争の結果によって、彼の力が限られたものでしかなく、ハイランドの願望を担う広範囲なものではないことを証明した。中央政府もまた、ハーロウに対して追い打ちをかけるに十分な力がなかったことも明らかになった。島々の領主は生き残り、続くスコットランド王たちにとって、身体に刺さった棘《とげ》のように、苦労の種となった。ハイランドと島嶼部は、統治者オールバニー公の力ではとても支配できない場所であった。

自治都市の発展

一四世紀のスコットランドの人口はおよそ五〇万から一〇〇万で、七〇ほどの自治都市が存在したが、おそらくそのどれもが一万以上の人口はなかったであろう。自治都市は許状により交易と自治の面で特権を与えられており、ことに王許自治都市の場合は、一層自立的な特権を認められていた。一四世紀から一五世紀への変わり目は、スコットランド王国の政情は不安定で、混乱と堕落が著しかったが、それと対照的に、各地の自治都市は発展を続け、活況を呈した。自治都市の有力者たちは交易と生産に力を注ぎ、地域の振興のためにさまざまな奨励策を推進した。彼らはみずから外国の贅沢品（たとえば、イタリア製の刀剣やフラマン製の織物など）を買うのに熱心だった。ワインも大量に輸入した。貴族たちのなかには高価な商品を、手に入る限り、支払いの金を借りてでも購入しようとする者さえいた。景気のよかったエディンバラ、ダンディー、パース、アバディーンの自治都市は、ジェイムズ一世の身代金の支払いを援助している。

独立戦争でスコットランドの多くの要塞や城郭は破壊されたが、自治都市の多くは、頑丈な城壁を維持し、なかには城郭を守備隊で防衛するところもあった。中央政府の統治の権限が減る一方、自治都市はみずからの統括範囲を増やした。運営の方法もだんだん改革されていく［一三九八年のアバディーンの会議録から判断される］。だが、発展を遂げたとはいえ、一四世紀頃の自治都市は、王国の貧困さと後進性に比例して、まだ弱体であった。エディンバラでさえ、大陸の都市に比べれば、かなり見劣りするところが目立っていたであろう。しかし、一四世紀の末頃には、四つの主要な自治都市は、議会を一年に一回開催するところまで発展していた。

自治都市クーロス（ファイフ）の市街。定期的なマーケットが開かれることを示すマーケット・クロスが立っている。

一三九四年に、パースは、州長官の職を設けている。

スコットランド最初の大学

ジェイムズ一世の統治前は、スコットランドの学生は高等教育を受けるため、隣国のオックスフォード大学やケンブリッジ大学へ行くよりも、パリへ出かけた。これら二つの中世の大学は教会によって運営され、教会の聖職者制度のなかで活躍する人たちの教育組織であったので、一般的なスコットランド人向けではなかったかもしれない。フランスは「古き同盟」関係を反映して、スコットランドの学生には、古来敵対関係にあるイングランドよりはるかに親しみのある国であった。一四世紀からは、留学生はフランスへ渡ることが多かったことから、一三二六年、マリの司教がパリにスコットランド人のための大学を創立した。

セント・アンドルーズの司教ヘンリー・ウォードロウは、スコットランドは独自の大学をもつべきだと考え、一四一一年、スコットランド教会にセント・アンドルーズに大学を創立するよう求めた。セント・アンドルーズでは、すでに一四一〇年、聖アウグスティノ修道会のセント・アンドルーズ大聖堂で講義が行われていたが、一四一三年、ベネディクトゥス一三世の教皇勅書により正式に開学し、スコットランド最初の大学となった。開設された正規講座は、法律と神学であった。中世にはジョン・ノックスをはじめ、多くの宗教指導者がセント・アンドルーズ大学で学んだ。

ジェイムズ一世の帰国

一四二四年、ジェイムズ一世がスコットランドに帰り、オールバニー公の摂政役は終わった。ジェイムズは捕囚になったあと間もなく、父ロバート王が他界し、本人不在のまま王位に就いていた。イングランドでの捕虜だった一八年間、ジェイムズは必ずしも厳密に拘束されていたわけではなかった。ときどきは宮廷生活に加わることが認められていた。ヘンリー四世の功績であるが、彼の教育はおろそかにされることはなかった。政治や制度について学び、ヨーロッパ文化について幅広い知識や教養を身に付けた。彼は多彩な才能をもつ人物——運動家、競技者、言語学者、音楽家、歌手、詩人——に成長していた。ヘンリー五世とともに、フランスとの百年戦争にも従軍している。

　監禁状態だった時期の最後の年（一四二三）に、彼の身にロマンティックな出来事が起こった。そのことを彼はみずからの詩『王の書《ふみ》』（一四二三）で語っている。ジェイムズはおそらくウィンザーに監禁されていたであろう。ある朝早く窓から外を見ると、一人の美しい若い女性が、下の方の庭を歩いており、彼は一目でその女性に恋をした。その女性はヘンリー五世の従妹で、サマセット伯の息女レイディ・ジョーン・ボーフォートであった。一四二四年二月二日、ジェイムズは彼女と結婚する。ロンドン条約により、六万マークの身代金の支払いとスコットランド軍のフランスからの撤退を条件に、ジェイムズは一四二四年（三〇歳のとき）に解放された。

ジェイムズ１世

　ジェイムズはスコットランドへ帰ったとき、王国の混乱ぶりに唖然《あぜん》とした。彼の怒りは当然、彼が捕らわれていた間、彼を解放させるために何ら手を打たなかった統治者一家に向けられた。また、王国を衰退に向かわせた利己的な貴族たちの堕落を許しがたいものと判断した。貴族たちの脱税も横行していた。ジェイムズは、王国に秩序を取り戻すことを決意し、好敵手たちを次々に容赦なく処分していく。オールバニー公本人はすでに没していたのでまぬがれたが、彼の息子マードックとその二人の息子、義兄弟のレノックス伯が首を切られた。一〇〇年ぶりの国家による処刑であった。マードックは王位の推定相続人であったので、国民には大きな衝撃を与えた。ジェイムズによる処刑は個人的報復の一面もあったが、彼の目的を達するには、オールバニー一族の排除が必要だったのであろう。

ジェイムズ一世による改革

ジェイムズ一世は治世一年目に多くの社会改革を実行した。彼はとりわけ立法者としての手腕を発揮した。イングランドの制度にならって議会（パーラメント）を改変しようとすると、有力な貴族たちが彼に反対した。しかし、ジェイムズは反対を押し切って、貴族たちの権力を制限する法案を通過させ、彼らを秩序に従わせた。これらの法は王の枢密会議の承認を得ないで通過させたので、スコットランドの法のあらゆる規則に背くことになり、貴族たちを立腹させた。ジェイムズは自分が引き起こした悪感情をものともせず、国民はみな司法には従うべきであることを明確に主張して、譲ることはなかった。

ジェイムズ一世は、愛されるより恐れられる方を好んだ。王国を通じて、「揺らぐことのない、安定した平和」を国全体にもたらすことを願った。そのために、反逆者と暴力的な罪人の処罰、犯罪の防止、過去半世紀にわたる混乱の時代に多大な苦難に耐えた無力な多数の国民を救済するための法律の制定を実施した。王は、刑事と民事の裁判の公正さを高めようとした。

一四二六年、「控訴院（セッション）」として知られる新たな裁判所を創設した。それは大臣と「貴族・聖職者・庶民の三つの階層から選ばれた賢明な人物」から成り立つ組織である。それは以前の、王と枢密院、あるいは議会に持ち出された訴訟を審問する機関にあたる。最も貧しい国民にも公平さが保たれるべきであるとのジェイムズの配慮は、「貧しい人の弁護者」を任命したことで示された。ジェイムズは議会運営を通じて王国の統治をよりよいものにする多くの法を制定した。これらの法には王国防備のための弓術の義務から、宿屋の建設・開業、えんどう豆やいんげん豆の栽培、狼の絶滅、ハンセン病患者の治療、鮭の販売まで、幅広い事業が含まれていた。しかし、政府はこれらを実施するまでには長い時間を要した。

ジェイムズは貴族たちを抑制した後、教会を攻撃した。教会は悪評しきりで、腐敗しきっていた。ジェイムズは、社会改革に手腕を発揮したが、法の支配をハイランドまで拡大するのにはあまり成功しなかった。一四二八年、彼は五〇人のハイランドの族長をインヴァネスでの会談の場へ招いた。ところが、彼はその席で彼らを逮捕し、投獄する。少数の人は見せしめに処刑され、残りの人たちは王家のさまざまな城郭に捕虜として監禁された。ジェイムズの計略にはまった人々の中には、ハーロウの戦いの首謀者の息子で、島々の領主であったアレグザンダーも含まれていた。彼はしばらくの間パースに監禁されたが、脱獄してインヴァネスの町を焼き打ちにした。その後ロハバーで王の軍隊に敗北し、再度投獄された。島々の領主が捕らわれていた間、彼らの氏族の仲間の一部は、マー伯アレグザンダー・ステュアートに率いられた軍隊を、インヴァーロッヒーの戦闘で打ち負かした。

それ以後、ジェイムズ一世は政策を転換し、ハイランドで反乱を起こさないことを条件に、島々の領主を釈放した。王は治世の残りの間、ハイランドとの間で平和的な状況を維持した。ハイランドとローランドの不和を解消するため、王はパースでしばしば法廷を開いた。

ジェイムズ一世暗殺

パースはジェイムズ一世の本拠地であった。パースを中心に、王はまだ大きな改革を成し遂げる決意であっただろう。パースが首都になっていたら、王国の統一は可能であったかもしれない。だが、スコットランドとイングランドの関係から、政治の中心はエディンバラへ移動しつつあった。南部のエディンバラは、辺境の北西部の統治には不都合な場所であった。

ジェイムズ一世は、一四三七年二月二一日、パースで陰謀団によって命を奪われた。王はパースのドミニコ会小修道院に滞在していたが、そこは防備が行き届いていない場所であった。深夜、八人の暗殺者集団が王の寝室に突入し、床に就くため衣服を脱いでいた王を刺殺した。王妃が彼を必死にかくまおうとしたが、果たせず残忍すぎる結末となった。陰謀団を率いたのはサー・ロバート・グレアムで、陰謀の目的は、ロバート二世の二番目の妻ユーフィーミア・オブ・ロスの生き残りの息子、アサル伯ウォルターのために王冠を奪い取ることであった。ロバート二世の二度の結婚がもたらした不和が原因ということになる。

確立された王家の家系を受け入れていた貴族たちは、王の偉大な足跡を偲《しの》び、庶民は、スコットランドを生活するのに適した場所にしてくれた王を悼んだ。エディンバラの大衆は、殺人者たちを拷問による死刑にするよう声をあげて求めた。陰謀団へ拷問と処刑は時間をかけ、残酷な方法で執行された。

ジェイムズ二世

ジェイムズ一世の死後、王の息子ジェイムズが王位を継承し、ジェイムズ二世（在位一四三七〜六〇）として即位した。彼はまだわずか六歳であった。幼い新王の即位式は、一四三七年、それまでの伝統的な場所であるスクーンではなくエディンバラのホリールード寺院であわただしく行われた。

ジェイムズ二世の王位継承には、争いはなかったが、未成年の間は、彼を監督しようとする人々の争いにかき回された。ジェイムズ王に代わる統治者には、母親がロバート三世の娘である第五代ダグラス伯が任命された。しかし、彼は、勢力の強いエディンバラ城の城主サー・クライトンとスターリング城の城主サー・アレグザンダー・リヴィングストンを抑制することができなかった。彼ら二人は若い国王を自分の側に引き込むことで交互に支配権を行使した。一四三九年、ダグラス伯の死後、クライトンとリヴィングストンはダグラスの息子、第六代ダグラス伯を抹殺しようと手を組んだ。彼らは、一四四〇年一一月二四日、若いダグラス伯と弟をエディンバラ城の悪名高い「ブラック・ディナー」での宴会に招き、二人を裏切ってその場で捕らえ、王の面前で首を切った。

この事件には、殺害された若者たちの大叔父、第七代ダグラス伯ジェイムズが従犯の役を果したと広く信じられた。それ以後、彼とリヴィングストン家は、クライトン家を抑えて権力を強め、ジェイムズ二世が未成年のあいだ、スコットランドを支配した。

一四四九年、成人に達しみずから統治する年齢になると、ジェイムズ二世は、ブルガンディ公の姪、メアリー・オブ・グェルダーと結婚した。この結婚はスコットランドとフランスの関係を深め、ジェイムズの意志力を固めさせたかもしれない。彼は成人して結婚後すぐ、貴族たちに対する支配力の確立を決意、王権の強さを見せるため、悪辣《あくらつ》な動きをする権力者の排除を始めた。ジェイムズは強権をもつダグラス家を許すことができなかった。一四五二年、第八代ダグラス伯ウィリアムが、島々の領主クローフォード伯と組んで、イングランドとの連合組織を企てているのを知り、二月二二日、八代ダグラス伯をスターリングに呼び、組織からの離脱と国王への忠誠を求めた。しかし、ダグラスが拒絶したため口論となり、激怒したジェイムズは短剣でダグラスを刺殺した。

ウィリアムのあと弟が第九代ダグラス伯を継ぎ、ウィリアムの未亡人と結婚し、王室への抵抗を続けた。ジェイムズはブリーキンの戦いなどで勝利を得たあと、一四五五年のアーキンホウムの戦いでダグラスに決定的な打撃を与えた。これによってダグラスの権力は完全に失われ、第九代ダグラス伯はイングランドへ逃亡し、領地は没収された。

ジェイムズ二世はスコットランドの地位向上や軍隊の強化に努めた。一五世紀は君主と貴族のあいだの抗争が目立って多く、君主は貴族の大多数の支援がなければ、強大になりすぎた貴族を倒す力はなかった。ジェイムズは強力な貴族を恐れない姿勢を明確に示した。彼は君主に忠誠を尽くし、地方の統治に貢献した貴族により大きな権力を与えた。その意味で、ジェイムズ二世は法による支配の制度を固めるのに成功したといえる。その功績が認められ、王は一四五八年に議会から祝賀されている。ジェイムズ二世は王国に秩序をもたらし、平和な状況を維持しながら統治した。一四五一年には、スコットランドで二番目の大学、グラスゴー大学がグラスゴーに創立された。

ところが、不幸にも彼の治世は事故によって終わった。イングランドに占領されていたロクスバラ城とベリック城を奪回するため、王は軍隊を指揮していた。一四六〇年、ロクスバラ城の包囲戦のさなか、王は初めて導入した大砲を整備していたとき、大砲が暴発し、側にいたジェイムズは即死した。

ジェイムズ三世

ジェイムズ二世の急死のあと、息子のジェイムズが八月一〇日、ケルソー寺院で即位式を行い、ジェイムズ三世となった。そのとき王はまだ九歳であった。スコットランドはまたしても未成年王の問題に直面する。ジェイムズの未成年期の初めは、王の主要な権限は母親（皇太后）によって行使された。母親のメアリー・オブ・グェルダーは、一四六三年に死去するまで、摂政として統治した。彼女の死後、統治はセント・アンドルーズのケネディ司教に任された。ケネディは長生きして、追放されたダグラスや島の領主の危険な動きからスコットランドを守った。ケネディはエドワード四世と長期休戦を取り決め、潜在的脅威を除去した。ジェイムズの個人指導教師は当代一流の人文主義学者アーチボールド・ホワイトローで、彼はジェイムズに文化への愛と誠実な信仰心を吹き込んだ。

しかし、一四六五年のケネディ司教の死後、マーノックのサー・ボイドとその弟サー・アレグザンダー・ボイドの権力が強大になり、ジェイムズ三世の未成年期間の残りは、ボイド兄弟が王の名のもとにスコットランドを支配した。サー・ボイドは王の軍事面の個人指導教師で、エディンバラ城の管理者であった。彼は自分の息子を王の妹メアリーと結婚させることで自分たちの権力を安定させようとした。この「身分の低い者との結婚」をジェイムズは嫌った。一四六八年に、彼は一七歳で親政を行った。

一四六九年、ジェイムズ三世はデンマークのクリスティアン一世の娘、マーガレット・オブ・デンマークと結婚した。オークニー諸島とシェトランド諸島の領地が彼女の嫁資《かし》(持参金)の抵当に設定された。だが、クリスティアン王が決められた額の嫁資の一部(現金で二〇〇〇フローリン)しか調達できなかったため、両島は没収され、一四七二年二月二〇日、正式にスコットランドに併合された。これによって、スコットランド王家の領土は最大の範囲に広がることになる。王はハイランド地方の平定に成功し、さらにスコットランドの対外的独立を意味する「エンパイア」を宣言した。ジェイムズはこうした功績によって統治力を強化し、ボイド家を失墜させた。

ところが、不運なことに、深刻な問題がジェイムズ王の人気のある兄弟から起こる。一四七九年、王の二人の弟、オールバニー公アレグザンダーとマー伯ジョンが、貴族らとの陰謀の嫌疑で逮捕されたのである。マー伯は獄中で不審な死を遂げ、オールバニー公はエディンバラ城から護衛を殺して脱走し、イングランドへ逃亡した。エドワード四世が彼を積極的に擁護したため、スコットランドとイングランドとの関係は再び悪化した。一四八二年八月一〇日、グロースター公リチャード(のちのリチャード三世）は、オールバニーをスコットランドの「アレグザンダー四世」と宣言し、軍隊を率いて彼を北に送った。ジェイムズ三世はイングランドの脅威と戦うため軍隊を召集したが、南の進路にあるローダーで、アンガス伯の指揮する貴族の集団が王に反逆し、王はローダー橋の上で側近たちの集団を絞殺刑に処した。

オールバニーは衝動的な反逆者で、一四八四年、ダグラスと連合してスコットランドへ侵入したが、ダンフリース近くのロッホメイベンで、その地域の抵抗によって敗退した。ダグラスは捕らえられたが、ジェイムズ三世の温情ある処罰で、リンドーズ修道院での暮らしを宣告された。オールバニーはフランスへ逃れ、翌年馬上試合で命を落とした。一四八五年、リチャード三世の死後、ジェイムズは、リチャード三世の後継者で、イングランドのテューダー朝の最初の王、ヘンリー七世と和解した。しかし、イングランドとの和平は、それ自体不人気であった。

ソーキーバーンの戦いで敗死

ジェイムズ三世の長男ジェイムズ王子が一五歳になったとき、アンガス伯を先頭にした反対勢力が王子を擁立し、またもや王への反逆行為に出た。この反逆に対抗する戦いで、ジェイムズはハイランドからの派遣団などに強力な支援を得た。しかし、反逆者たちは一四八八年、スターリング近くのソーキーバーンで、王党軍を打ち負かし、敗走した王を殺害することで彼らの勝利を決定的にした。この戦いはソーキーバーンの戦いとして知られる。

ソーキーバーンの戦いは、ジェイムズ三世の支持者と初代ヒューム卿率いる貴族たちとの戦いであった。ジェイムズ三世を支持する王党軍は、初代モントローズ公デイヴィッド・リンジーに率いられ、一方の反乱軍は、初代ヒューム公アレグザンダー・ヒューム（名目上はロスシー公ジェイムズ）

に率いられていた。ジェイムズ王子が担ぎ上げられてから、数か月経っていた。ジェイムズ三世は息子を取り戻して事態を打開すべく、まず交渉するとした文書を書いたが、のちにそれを破ってエディンバラへ南下した。この背信行為でジェイムズ支持派の多くが彼を見放し、中立に転じた。反乱軍との小競り合いに負けた王は、反乱軍に人質として預けられていた人々を見捨てて逃走、五月一六日にエディンバラへ戻った。そして、支持を得るため、アソル伯ジョン・ステュアートなどに多くの金をばらまいた。この時点で反乱軍はスターリングやリンリスゴーなどに分散し、王は機会に乗じて突如ファイフに移動した。続いてスターリングに進軍して、六月一〇日に反乱軍を南に撃退した。王はスターリングを平定したが、次の日スターリングから南へ三・二キロメートルのソーキーバーンで反乱軍と遭遇した。リンリスゴーの反乱軍がやってきて、撃退された反乱軍が再びジェイムズ三世軍に挑んだ。

一四八八年六月一一日、王子が父との戦いの場へ連れ出された。ジェイムズ王は戦いたくなかったが、戦わざるを得なかった。結局、王は戦いに敗れて逃走したが、隠れ場所で発見され、「聖職者」を名乗る見知らぬ人に刺殺されたといわれる。

ジェイムズ三世は、その名声は決して高くはなかったが、これまでよりもっと賞賛に値するかもしれない。彼に対する最後の謀反が起こるまで、彼はイングランドの野心と国内の反逆に対して、スコットランドを守ることに成功した。彼は平和を求め、芸術を奨励し、父と祖父より近づきがたかったが、スコットランドの王位を守り続けた。

ジェイムズ四世

ジェイムズ三世が殺害されたあと、息子のジェイムズがスクーンで即位式を行い、ジェイムズ四世

ジェイムズ４世と王妃マーガレット・テューダー

（在位一四八八〜一五一三）となった。彼の治世は中世の終わりと合致した。ヨーロッパで大きな変化が起こり始めていた時期である。王に必要とされるあらゆる資質を兼ね備えたジェイムズ四世は、即位後すぐ王権を主張し、支配力を発揮した。

　反逆に加わった仲間たちが王国の役職に就き、王室の秘宝や先王の宝石を管理し、忠実を装っているのに怒って、彼らを反逆者と非難し、その財産を奪った。一四八九年以降は、穏健さと和解がそうした日和見に取って代わった。一四九〇年代の初期には、国内外で新たなレジームへの移行が進んでおり、王の枢密会議は、以前よりはるかに広い範囲からの、安定した有力な人物で構成されるようになった。競技好きで、好戦的で、敬虔なジェイムズは理想的な中世の王と呼ばれた。彼は以前の王たちにみられたような、乱暴な打算や賄賂にも関係なかったからである。彼の二人の庶子を続けてセント・アンドルーズの大司教の職に就けたことで、教会を単に国家の一部門として扱うことが始まった。しかし、ほかの点で、彼の統治は、新しい君主というより、スコットランド中世の王の極致を成していたかもしれない。

　ジェイムズはわずかに病的な恭順の性格をもってはいたが、本質的には、ものすごく知的なエネルギーの持ち主であった。ゲール語を含め七か国語を話すことができた（彼はゲール語を話すことができる最後の国王であった）。ローランドとハイランドを再統合する必要性を意識していた。とはいえ、彼の前任者たちと同じく、外国との政治に心の大半を奪われていた。

アザミとバラの結婚

ジェイムズ四世が統治した五年間、イングランドとの関係は不安定なものであった。というのは、彼はヨーク派の国王候補者パーキン・ウォーベックを支持したからである。ウォーベックはおそらくオールバニーのイングランド支持に仕返しをねらっていたのであろう。だが、ヘンリー七世はスコットランド人と戦うことを望んではいなかった。彼の主要な願望はみずからの王朝を安全に守ることであり、そのために彼はスコットランドに同盟関係を申し込み、ジェイムズ四世とヘンリー七世の娘、マーガレット・テューダーとの結婚を提案した。結婚は一五〇三年に行われた。ジェイムズ四世が三〇歳、マーガレットは一三歳であった。この結婚は「アザミとバラの結婚」の比喩で一般に知られる。アザミはスコットランドの国家的象徴であり、バラはイングランドの国家的象徴である。

二人の間に生まれた六人の子どものうち、一人の息子が生存し、ジェイムズ五世として統治した。彼らの結婚は一六〇三年の同君連合をもたらす機縁を作り、曾孫のジェイムズ六世がイングランドのジェイムズ一世となった。しかし、同君連合より一〇〇年前、ジェイムズ四世は、スコットランドがイング

エディンバラの地図（1582 年頃）

ランドの一小国家になる可能性に直面していた。スコットランドの独立を守りたい一心で、彼は、スコットランドがフランスとの「古き同盟」を解消するのを拒絶する平和条約をイングランドと締結したのであった。ジェイムズのこの政策は、イングランドとフランスが友好関係を保っていればこそ、維持できるものであった。

この有望な進展は大きな悲劇に終わる。ヘンリー八世がフランスに侵入したとき、スコットランドは「古き同盟」により、ジェイムズ四世がイングランドに侵入することで応えた。一五一三年九月、フロッデンで、イングランド軍とスコットランド軍のあいだで大決戦が行われ、スコットランド側は、ジェイムズ四世と多くの貴族や聖職者、膨大な数のすぐれた臣民が、無残にも虐殺され、未曾有の衝撃を与える悲劇となった。王の遺体はイングランドに確保された。この戦いはフロッデンの戦いとして知られる。

バグパイプ

大音量で周囲を振るわせ、独特の音色で吹き鳴らされるバグパイプは、スコットランドを代表する民族楽器である。バグパイプはバッグとパイプから成り立っている。リード（楽器に用いられる薄片）の取り付けられた数本のパイプをバッグにつなぎ、バッグに溜まった空気を押し出すことでリードを振動させ、音を出す仕組みである。起源はペルシャともいわれるが、同じ原理で音楽を奏でるものは、エジプトをはじめとする中近東やアイルランド、フランスのブルターニュ地方、スペインなどでも伝承されている。スコットランドにおけるバグパイプの発祥ははっきりしないが、持続音を出すことが可能なバグパイプは、紀元前からヨーロッパに存在しており、それが各地で特有の形に発展し、スコットランドでは音量の大きい「グレート・ハイランド・バグパイプス」になった。スコットランドでは、バッグパイプ奏者（パイパー）はキルトに身を包んで演奏するのが普通である。

豊かな口承文化を保持したスコットランドでは、伝統的な音楽と楽器をことに重んじた。伝統意識が強いハイランド人にとって、古くからのゲール民族の音楽はなんとしても守るべきものであった。ほかの地域でゲール音楽が衰退すればするほど、ハイランド人はかえってそれを盛り立てようとした。一七世紀を通じて、ハイランドのバグパイプ奏者たちは、古典的なピーブロッホ（バグパイプの曲の一つ）を一層精巧に練り上げた。

バグパイプ音楽はスコットランド中で愛され、ハイランド地方とローランド地方をつなぐ役目を果たした。たいていの町には職業的パイパーがおり、世襲的な地位を築いた。スコットランドで最も有名なパイプ奏者は、スカイ島のマクリモン一家であった。多くのバグパイプ奏者がマクリモン家を訪れ、教えを受けた。

その昔、ハイランドでは、クラン（氏族）間の争いで、パイプ奏者は戦陣の最先頭に立ち、力強く響く演奏によって、仲間の兵士たちを鼓舞する役目を担った。しかし、彼らは楽器だけを手に持ち、丸腰で先頭に立ったため、敵軍の攻撃を真っ先に受け、犠牲になりやすかった。パイパーが倒れると、その後ろの兵士がすばやくバグパイプを拾い上げ、途切れることなく演奏を続けたという。

ハイランドでは、地域の祭りや結婚式、葬儀などでバグパイプが演奏され、踊りが伴うこともあった。一七三四年、死の床に就いていたスコットランドのロバート・ロイ・マクレガー（一六七一～一七三四）（通称ロブ・ロイ。義賊として知られる英雄的人物）は、悲しみを歌ったバグパイプ曲「もう戻らない」を聞きながらこの世を去ったと伝えられる。

一七四五年のジャコバイト蜂起のあと、ハイランドの服装やバグパイプの演奏は法で禁止されたが、間もなくハイランド連隊が創設され、バグパイプやドラムは軍隊と密接に結びつくようになった。

正装したバグパイプ奏者

第6章 スコットランドの変容

1513／1603

スコットランド・ルネサンスの開花

一五世紀後半から一六世紀前半はスコットランドのルネサンス開花期に当たる。ジェイムズ三世、四世、五世の治世のあいだ、フロッデンの戦いによって中断されることなく、スコットランド文化は継続した。スコットランド・ルネサンスの開花は普通ジェイムズ四世の治世に帰せられるが、その始まりは父王の治世時代である。ジェイムズ三世は、事情に詳しかっただけに、高尚な姿勢で芸術を庇護した。彼はフランドルの画家、フーゴー・ファン・デル・グース（一四四〇頃～八二）〔ヒューホー・ファン・デル・フースとも表記される〕に、祭壇のうしろの飾りを依頼した。現存するその飾りの画板には、ジェイムズ三世と王妃の肖像が描かれている。治世の後期に、彼は美しい貨幣を発行したが、それに刻まれた王の彫像は、ルネサンス期に北ヨーロッパで製造された、最初の貨幣と考えられる。

少年期の彼の個人指導教師は、著名な人文主義学者アーチボールド・ホワイトローであったが、彼はのちに王の秘書になった。ホワイトローの影響は、おそらく将来のジェイムズ四世に与えられた広範な教育に認められるであろう。ジェイムズ四世の関心は、父親に比べ、特別に審美的ではなかったが、知的な生活のあらゆる分野の活動を奨励した。一四九五年、アバディーンにキングス・カレッジを創設することで、ウィリアム・エルフィンストン司教に協力した。一五〇六年、王立エディンバラ外科大学への勅許を認めた。一五〇八年に、スコットランド最初の印刷機の設置を支援した。

ルネサンス期の宮廷詩人たち

ジェイムズ三世と彼の息子、孫の治世は、スコットランド詩の最初の偉大な時期と重なった。「マカール」、すなわち「宮廷詩人たち」の作品に、その詩が高度に練り上げられた技法や強烈な抒情が見事に融合された。ロバート・ヘンリソン（一四二九頃〜一五〇八頃）は、ジェイムズ三世の時期に活躍し、宮廷の読者のために「クレシダの信仰告白」を書いた。この時期に最もすぐれた地位に立ったウィリアム・ダンバー（一四六五頃〜一五三〇頃）は、ジェイムズ四世の治世のときに、真の芸術家としての才能を発揮し、その独創的な寓喩詩の大半を執筆した。ダンバーは『薊《あざみ》と薔薇』で、ジェイムズ四世とマーガレット・テューダーとの結婚を祝福した。豊かに装飾され、心から敬虔な宗教詩がダンバーや同時代および先行詩人の多くによって書かれた。

しかし、ダンバーと彼の同時代人は、信仰心あふれる詩を書いた一方、風刺詩のなかで、反聖職者主義の傾向を見せた。ダンバーに比肩する詩人ギャヴィン・ダグラス（一四七五頃〜一五二二）は、第五代アンガス伯の息子で、ダンケルド司教の地位にも就いた、ルネサンス・ヒューマニズムの先駆者であった。ダグラスは、ウェルギリウスの『アエネイス』のスコッツ語韻文への最上の翻訳で、スコッツ語の範囲を広げた。

ジェイムズ五世の治世の最大の宮廷詩人は、デイヴィッド・リンジー・オブ・ザ・マウント

（一四八六頃～一五五五）であった。彼は、若いジェイムズ五世の「偉大な師匠」であった。彼はヘンリソン、ダンバー、あるいはダグラスほどのすぐれた文学者ではなかったが、雄弁な詩人で辛辣な風刺家であった。彼の作品は先行詩人たちの作品より、広い読者層に迎えられた。多作なリンジーの最も有名な作品は、『三つの領地の風刺』で、それは教会、国家、社会のさまざまな欠陥を酷評する風刺劇であった。長期にわたる上演（一五四〇、一五五二、一五五四）は、リンジーの同時代人に評価された。

反教会の文化

詩人たちの著作にだんだん顕著になった反聖職者主義は、一六世紀のスコットランドに変容をもたらすことになる中心的特質を示している。中世の教会は、一般的にカトリック性を弱め、より国家的・国民的になっていた教会の大分立の結果、一三七八年から一四一七年にかけて、敵対する法王たちは、キリスト教王国の忠誠を求めてしきりに張り合った。精神的権威の衰退とともに、さまざまな国がさまざまな誹謗《ひぼう》中傷を繰り返した。スコットランドの場合、教会にみられる極度に破壊的な欠点は、上位聖職者のますます強まる世俗的性格であった。

一四八七年、ジェイムズ三世は、司教職や修道院長職への王による任命がローマ法王庁の決定とみなされるという特権を、教皇インノケンティウス八世から得た。このささやかな抜け穴が、ほどなく不適当な任命の洪水を引き起こすことになる。一五〇四年、ジェイムズ四世は自分の一一歳の庶子、アレグザンダーを大司教の地位に就けた。その少年大司教はエラスムスの才気あふれる弟子であった。二〇歳のとき、もし彼がフロッデンの戦いで死ななかったら、傑出した聖職者になったかもしれない。とはいえ、彼がまだ非常に若年であったことは、スコットランド宗教界の最高位に就くには不適当であったのはたしかである。

王室の例に続いて貴族階級にも同様のことが起こった。いくつかの名家が司教職や聖職録を若い息子のために獲得した。しかし、たいていは真の意味で聖職への適性をもち合わせていなかった。その結果、司教管区や修道院は精神的指導力と修行を欠くことになった。教会の富は高僧によってだまし取られ、教区の聖職者は惨めにも安い給料に抑えられた。その結果、すぐれた人材が新たな聖職者として任じられることはほとんどなくなった。貧しく、無知で、しばしば不道徳な聖職者が信徒の精神生活を豊かにすることも、聖職者への尊敬を維持することもできるわけがなかった。ジェイムズ五世の治世が進むにつれて、宗教界の状況は悪化し、宗教改革の苗床が十分に用意されていく。

ジェイムズ五世の治世

ジェイムズ四世がフロッデンの戦いで殺されたとき、王位の後継者ジェイムズ五世（在位一五一三～四二）は一七か月の幼児で、ようやく歩けるようになったばかりであった。ジェイムズ五世はジェイムズ四世とマーガレット・テューダーの息子であったが、王朝の継承者としてはそれまでの王のうちで一番若かった。ジェイムズ四世は、生前すでに、ジェイムズ五世の摂政は妻のマーガレットとする（未亡人でいる限り）という遺書を残していた。一五一四年、マーガレットは第六代アンガス伯アーチボールド・ダグラスと再婚したため、貴族たちの間で不和が起こる。一五一五年、フランスで教育を受け、フランス語を話すオールバニー公がフランスから帰国し、王国の摂政役に就き、極めて賢明にまた堅実に統治した。

一方、彼に敵対するイングランド派の頭領ダグラスとマーガレットは、兄弟のヘンリー八世と組んで、幼いジェイムズを誘拐してイングランドへ連れ去る陰謀を企んでいた。しかし、この計画は失敗する。ヘンリー八世はスコットランド問題に干渉し続け、スコットランドへ軍を送り、ボーダー（国境）地方を焼き打ちし略奪した。オールバニー公が急遽フランス軍を率い、イングランド軍を撃退した。一五二四年、オールバニー公は摂政役を辞し、フランスへ帰った。

彼が不在になると、スコットランドの貴族のあいだでまたも争いが起き、一五二五年、アンガス伯が摂政となった。一五二六年から一五二八年春まで、ジェイムズはアンガスによってフォークランド宮殿に監禁され、教育もなおざりにされた。一五二八年、ジェイムズはついに脱走して、真夜中にスターリング城に乗り込み、およそ一六歳で、親政を開始した。

秩序を回復

王としての統治権を手にしたジェイムズは、彼を二年間監禁したアンガス一派へ復讐することから行動を始めた。王は彼らの土地を没収し、権力をはく奪したあと、イングランドへ追放した。それから王国の全体にわたる支配権の確立に着手した。彼はイングランドと休戦し、国内の法と秩序の回復に大いに力を入れた。一五二九年と一五三〇年に、ジェイムズは未成年の時代に混乱と騒動が発生していたハイランド地方とボーダー地方を厳しい手法で鎮圧した。そのあと、両地方はジェイムズの治世の大半を通じて平安が続く。だが、一五三九年、ついに大きな反乱が勃発した。スリートのドナルド・ゴームと名乗る族長が率いる集団が、それまでジェイムズ五世によって抑圧されていた島の領主権を要求して蜂起し

ジェイムズ５世

たのである。スリートのドナルド・ゴームは敗北して殺されたが、彼の反乱は、ジェイムズ五世に、北西部の最も遠隔の地においても、王室の権威を徹底させる必要があることを痛感させた。

一五四〇年、彼はオークニー諸島を訪れたあと、ケープラス（スコットランド最北西の地）を回って、西方諸島の多くの島々に上陸した。最後はグラスゴーの北北西にあるダンバートンに到着し、ハイランド地方と島の族長たちに従順を約束させるため、住民の多数を人質として連れ帰った。彼の帰還後、議会は島々の領主権と王権との統合を法制化した。「島々の領主」は、スコットランドの王権相続者の称号の一つとなった。

ジェイムズは無情で残酷な一面をもっていたので、彼の身辺で支配される人々には恐れられたが、一般大衆には人気があった。庶民は王の法と秩序への献身的政策から恩恵を受け、王の性格の別の側面——低級な生活と好色な冒険を求めて変装して出歩く習慣——には理解と好意を示した。

一五三七年、フランスとの「古き同盟」に固執したジェイムズ五世は、フランス王フランソワ一世の王女マドレーヌと結婚したが、妃が半年後に急死し、フランスのギーズ公の息女マリー・ド・ギーズ（メアリー・オブ・ギーズ）と再婚した。彼女はジェイムズとのあいだに二人の息子を産んだが、息子たちは幼児期に死亡した。一方、イングランドはますます攻撃的になり、一五三四年にローマと断絶したヘンリー八世は、スコットランドをプロテスタント国に変えようとし、フランスとの敵対関係を強めた。その後アイルランドの幾人かの族長がジェイムズにアイルランド国王になるよう求めたため、ヘンリー八世がそのことを格好の口実に、国境を越えてスコットランドへ攻め入り、みずからがスコットランドの大君主であると宣言した。ジェイムズは、すでに病弱で貴族たちとも不和になっていたが、イングランド軍と戦う決断をした。王は病気で戦場に赴くことはできなかったが、一五四二年一一月二四日、ジェイムズの小規模な軍隊はソルウェイ・モスでイングランド軍と戦い、惨敗した。

敗戦の知らせを聞いた王は、心打ち砕かれ三週間後に死去した。

彼の死の一週間前、メアリーが生まれた。娘の誕生を知ったとき、フォークランド宮殿で死の床にあったジェイムズは「(王朝は) 若い女で始まったから、若い女で終わるだろう」と予言するようにつぶやいたという。ステュアート家が王冠を手に入れたのは、ロバート・ブルースの娘マージョリーによってであったことを思い起こしていたのであろう。そのつぶやきのあと、ジェイムズは小さな笑い声をあげ息を引き取った。

メアリーは一五四二年一二月八日にリンリスゴー宮殿で誕生した。そのあとすぐにスコットランド女王として宣言され、宮殿に隣接する聖マイケル教会で洗礼を受けた。リンリスゴーは安全であるとは思われなかったため、彼女はスターリング城に送られ、生後九か月のとき、スターリングのホリールード教会で即位式を挙げた。幼児期の大半をメアリーはスターリングで過ごすことになる。

教会をめぐる環境の悪化

ジェイムズ五世も貴族たちもスコットランドの教会に蔓延《まんえん》している病弊を十分認識していなかったようである。教会に集まるのは、年端のいかない子どもたちや悪童たち、極貧の中高年者の群れなどがだんだん多くなった。彼らのほとんどは世俗的で信仰心が薄く、彼らの寄金に依存して聖職者の生活や聖務の費用を賄うことは困難であった。プロテスタンティズムが広まるにつれ、この傾向は急速に顕著になり、教皇側の危機感を深めた。

一五二〇年、宗教改革者マルティン・ルター(一四八三〜一五四六)が異端者の宣告を受けたが、ルーテル主義はドイツからさらに各地へ広がった。一五三二年、フランス出身の宗教改革の指導者ジャン・カルヴァン(一五〇九〜六四)はパリで布教を始めた。健全で信頼されたカトリックの王

ジョン・ノックスの像

ジェイムズは、恵み深い教皇から大いに激励と支援を受けた。しかし、ローマの上層部は、ジェイムズがヘンリー八世と同じ道をゆくことを懸念していた。ヘンリーは一五三四年、イングランド国教会の最高位にみずから就いたことを宣言していたからである。一五三九年までには、イングランドには修道院はほとんど見られなくなった。スコットランドでも、教会の状況は悪化し、非常に多くの教区は大修道院もしくは遠隔地の修道院によって運営される事態が生じていた。教会組織が最低水準の場合は、教区の司祭は少額の手当金でかろうじて暮らし続けた。貧しい家庭の気の利いた子どもは、そうした聖職者の生活を嫌って、出世街道をゆくことを断念したに違いない。聖職者の職に就いている人自体が、待遇の悪さに耐え切れず、しばしば聖務に専心しなかったり、命令に背くことがあった。スコットランドの生んだ偉大な宗教改革の指導者で、長老派教会の創立者ジョン・ノックス（一五一〇～七二）も、ジェイムズ五世の治世時代に、教会の堕落と無力の状態を体験した一人であった。

プロテスタントへの弾圧

親フランスの政策を取ったことで、反プロテスタントの勢いが増した。一方、かつては確固としたカトリック教徒であったが、今や離反してプロテスタントに鞍替えした、たとえばノックスのような聖職者によって、改革の教義がフランスとスイスから、スコットランドへ持ち込まれた。新教を防止しようとしたものの、書籍や小冊子が輸入され、食い止めようがなかったといってよい。新しい宗教思想は、少数だが影響力のある階級、つまり公的な地位に就いていた相対的に重要な地主《レアード》（領主）、たとえばジェイムズ五世の財務官を務めたウィリアム・カーコーディ・オブ・グレインジのような人物にも影響を与え、すっかり宗旨替えさせていた。

政府は新教に過激な対応策を取った。一五四六年三月、セント・アンドルーズで、指導的な改革者ジョージ・ウィシャート（一五一三頃〜四六）がルーテル主義を説いたことで異端者として火刑に処せられた。彼は、ヘンリー八世の幼い息子エドワード王子（のちのエドワード六世）と、スコットランド女王メアリーの婚姻をまとめる交渉役を担ったことのある人物である。ジョン・ノックスは、ウィシャートによって初めて新教に目覚めた。ウィシャート処刑の三か月後には、カーコーディ・オブ・グレインジが武装集団を率いてセント・アンドルーズ城に突入し、ビートン枢機卿を暗殺し、彼のむき出しの遺体を胸壁に吊るした。改革者たちの宣戦布告である。

フランスとの緊密な関係

宗教改革の時代のヨーロッパはどのような状況だったのだろうか。スコットランドを中心にまとめておこう。新旧の宗教の対立と葛藤によって、ヨーロッパ諸国は激震に見舞われたといってよい。イングランドの宗教改革のあと、スコットランドはフランスとの同盟関係を強化させた。しかし、教会関係者の立場は不安定なままだった。王家と貴族たちは、王国の富の半分を占める教会の資産から、自分たちの収入を得るしかなかった。教会が確保できる権利はだいぶ少なかったようである。多くの聖職者は職分に見合わない収入で耐えるしかなかった。教会こそひっ迫し、改革の必要に追い込まれていたかもしれない。

宗教改革によって政治が宗教問題化したとき、教会は資産運用が困難な状況に陥っていた。フランスは同じくカトリック国であるスペインと同盟を組んで宗教戦争を繰り返し、分裂してしまった。一方、プロテスタンティズムの国となったイングランドは、フランスのプロテスタントと、カトリック国スペインに対抗して、オランダのプロテスタントに援助を与えた。このようなヨーロッパの新旧の宗教が対立する状況のなかで、いよいよスコットランドはどちらかの選択をせざるを得なくなる。

フランスとの同盟を維持するには、スコットランドはカトリック国にとどまらなければならず、イングランドと運命をともにするなら、プロテスタント国に転換する必要があった。第三の方途も考えられた。すなわち、宗教を替えずに、スコットランドの国王がイングランドの王位を継承することである。ジェイムズ五世がこの決断をする最初の試練に立たされた。彼の叔父、イングランドのヘンリー八世は、自分の例にならって修道院の資産を没収し、ヘンリーの娘、メアリー・テューダーと結婚するのがよいと提案した。しかし、ジェイムズはヘンリーを信じていなかった。ヘンリーは以前ジェイムズを誘拐しようとしたことがあったからである。それに、ジェイムズは彼の家臣の貴族たちと折り合いが悪かった。ジェイムズは自分をイングランドに追いやったアンガス伯を嫌悪していた。加えて、ジェイムズは教会と敵対したくなかった。一五二八年に、セント・アンドルーズで、パトリック・ハミルトン（一五〇三～二八）がルーテル主義を説いた罪で火刑に処され、最初のプロテスタントの殉教者になった歴史もある。

ジェイムズは、フランスと同盟を組む決意をし、宗教改革に敵対するために、フランソワ一世の娘マドレーヌ王女と結婚し、彼女の死後は、マリー・ド・ギーズ（メアリー・オブ・ギーズ）と結婚したのであった。そのようなわけで、一五四二年にソルウェイ・モスでイングランドが侵入してきたときに軍を組織したのは、貴族たちではなく、聖職者階級であった。フランスとの関係を深めたジェイムズは、フランスの法制度をモデルに民事控訴院を創設した。このスコットランド最高の民事裁判所は、ローマ法に基づく合理的な法機関で、スコットランド独自の機能をもつものである。

「手荒な求婚」

ウェールズをイングランドに併合しただけでは満足しなかったヘンリー八世は、スコットランドをもまた領土に組み入れたいと望んだ。彼は甥のジェイムズ五世の死後、スコットランドとの関係をさらに親密にしようと図ったが、尊大で気短な性格が災いして、間違った対応をする。まだ幼女のスコットランド女王メアリーと、ヘンリーの息子で幼い病弱な後継者エドワード（一五五三年に死去）を結婚させる提案をしたのである。この提案はまったく歓迎されないわけではなかったが、ヘンリーは、さらにスコットランドとフランスの絆を断ち切ろうとしていくつかの不当な要求をスコットランドに突き付け、それらをスコットランド人が怒って拒絶する事態に発展した。ヘンリーはこの展開に立腹し、スコットランドに報復するため、臣下のハートフォード伯（のちにサマーセット公）に、ローランド地方とボーダー地方の諸州を攻撃するよう命じた。スコットランドへの侵入は一五四四年と一五四五年の二度行われたが、イングランド軍による仕打ちは残虐でひどく破壊的であった。フランスとの同盟を阻害し、メアリー女王とエドワード王子との結婚を実現するためにヘンリーが仕掛けたこの一連の戦争を、スコットランド人は皮肉交じりに「手荒な求婚」と呼ぶ。ヘンリーはさらに彼の政策を推し進め、一五四六年のビートン枢機卿殺害をうながした。一五四七年にヘンリーが死去したとき、スコットランドは危うくイングランドの衛星国家になる寸前であった。

ヘンリーの死後、摂政のサマーセット公はヘンリーの政策を変えず、一五四七年九月、大軍を率いてスコットランドに侵入した。アラン伯の指揮するスコットランド軍は、マッセルバラ近くのピンキーで対戦した(ピンキーの戦い)。この戦いは海岸線付近で展開され、装備の不十分なスコットランド軍は、イングランド艦隊の砲火と陸上の砲兵隊の砲弾を浴び、決定的に敗北する。死者数はフロッデンの戦いでの死者数と同じくらい多数に上った。にもかかわらず、イングランドは「手荒な求婚」の望ましい成果を手にすることはなかった。

一方、ジョン・ノックスを指導者とした宗教改革者たちは、一五四六年にセント・アンドルーズで火刑を命じたビートン枢機卿を殺害したあと、イングランドの支援を得て、クイーン・マザーの軍隊と戦い、セント・アンドルーズ城に籠城した。宗教的・政治的に分極化した親イングランド派と親フランス派が、城を舞台に激烈な攻防戦を繰り広げた。結局、フランス軍の支援を得たクイーン・マザー軍が落城させた。城が一五四七年に明け渡されたとき、改革者たちは処刑されるか、フランスのガレー船で働かされた。敗軍の将ジョン・ノックスも二年間ガレー船の漕ぎ手になったことで知られる。

メアリー女王のフランス滞在

一五四二年、スコットランド女王メアリーが王位を引き継いだとき、生後一週間にも満たなかったため、アラン伯ジェイムズ・ハミルトン(ジェイムズ二世の曾孫)が摂政役に就いた。女王の母(クイーン・マザー)であるメアリー・オブ・ギーズ(一五一五〜六〇)またはマリー・ド・ギーズは、メアリー不在の苦難の時期に、知恵と節度をもって行動した。生後一週間のとき、プロテスタントでイングランド寄りのアラン伯は一五四三年、メアリーとヘンリー八世の息子エドワード王子が結婚することを取り決めたヘンリー八世との条約に署名した。

このとき、メアリー・オブ・ギーズと、彼女の手厳しい顧問であったセント・アンドルーズの大司教ビートン枢機卿は、すばやく対応し、その条約に反対した。さらにスコットランド議会はその約束を無効と宣言した。報復のため、イングランドはスコットランドに軍を出動させ、一五四七年、対戦したスコットランド軍はピンキーの戦いで敗北した。

その後、アラン伯はフランス国王アンリ二世の法定相続人（皇太子）ドーファン・フランソワとの結婚条約の交渉を開始した。メアリー・オブ・ギーズと支援者たちが幼いメアリーの保護と教育のためにフランスへ助力を要請した。幼いメアリーはフランスに送られ、最終的にドーファン・フランソワと結婚することを条件に、スコットランドの要請は認められた。

一五四八年七月、フランソワとの婚約が成立し、八月にメアリーはダンバートンからロスコフへ向け出航した。それから一〇年間、彼女は華麗なフランス宮殿で過ごした。彼女の母親の親戚（勢力の強かったギーズ家）の手厚い世話と保護のもと、ルネサンス時代の王女にふさわしい人文主義的教養を尊ぶ教育を受けた。彼女はフランス語、イタリア語、ラテン語を学び、フランスの宮廷の絶対的なカトリック教を吸収した。

スコットランド女王、メアリー

一五五八年、メアリーは一六歳で彼女より一歳年下のフランソワと結婚した。結婚の条件には、メアリーが跡継ぎの子を産まずに死んだ場合は、彼女の故国スコットランドがフランスに帰する、という密約が含まれていた。イングランドの従属国になることからは救われたが、フランスの従属国になる懸念があった。一五五九年、アンリ二世が死去したことにより、フランソワがフランソワ二世としてフランス王に即位した。メアリーはスコットランド女王とフランス王妃を兼ねることになる。ところが、フランス王妃になって間もない一五六〇年、今度はフランソワ二世が死去し、メアリーは未亡人となる。フランスの権力構造に変化が生じ、メアリーのフランスでの立場はだんだん維持しがたくなった。宗教改革の波が押し寄せ、スコットランド国内の変化がめざましくなり、女王の帰国が求められる状況になる。

摂政メアリー・オブ・ギーズ

メアリー女王がフランスへ出航したあと、クイーン・マザーのメアリー・オブ・ギーズはスコットランドにとどまった。彼女の存在もあって、フランス軍がスコットランドを支援し、イングランド軍を追い出すのに成功した。「古き同盟」は以前にも増して強固になったように見えた。一五五四年、アラン伯は摂政の役職をメアリー・オブ・ギーズに譲り、彼はその報償としてフランスのシャテルロー公の称号を与えられた。女王の摂政となったメアリー・オブ・ギーズは、娘のメアリーが王位に就くまで、フランスをカトリック国として守るため必死の努力をした。メアリー女王の不在のあいだに、プロテスタントの勢力は増大の一途をたどっており、メアリー・オブ・ギーズとしては、なんとしてもスコットランドのプロテスタント化は防ぎたかった。

メアリー・オブ・ギーズは手腕を発揮して職務を堅実に果たしたが、彼女はつねに多くのフランス人顧問やフランス軍隊に囲まれ、その影響力があまりに大きくなったため、スコットランド人はみずからの国が、ブルターニュやナヴァレのように、フランスの一地方になることを恐れた。ことに宗教改革者たちのあいだに反フランス感情が高まり、ついに一五五九年、プロテスタントの貴族たちが反乱を起こし、改革派貴族連合を発足させ、最初のナショナル・コヴェナントに署名した。

一五五九年、彼らは、メアリー・オブ・ギーズの摂政役を解き、エリザベス女王によるスコットランド王国の統治を実現するよう声を上げた。メアリー・オブ・ギーズは心労のあまり終末期の病状に陥り、一五六〇年六月、エディンバラ城で息を引き取った。折しもイングランドの艦隊がリース港を包囲していた。彼女の死をもって、スコットランドとフランスの「古き同盟」は終焉を迎えることになる。

スコットランドの宗教改革

スコットランドの宗教改革は、一五六〇年に開かれたスコットランド議会で、カトリック教会とそれを支える法のすべてを無効とし、カルヴァン主義に基づく「スコットランド信仰告白」を公式の信仰告白として採用したことを指している。国王主導でないところがイングランドと異なる。

一五二〇年代から、東海岸ではセント・アンドルーズ、西海岸ではエアシャーを中心に宗教改革運動は展開した。セント・アンドルーズでは、大学が新思想の窓口となった。一五四〇年代以降、改革は集団的になり、政治的・軍事的要素も加わった。一五四六年、宗教改革者ジョージ・ウィシャートが処刑された。英仏両国の軍隊が介入し、争いが激化した。四〇年代末に、親カトリック派＝親フランス派が勝利した。メアリー女王の母、メアリー・オブ・ギーズがメアリーの摂政として統治し、五六年まで平穏に過ぎる。ギーズは、将来フランスによるスコットランド支配を目指し、スコットランドの少数派であるプロテスタント迫害を本格化させた。しかし、スコットランドではフランスによる支配力の拡大は嫌われた。

一方、フランスの対立国であるイングランドでも、宗教改革をめぐっては変転がめざましかった。一五四七年、ピンキーの戦いでイングランドはスコットランドを大敗させたものの、その勢いはスコットランドの宗教改革を進める手助けにはならなかった。一五五四年に、カトリックのメアリー・

テューダー（血まみれのメアリー）がイングランド女王になり、カトリック国スペインのフェリペと結婚し、彼はスペイン国王になったからである。

しかしながら、一五五八年にイングランドがエリザベスのもとでまたもプロテスタント国に変わったことで、スコットランドは再びフランスとイングランド、カトリシズムとプロテスタンティズムのどちらを選択するか、岐路に立たされる。一五五九年、摂政のメアリー・オブ・ギーズはジョン・ノックスを無法者として排斥しようとした。ノックスは、改革派説教師の先頭に立つ、恐れを知らぬ雄弁家で、パースやセント・アンドルーズで熱烈な説教活動を続けていた。彼に深く刺激を受けた群衆は、カトリックの修道院など宗教施設を破壊し、また改革派の貴族たちも誓約に署名し、改革的な信仰を守ろうとした。彼らは摂政に反抗し、支援を受けるためイングランドの軍隊や艦隊を呼び入れた。

一五六〇年、摂政の死後エディンバラ条約が締結され、フランスとイングランドの両軍をスコットランドから撤退させることになる。これを受けて、改革者たちはスコットランド議会（国王の大権によるものでないので手続き的には違法）を開き、教皇の教会支配権の廃止と、ミサの禁止を規定した法案を可決し、さらにノックスが起草した「スコットランド信仰告白」に署名した。こうした宗教改革の動きは、一五六一年に帰国した信心深いカトリック教徒メアリー・ステュアート（この時以降、王家の名の綴りをStewartからStuartへ変更した）とのあいだに、激烈な対立と波乱を生み出すことになる。

ジョン・ノックスの活動

この激動の時期に、スコットランドの宗教改革の最強の牽引者となったのは、プロテスタントの改革者ジョン・ノックスである。彼は、エディンバラの東、ハディントンで生まれた。おそらくはセント・アンドルーズ大学で教育を受け、一五三六年、カトリック聖職者に叙任された。その後、プロテスタントに改宗する。一五四四年、ルーテル派の改革者ジョージ・ウィシャートと出会い、強い影響を受けた。ウィシャートが一五四六年に枢機卿デイヴィッド・ビートンによって火刑に処せられると、プロテスタントの改革派は、ビートンを殺害し、セント・アンドルーズ城に籠城した。このとき、ノックスは説教者として神からの召命を聞いたという。城はフランス軍の手に落ち、ノックスは二年間ガレー船漕ぎの苦役を体験した。

一五四九年に釈放され、イングランドでエドワード六世の宮廷説教師を務めた。イングランドのカトリックの女王メアリー・テューダーが即位すると、一五五四年、ノックスは大陸に亡命し、宗教改革者カルヴァンの本拠地ジュネーヴなどで活動し、思考を深めた。一五五五年、いったんスコットランドへ帰国し各地で説教活動をするが、翌年またジュネーヴに戻り、さらに二年間カルヴァンの影響を受け研鑽を積んだ。一五五九年スコットランドへ帰り、パースとセント・アンドルーズで説教活動をし、エディンバラのセント・ジャイルズ教会の牧師に就任する。

ノックスはキリスト教の教義について厳格な解釈をするカルヴァン派に属し、運命予定説（永遠に選ばれて救済される人もいれば、取り返しようもなく呪われた人もいる）を説いた。カルヴァン派の解釈は、ジェイムズ五世の統治下で伝道されたルーテル（ルター）派のそれよりも、スコットランド人の性格により強く訴える力があったようである。

一五六一年にカトリックのメアリー女王がフランスから帰国したため、女王の生活に批判的なノックスと対立した。帰国後のメアリーの治世の六年間、彼女に対するノックスの態度は妥協なき敵対であったといえる。ノックスはホリールード礼拝堂でメアリーが行うミサに腹を立て、真っ先に批判した。セント・ジャイルズの高教会で行ったノックスの説教はメアリーとの有名な会見をもたらした。

メアリー女王の帰国

メアリー女王がフランスに滞在しているあいだ、故国スコットランドでは、メアリー女王の存在がますます必要になっていた。母親のメアリー・オブ・ギーズが一五六〇年にこの世を去り、スコットランドは非常に流動的で不安定な状況にあった。実質的な権力はプロテスタントの手に握られ、一五六〇年に彼らは改革を遂行するため違法な議会を開いていた。プロテスタントがカトリックのミサを廃止し、教皇の権威を無視しようとしていることに、メアリーは耐えがたい危機を感じ、母国スコットランドへ帰る決意をする。今や一八歳の未亡人の身である。一五六一年八月一四日にカレーを出港し、五日後エディンバラのリース港に到着した。

リース港に着いたとき、人々は彼女を途方もなく熱く歓迎した。出迎えた人たちは、メアリー女王の立派な礼儀と作法、輝くばかりの美しさに魅せられた。だが、不運にもその魅力はほどなくして消え失せてしまう。彼女がもたらした友人や意見、カトリシズムに、スコットランド国民が恐れを感じ始めたからである。

プロテスタントの暴徒の群れが、ホリールードの礼拝堂で催された最初のミサを非難した。それから数日も経たないうちに、スコットランド枢密院は宗教的な動きの休止を課する宣告を発表した。これは事実上、女王とその一族以外のミサを禁止したものである。

メアリーの主要な顧問は、今やプロテスタントの有能な外交官ウィリアム・メイトランドや彼女の庶子の兄弟であるマリ伯ジェイムズ・ステュアートらであった。メイトランドはメアリー・オブ・ギーズの秘書であったが、一五五九年にフランスとの関係を断ち、イングランドとの同盟を支持していた。一方、一五六二年、かつてビートン枢機卿を支持したカトリックの最高有力者ハントリー伯は、領主の地位を奪われて反乱を起こし殺された。

ダーンリー卿との再婚

スコットランドの状況が変転するなか、一五六五年、メアリー女王は何度かヨーロッパの皇子との縁組交渉のあと、ダーンリー卿ヘンリー・ステュアートと再婚した。彼はジェイムズ二世の曾孫レノックス伯と、ヘンリー七世の孫娘レイディ・マーガレット・ダグラスとの息子で、メアリーのいとこにあたる。ダーンリー卿もまたスコットランドとイングランド両国の王位継承の候補者で、カトリックであった。系図的には、メアリーは聡明な判断をしたのかもしれない。二人のいとこ同士の結婚は、彼らの子どもたちのイングランド王位継承の権利を強めたからである。しかしながら、人間的な面では、この結婚は災厄をもたらすものとなった。ダーンリーは美貌で表面的には魅力があったが、スコットランドの歴史で最も謎めいた人物の一人で、尊大でわがままな性格であった。イングランドで生まれ育ち、宗教的には柔軟性のある家族の伝統を受け継いでいたが、王族の血脈から来る野心が強かったといわれる。エリザベス女王の勧めに反して、メアリーはダーンリーとの結婚を選んだため、エリザベスは非常に立腹した。ダーンリーは結婚後間もなく、メアリーの強力な異母兄弟マリ伯を含め、多くの敵対者をつくった。この結婚の直接的な影響で、一五六〇年から一五六五年にかけてスコットランドとイングランドの「友好関係」は終結し、マリ伯とハミルトン家の地位に傷がつくことになった。ダーンリーはメアリーと口論し、彼女がイタリア人秘書官デイヴィッド・リッツィオと不実の関係をもっているとして責めたてた。

リッツィオ殺害とダーンリー爆殺

ダーンリーはメアリーの配偶者であるにとどまらず、妻と共同で統治することを望んでいた。だが、ダーンリーはまったく不相応な夫でしかなく、無作法で信用が置けなかった。一五六六年三月九日、メアリーがダーンリーの子を宿して六か月のときであったが、ダーンリーは、親戚の第四代モートン伯ジェイムズ・ダグラス、リンジー伯、そのほかの陰謀者を引き連れ、ホリルードハウスのメアリーの居室に押し入った。メアリーはちょうど夕食会を催していた最中で、そこにはリッツィオも居合わせていた。ダーンリーの一団は、室内へどっとなだれ込み、恐怖に立ちすくんでいるみなの目の前で、リッツィオを廊下に引きずり出し、殺害した。メアリーは、彼女の面前で殺人を犯し、彼女の生命を危険にさらし、彼女の名声に侮辱を与えた夫を許さなかった。

メアリーの息子ジェイムズ（スコットランド王ジェイムズ六世、のちにイングランド王ジェイムズ一世）は、一五六六年六月一九日に誕生した。この後継者の出産で、堕落した父親は無用な存在に化していく。メアリーはダーンリーへの幻滅のなかで、第四代ボズウェル伯ジェイムズ・ヘップバーンに依存するようになった。彼は危険なほど気性が激しく、道徳意識を欠いていたが、忠実な人物であった。彼女は夫から解放されるためなら、夫が死んでも構わないと考えていた可能性がある。一五六七年二月一〇日、エディンバラ郊外のカーク・オ・フィールドの、ダーンリーの眠っていた家で大量の爆弾が爆発し、彼は死んだ。彼自身の遺体は庭で見つかったが、爆発による傷は見られず、絞殺された痕が確認された。ダーンリーには多くの敵がいたが、この事故にはボズウェルが主に関与した証拠があり、ダーンリー卿がボズウェルらに殺害されたのは明白であった。

ボズウェル卿との三度目の結婚

一五六七年五月一五日、そうした疑惑のあったボズウェル卿とメアリーは三度目の結婚をした。ダーンリーを殺害した首謀者とみなされたボズウェルと結婚したことで、メアリー女王も殺害に関与した疑いがもたれ、メアリーは信用を失うことになった。ボズウェルはダーンリー殺害のかどで尋問されたあと疑いが晴れないまま放免された。この時期にメアリーがボズウェルと分別のない行動を共にしたのは、彼女がボズウェルの子を身ごもっていたからだとする説がある。リッツィオ殺害事件のあと、メアリーは夫と離反していたので、彼女が子を宿していたとすれば、それはボズウェルの子であるとの推量である。しかし、それが事実であった証拠はない。

それにしても、ボズウェルのメアリーに与えた影響は並大抵ではない。メアリーは夫の死後すぐ、スターリング城に赤子の息子のもとを訪れたあと、エディンバラへ帰る途中で、ボズウェルと出会った。彼は、メアリーがそのままエディンバラへ帰れば命が危ないので、ダンバー城へ滞在するのがよい、そこで身を守ってあげると説得したとされる。この説得に彼女が応じ、二人は殺害事件の三か月後にホリールードで結婚式を挙げた。ダーンリーの爆殺は二人の陰謀であったので、メアリーはボズウェルと結婚せざるを得なかったと信じる人もいる。こうしたメアリーの疑わしい行為は、次第に多くの離反者を生んだ。

ロッホリーヴン城に幽閉

二人の結婚は多くの貴族から不興を買った。一五六七年六月一五日、メアリーとボズウェル側はモートン伯を先頭にした反メアリーとボズウェル派の「同盟貴族たち」とマッセルバラ近くのカーベリー・ヒルの戦いで対決したが、メアリーとボズウェル側は三〇〇〇人の軍勢と戦うのに十分な力はなく、六時間の戦闘ののち投降し、貴族側からの和解条件を受け入れた。ボズウェルは国外追放に処され、のちにデーン人に捕まり死を迎えたとされる。メアリーは貴族たちに捕らえられ、エディンバラに付き人もなく移されたが、エディンバラに着くと、群衆がヤジを飛ばし、あざけった。市長の邸宅に連行され、小さな部屋に監禁されたが、戸外では暴徒たちが、メアリーを殺せと叫んでいた。貴族たちはメアリーを「ブルー・ブランケット」(エディンバラの職人たちの横断幕)で守り、ホリールードへ運んだ。危険が非常に大きかったので、メアリーはその後エディンバラ北方三〇キロメートルに位置するロッホリーヴン湖の小島にあるロッホリーヴン城に幽閉される。一五六七年、女王は幽閉されたまま退位を迫られ、息子ジェイムズに王位を譲った。

イングランドでの長期の軟禁生活

ジェイムズ六世の摂政にはマリ伯が任ぜられた。彼は強硬なプロテスタントで、そのことが改革者たちの恐怖を和らげた。万事が順調に運びそうに見えたが、一五六八年、メアリーがウィリアム・ダグラスの手引きでロッホリーヴン城から脱出したため、状況が一変してしまう。城を抜け出したメアリーはアラン伯ハミルトンの居城に逃げ込んだ。グラスゴーでマリ伯がすぐに貴族側の軍を編制した。一方、彼女を支持するほかの多くの貴族たちは、メアリーのために戦うことを誓い軍勢を固めた。両軍はグラスゴー郊外のラングサイドで戦ったが、一時間も経たないうちにメアリー軍は敗北する。メアリーは彼女を支持した貴族たちの進言を退け、スコットランドとイングランドの境界にあるソルウェイ湾に向かい、そこからイングランドへ逃げ込み、またいとこのイングランド女王エリザベスに庇護を求め亡命した。

メアリーの罪状をめぐってエリザベス側とスコットランド側の協議が幾度か行われ、彼女の有罪が決まった。しかし、スコットランドでは依然メアリー支持派の力が強く、メアリーの再興を目指す派と、幼王ジェイムズを支持する派との内戦が発生した。一五七三年、メアリー派が籠城したエディンバラ城が陥落し、内戦は終結した。以後、メアリー支持派の勢いは衰えていく。

メアリーの帰国してからの治世は短かったが、彼女は一九年もの長いあいだ、エリザベス女王に軟禁された状態で生き続けた。エリザベスはメアリーを内乱の起こる可能性のあるスコットランドへ帰すよりも、武装した監視人に見張らせ、イングランドに軟禁しておくほうが無難だと考えた。だが、メアリーはまだエリザベスにとっては混乱をもたらす根源であり、脅威であった。メアリーはたびたび脱獄を企てたが、成功はしなかった。

スコットランドのジェイムズ六世

メアリーがロッホリーヴン城に幽閉されていたあいだに、ジェイムズ六世（一五六六〜一六二五）は一五六七年に生後一三か月で王位に就いた。即位式は新しく決められたプロテスタントの儀式に基づき行われた。プロテスタントと王権の融合を象徴するこの重要な即位式で説教したのは、ジョン・ノックスであった。即位後の幼王ジェイムズは、改革派とメアリー支持派の残党のあいだで内乱が続いていたことから、身の安全を守るための、スターリング城で養育された。宗教改革派の勢力が勝利したことで、ジェイムズの子ども時代はプロテスタント優位の雰囲気が濃厚であった。ジェイムズはプロテスタントの理想的支配者になるよう教育される。彼の個人指導教師は著名なスコットランドの人文主義学者ジョージ・ブキャナン（一五〇六〜八二）であった。彼はジェイムズにラテン語、ギリシア語、カルヴァン派の神学理論、キリスト教布教の歴史などを教えたが、彼のカトリックの母メアリーへの嫌悪も吹き込んだ。だが、ジェイムズはブキャナンの学問と学識を吸収したものの、その偏りが感じられる政治的な見解や宣伝は退けたといわれる。ジェイムズは際立って知的な人物に成長し、後年『自由なる君主制の真の法』（一五九八）、『王の贈り物』（一五九九）などの著作で彼の政治理論を発表した。これら二大著作の中で、彼はいわゆる「王権神授説」を展開している。ノースベリックで起きた魔女裁判事件を題材に『悪魔学』（一五九七）も執筆している。

ジェイムズの未成年期は、四人の摂政（マリ伯、レノックス伯、マー伯、それにモートン伯）が交代でスコットランドを統治した。一五七九年、ジェイムズが成人の統治者となったことを祝う式典がエディンバラ城で行われた。この時以降、王の主な居場所はスターリング城からエディンバラ城に移された。一五八二年、ガウリー伯ウィリアム・リヴェンの計略により、リヴェン城に監禁された（リヴェンの陰謀）。ガウリー伯は急進派のプロテスタント貴族で、ジェイムズに対するフランスやカトリックの影響、また母メアリーのイングランドからの帰還を妨げようとしたとみられる。翌年、一〇か月の監禁のあと、リヴェン城から脱出したジェイムズはガウリー伯を処刑し、直接統治することにした。

ジェイムズが親政に乗り出した初期に、彼はイングランドの王位継承に最大の関心をもつようになる。エリザベス一世の後継者としての認知を得ることをしきりに望んだ。エリザベスが「処女王」のままでいることを宣言したからである。スコットランドとイングランドの関係が一層友好的になり、一五八六年には両国のあいだで友好条約が結ばれるところまで進んだ。エリザベスはジェイムズを後継者として正式に認めることは拒んだが、彼に年間四〇〇〇ポンドの年金を支払い始めた。明確にではなかったが、女王はしばしば彼を勇気づけた。ところが、そうしたエリザベス女王の好意的な動きのあとすぐ、スコットランド女王メアリーが、エリザベスを暗殺し、メアリー自身がイングランド女王になろうとしたとされる陰謀が発覚する。ジェイムズは母親の命を守る義務と、イングランドとの同盟を維持したい願望の板挟みに直面した。

メアリーの最期とその後

ジェイムズは師ブキャナンから、母についての独断的な批判をたびたび聞かされ、それを撥ねのけた。だが、母を心底から愛することはできなかった。スコットランド王として権威ある対応、エリザベスのあとイングランド王位を継承したいという強い意識、そして母を救いたい願望が彼の内奥で渦巻いていた。彼は、イングランドとの外交断絶やイングランドへの軍事出動を拒否したけれども、母の裁判と処刑にも反対した。だが、解放のためにとくに手段を講じることはなく、彼女の死の直前、ジェイムズは「母には自分で醸造した酒を飲ませればよい」と語ったという。結局、メアリーは、一五八七年二月八日、ついに断頭台に送られ、四四年間の不運な生涯を終えた。エリザベス女王は、大いに悩んだすえ、処刑の実行を認めたといわれる。数年後、ジェイムズは母の思いを支持し、ウェストミンスター寺院に立派な墓を建て慰霊した。

少年期のジェイムズ６世

イングランド王位継承への強い関心にとらわれたジェイムズは、表向きはイングランドへの中立姿勢を保持したが、一五八八年の無敵艦隊（アルマダ）との海戦［カトリック国スペインのフェリペ二世の大艦隊がロンドン占領のため北上し、イングランド海軍と戦ったが、嵐で大損害を被り帰還］のときには、彼の気持ちは反イングランドに傾いた。彼が好意を感じるスコットランドの第六代ハントリー伯（カトリックでメアリー女王支持派）がフェリペに協力していたことを知っていたジェイムズは、スペインが勝利すれば、イングランド王位を継承できる機会があるかもしれないと考えたのである。だが、スペインは敗北し、イングランド・スコットランド友好条約は無傷のままで、彼のイングランド王位継承の道は残された。

一五八九年、ジェイムズ六世はデンマークの王女アンと代理人を介して結婚した。アンはプロテスタントで、ジェイムズがみずから選んで決めた相手であった。政権は安定した時期に入っており、王は六か月間スコットランドを留守にした。アンはブロンドの美しい人で高い教育を受けていなかったのに対し、王は高度な教育を受け、知的であったので、二人の性格には相違があったとされる。二人のあいだには七人の子どもが生まれたが、そのうち三人だけが幼児期以後まで生き残った。ヘンリーは一六一二年に早逝し、エリザベスはのちにボヘミア王妃、そしてハノーヴァー王朝開祖の妃となった。チャールズは、のちにチャールズ一世となる。

ジェイムズ六世は枢密院に大きく依存し、彼に忠実な家臣を次第に重用するようになった。ジェイムズがイングランド王を兼ねる前に成し遂げた主要な業績の一つは、イングランド・スコットランド軍を創設することでボーダー（国境）地方の問題を解決したことである。それによって、一六〇五年までに法律違反者たちを効果的に制圧できるようになった。

ジェイムズが教会を制す

ジェイムズ六世の統治した時代は、スコットランドの宗教と教会の急激な改革期にあたり、国家の頂点に立つジェイムズは教会の支配力と対峙し、根元的な政策決定を迫られた。

ジェイムズの主要な関心はキルク（教会）〔キルク kirk はチャーチを意味するスコットランドの言

葉。イングランドの国教会と区別してスコットランド長老派教会を表す」と国家との関係、法と秩序の浸透であったが、一方で、彼の心の奥には絶えずイングランド王位継承への執着があった。

ジョン・ノックスの影響を受けたアンドルー・メルヴィルの指導のもと、キルクは長老派教会の階層的な支配体制を構築していた。すなわち、最底部にキルク・セッション（長老会）があり、その上にプレスビテリ、シノッドがあり、最上部に全能のジェネラル・アッセンブリー（教会総会）が置かれている組織である。これらの階層には、議会と同じように、貴族と聖職者と庶民の代表が含まれた。メルヴィルは、ジュネーヴのカルヴァン主義本部の指令どおり、スコットランドのキルクは神政国であり、神から世俗国家を支配するよう権限を与えられていると主張した。

他方、ジェイムズ六世は、教義の解釈ではカルヴァン主義者であったが、決して長老派ではなかった。彼は、神聖な統治権は神によって国王に授けられており、それゆえ国王はキルクと国家の双方の長であるべきだと確信していた。その考えがいわゆる「王権神授説」である。ジェイムズは王権を行使する代理人である主教を通じてキルクを支配する決意をしていた。メルヴィルと彼の支援者は牧師の平等性を主張し、メルヴィルはジェイムズにこう話した。「スコットランドには二人の王がいる。一人の王はイエス・キリストであり、キルクという王国の王であられる。スコットランド王国の王は、神の王国の王ではなく、領主でも長でもなく、その一員である」。メルヴィルはその場でさらに「国王は単に神の愚かな使用人にすぎない」と宣言した。この過激な発言に、ジェイムズは有名な「ならば、主教も、神の王も不要だ」という言葉で応じた。結局、勝利したのはジェイムズのほうであった。教会の主教たちはジェイムズの使用人になり、スコットランド王国の地の果てまで秩序をもたらすことに助力したからである。

スポーツの「王国」

スポーツの発展の歴史をたどると、スコットランドが多くの面で顕著な貢献をしたことがわかる。ゴルフがスコットランドで現在の形に発達したことはあまりに有名であるが、カーリング、シンティ（ホッケーに似た競技）、ハイランドゲームズなどは、スコットランド固有のスポーツで、スコットランドにとりわけ深く根付いている。スコットランドは大陸諸国との交易の歴史が古く、その長い交流を通じて多様なスポーツを受け入れ、それらを洗練させた。

スコットランド王ジェイムズ四世（在位一四八八～一五一三）は多様なスポーツを愛した最初のスコットランド人であった。彼は鷹狩に熱中し、ゴルフにも打ち興じた。ジェイムズ王はまた、フットボールの試合を支援した。スコットランド人があまりにフットボールに熱中したため、一四二四年以降議会はフットボールを禁止する法案を数回通過させた。一四五七年には、フットボールとゴルフがともに、人気の加熱がもとで禁止された。しかし、ジェイムズ四世自身のスポーツ好きは止むことがなかったらしく、一四九七年、財務を司る大蔵卿は「スターリング城の国王のために、フットボール数個」を購入するため二シリング支払ったとの記録がある。リースでの競馬競技もジェイムズ四世の治世下で始まった。ジェイムズ王は乗馬をこよなく愛し、スターリングからアバディーンへ、さらにエルギンまで、一日に約三〇〇キロメートルの距離を乗馬したことがあった。ジェイムズ六世（在位一五六七～一六二五）は学者の性格をもっていたが、恐れを知らぬ騎手でもあり、狩猟に精を出した。彼の治世のときに、競馬が広まった。スコットランドは、スポーツに打ち込む国王の「王国」であったといえるかもしれない。

スコットランドでは、一般大衆のスポーツとしては、ゴルフをはじめ、フットボール、ハイランドゲームズ、競馬・乗馬、登山・ウォーキング、サイクリング、カヌーイング、ボーリング、カーリング、シンティ、それに狩猟、釣りなどが好まれた。ハイランドゲームズは、一一世紀のスコットランド国王マルカム三世にまつわる伝説があって、王が足の速いメッセンジャーを選ぼうとしてブレイマー山の頂上までのレースをしたが、それが起源であるとされている。一八世紀後半にハイランドに対する関心が高まり、一七八四年、エディンバラにハイランド協会が設立されるようになって、バグパイプの演奏、ハイランド・ダンス、ゲール語の詩の朗読が行われるようになった。一九世紀に入り、ハイランド文化を高める催しは発展し、インヴァネスのノーザン・ミーティングは、一八三七年に、ハンマー投げや砲丸投げ、三段跳び、高跳びなど、今日のハイランドゲームズにみられる競技を行っている。

スコットランド発祥の競技で最近国際的に人気が高まっているのが、氷上で行うカーリングである。冬の遊戯のなかから生まれた北国らしいスポーツで、四名のプレーヤーで構成される二チームが、把手の付いた円盤の石（ストーン）をハウスと呼ばれる円に向かって滑らせ、どちらが円の中心に円盤のストーンを多く近づけることができるかを競う。カーリングは少なくとも一六世紀前半から楽しまれていたが、一九世紀初頭までにはスコットランド各地にカーリング・クラブが結成され、広く普及した。一九九八年からは、オリンピックの正式種目となり、全世界的スポーツになっている。

カーリングをする人びと

第7章

国王不在の王国

1603/1707

同君連合――ジェイムズ六世・一世

一六〇三年、スコットランドのジェイムズ六世(在位一五六七～一六二五)は、エリザベス一世の死後イングランドのジェイムズ一世(在位一六〇三～二五)として即位した。一人の君主が二つの国の君主を兼ねるいわゆる「同君連合」の成立である。テューダー朝は終わり、イングランドにおけるステュアート朝の新たな時代が始まった。しかし、同一人が二つの国の君主ではあっても、それぞれの国には議会があり、イングランドとスコットランドは別の国であることに変わりはない。一七〇七年の両国の議会合同まで、両国が一体となったとはいえない。ジェイムズ六世はスコットランドを去ったとき、三年ごとにスコットランドへ帰ることを約束したが、財政と体制の圧迫で果たすことはできなかった。エディンバラをあとにしてからは、二〇年間スコットランドに帰らず、ロンドンで統治した。

イングランドのジェイムズ一世としての権威を確立したあと、ジェイムズはスコットランドのジェイムズ六世として次のように表明した。「ここ[ロンドン]に居ながらにして、私はペンでスコットランドを統治する。私が命令を書く、それで裁決となる。今やスコットランド枢密院の書記を通じて、私はスコットランドを統治している。剣を用いて統治するほかの王にはできないことである」。この誇り高い言い分は、彼の先祖たちの成果を過小評価するかのごとくに響くが、人文主義政治家である彼にふさわしい統治の方法を的確に表明したものである。

ジェイムズはロンドンとエディンバフをつなぐ郵便組織によって彼の命令をスコットランド枢密院と議会の委員会に伝えた。彼は枢密院を通じてスコットランドを統治したが、議会に枢密院のメンバーを選ばせず、みずから選び続けた。スコットランドを去った後、一六一七年に一度だけ故国に戻ったとき、エディンバラで議会の集まりを開いた。同君連合はスコットランドの自立を妨げる大きな亀裂となった。国王の宮廷はエディンバラからロンドンに移され、多くの貴族は王と一緒にスコットランドを去った。同じように、それぞれの部門の商人たちは南のイングランドへ流れた。王宮があることで誇りを保っていた人々は、国王が去ったあとのエディンバラで大きな不安に陥った。一六〇四年までに、エディンバラの商人たちのあいだでおびただしい数の倒産が起こった。法と秩序が崩壊しはじめ、エディンバラでは腐敗堕落の風潮が高じた。

その一方で、同君連合は両国の対立抗争を終焉させたことにより、両国の間での考えや意見の交換が行われるようになった。スコットランドは、独自の法制度、議会運営、教会管理を維持した。

ジェイムズの統治

ジェイムズ六世・一世は、スコットランドとイングランドを統合させようとする野心が強く、さまざまな政策にその思いが込められた。一六〇六年、スコットランドの従順な議会は、国王の権限がすべての機関・組織に及ぶことを認める法案を可決し、ジェイムズの政策実行を容易にした。ジェイム

イングランド王ジェイムズ１世（スコットランド王としてジェイムズ６世）

ズはスコットランドを去る前から、スコットランドとイングランドのボーダー（国境）地方の紛争を解決するためにも、同君連合を実現する心づもりであった。同君連合が実現したことで、ボーダー地方は当然の成り行きとして平穏を取り戻し、秩序が維持されるようになった。ジェイムズは重要な懸案事項の一つを処理したのである。同君連合後の名称についても、ジェイムズはあれこれ思案した。彼は「グレート・ブリテン」の名称を用いることによって、連合王国のアイデンティティを確立したいと望んだが、イングランドでは歓迎されなかった。一六〇七年にスコットランド議会は合同法を可決したが、イングランド議会は同法の通過を見送った。両国の議会合同は一〇〇年後の一七〇七年に実現する。

同君連合の成立を機に、ジェイムズは新しい国旗（ユニオンフラッグ）の制定を考え、数種のデザインを検討した。スコットランドとの対等性に配慮し、スコットランド国旗の聖アンドルー旗（青字に白の斜め十字架）をもとにした、現在のイギリス国旗（ユニオンジャック）に近いものが決まった。ただし、この国旗は単独で掲揚されることはなく、それぞれの国旗と並べて掲揚されることが決まりであった。一六二五年にジェイムズが世を去ると、この国旗は使用されることが少なくなる。一六三四年以降は、国家的行事や職務に使用され、イングランドあるいはスコットランドの艦船が事実上の国旗として掲げた。

ジェイムズ王はスコットランドをイングランドに同化させることに努め、英語を用いての学校教育や聖書の英訳事業を推進した。英語の使用が広範囲に及び、英語文化が普及する一方で、ハイランドを中心としたゲール語（ケルト語）文化圏では、ケルト語話者の減少やゲール文化の弱体化が目立つようになった。ジェイムズ王の命令で英語に翻訳された聖書は『欽定訳聖書』としてあまねく知られる。清教徒（ピューリタン）グループがイングランドの教会改革を要請し、ジェイムズが聖書の標準訳に同意した。五四名の学者・聖職者が翻訳に参画し、七年の歳月をかけて一六一一年五月二日に完成した。格調高い文体、荘厳な韻律、簡潔で美しい語句は完成度が高く、近代英語の散文に大きな影響を与えた。英語文化の拡大への寄与も計り知れないものがある。

宗教政策――主教制の再導入

宗教政策面では、ジェイムズ王はイングランドの主教制を再導入し、スコットランドの長老派体制を抑え込もうとした。スコットランドの長老制教会は、司教や主教のような特定の個人の権力によらず、共同の合議のもとに意思決定をする理念に基づいて運営されていた。長老制教会の組織は階層的で、最下位の組織はキルク・セッション（長老会）であった。キルク・セッションは牧師と、平信徒の代表、長老とからなる教区教会の執行機関で、合議により、民主的に運営された。教区民の宗教生活やモラルを監視し、結婚や子どもの教育、貧困救済などにも責任を負った。教区民に密着した組織であったので、人々にとっては最も関係の深い組織であった。キルク・セッションで決定や対応が難しい案件は、その上に位置する組織であるシノッド、さらに上のプレスビテリ、そして最上位の教会総会へ上げられ、裁定された。一五六〇年以降、キルク・セッションの数が着実に増え、一六〇〇年までにはほとんどのローランド地区に存在した。

長老制教会に対し、一五六〇年以前のカトリック時代は司教を置いていたが、プロテスタント時代になって、司教に代わり主教を置いたのが主教制教会である。一六〇三年の時点でイングランドの教会は、国王が教会の統治者であり、主教が教会の主軸となって仕切る国教会（主教制）であった。主教制教会では、国王の命令が大主教や主教を通じて通達され、実行された。イングランドの国教会は、国家が教会を管理する典型例となっていた。

ジェイムズ六世・一世は、「主教なくして国王なし」と称して、イングランド国教会主義を強調し、スコットランドのイングランド化を図った。スコットランドでは一五七二年にリース条約の成立により、最初の主教制教会が誕生したが、長老制教会の力に圧されて機能することなく、一五九二年には消滅していた。しかし、ジェイムズはイングランドと同じような教会の国家管理をもくろみ、主教制の再導入を進める。一六一〇年に議会へ教会代表の形で主教を送り込んだのを手始めに、グラスゴー主教、ブリーヒン主教、ギャロウェイ主教は、イングランドの主教から選別して任命した。主教たちはスコットランド枢密院の会合にも出席した。

敵対者メルヴィルを投獄

ジェイムズは、一六〇六年に彼にとっての主要な敵対者であったアンドルー・メルヴィル（一五四五～一六二二）をロンドンに呼び出し、五年間ロンドン塔に投獄した。メルヴィルはスコットランド宗教改革第二代の神学者で、長老派教会の有力な指導者であった。アンガスに生まれ、セント・アンドルーズ大学を卒業後、大陸でカルヴァン主義者としてのキャリアを形成し、一五七四年に帰国した。グラスゴー大学の学長に就任し、一五七六年から七八年まで「規律第二の書」の起草で重要な役割を果たした。一五八〇年からセント・アンドルーズ大学のセント・メアリーズ学寮の学長に転じ、その一方、長老派教会のスポークスマンとしても活躍した。教会の王権からの独立、教会総会による教会統治、教会による教会訓練などを主張したため、一五九〇年以降はジェイムズと激しく対立した。メルヴィルはジェイムズに対し、スコットランドには「二つの王国」(国王の王国と神の王国)があって、国王は神の王国を支配することはできない、と主張した。

一五九六年、メルヴィルはジェイムズ六世に忠告するために組織された代表団の団長を務め、王との激しい衝突が続くが、彼はついにジェイムズによってロンドンに召喚され、一六〇六年から一一年までロンドン塔に投獄された。釈放されたあと、メルヴィルはスコットランドへ帰国することは禁じられたが、セダンのアカデミーで聖書神学の教授職に就くことは許された。このようにして、ジェイムズは彼を殉教者にすることを回避し、スコットランド教会とイングランド教会とのあいだに大きな調和をもたらすことを注意深く進めた。メルヴィルとその同僚に対し策略で勝利したあと、ジェイムズは教会総会に対する支配力を手にした。

ハイランドをローランドへ同化

スコットランドとイングランドの同君連合が成立したが、スコットランド国内のハイランド地方とローランド地方の分断は、ジェイムズ六世・一世にとって、解決すべき大きな課題であった。ジェイムズはイングランドへ移住後も、この難題を抱え、解決の方策を探った。

一五世紀と一六世紀を通じて、スコットランドの二分された対立状況は深刻さを増していた。ローランドは社会的、経済的にめざましく発展し、大きく変化したが、一方のハイランドは、その変化を共有することがなかった。

たとえば、大学の設置状況をみても、全大学がローランドに集中していた。最古のセント・アンドルーズ大学(一四一三)に続き、グラスゴー大学(一四五一)、アバディーン大学(一四九五)〔キングス・カレッジ。のちにマーシャル・カレッジ(一五九三)と統合する〕、エディンバラ大学(一五八三)

の順で創立されたが、ハイランドにはこの時期までに大学は開設されなかった。

教会の施設でみれば、中世の比較的大規模な教会施設はローランドに集中した一方、宗教改革後のハイランドは長い間、ローマ教会と同じ程度に、スコットランド教会によっても無視された。王室の居城や宮殿、すなわち、エディンバラ城、ホリルードハウス、スターリング城、そしてリンリスゴー、フォークランド、ダンファームリンの宮殿などはローランドにあった。規模の大きい都市をみても、エディンバラ、グラスゴー、セント・アンドルーズ、パース、ダンディーおよびアバディーンといった主要な自治都市は（インヴァネスを除き）すべてハイランド線《ライン》の南にあった。

一方、ハイランドでは、ローランドとは対照的に、社会的発展において後れをとった。クラン（氏族）のあいだでの殺し合いや政治干渉などの結果として、支配力のバランスが絶えず変化した。たとえば、島の領主権の抑制は、クラン・キャンベルの勃興への道を開いた。キャンベル一族は当初は王権の代理を務めたが、のちに島の領主権以上に強大な権力をもち、王権のライバルとなった。こうしたハイランドにおける権力の膨張を統御するため、ジェイムズは先王たちが用いた唯一の手法、すなわちあるクランを抑えるには別のクランを利用する方策に頼った。王権の代理として選ばれたクランに正当な権限を与え、争乱を起こす隣接のクランを根絶する方法である。

一六〇三年、ジェイムズのイングランド王即位の直前、パースシャー南部に領地をもつマグレガー一族と、ダンバートンシャーに住んでいたコフーン一族のあいだで戦闘が起こった。総勢四〇〇人のマグレガー一族が勝ち、敵陣の二〇〇人以上を虐殺した一方で、みずからの軍勢は二人を失っただけだった。マグレガーは六〇〇頭の牛、八〇〇頭の羊、二〇〇頭の馬、そのほか多くの戦利品を運び去った。「レノックスの虐殺」と呼ばれたこの戦いの結果を聞いたジェイムズはその無法さに激怒し、マグレガー一族からすべての土地を没収する法案を議会で成立させ、さらに将来にわたってその一族の姓を名乗ることを禁止した。一六〇四年、族長マグレガーと一二人の分家長がエディンバラで絞首刑に処せられた。以後マグレガー一族は分散し、マリやグラントといった多くの別の姓を名乗るようになった。しかし、この件ではジェイムズは厳罰を科したが、一般的には穏便な方法で氏族を懲罰したといわれる。

島嶼部への禁圧

ハイランド以上に問題が多かったのは西方諸島であった。ジェイムズは西方諸島へ秩序をもたらすための対策として、アンドルー・ノックス主教を利用した。一六〇八年、ジェイムズは西方諸島の族長たちをマル島から船に乗って王を訪ねてくるよう招き、彼らが何の疑いももたず王のもとへ着いた途端、全員が一斉に捕らえられ、投獄された。翌年、族長の集団はアンドルー・ノックスを通じて「アイオナの法令」と呼ばれる文書に誓いの署名をするよう求められた。法令には、西方諸島の統治状況を改善するための九つの条項が規定されていた。その条項の一つには、族長たちはすべての息子をローランドに送って教育を受けさせるという規定が含まれていた。また別の条項では、すべての島民の武器携帯を禁止することを規定していた。また、詩人たちによるゲール社会の伝統的儀式を廃止することを求める規定もあった。さらに、一六一〇年には追加の命令が出され、それには、すべての上層の族長は年に一度枢密院に出頭し、氏族構成員に一人も違法者がいないことを報告することが義務付けられていた。こうした厳しい順法の命令によって、西方諸島はそれまでにみられなかった平和で秩序ある社会に変貌した。

島民たちに影響が大きかったのは、ゲール文化の保持者である詩人たちによる儀式の禁止だったかもしれない。ヨーロッパの学問の伝統のなかで教育を受けたジェイムズ六世は、スコットランドを統合させるという理想を実現するには、ゲール文化を根絶させる必要があると考えた。彼には、真の国家的統合のためには、ゲール文化の抑圧や根絶よりも、ゲール文化を理解することのほうが、より建設的であると理解することは無理だったのであろう。ハイランドや島嶼部に伝えられるゲール文化がスコットランドの根源的価値であり、その価値を共有することによって団結力ないしは連帯力が高まることは、思考の範囲外であったかもしれない。

北部諸島での王権の主要な仲介者は、ジェイムズ・ロウ主教であった。彼はジェイムズの庶子のいとこ、オークニー伯パトリック・ステュアートの暴虐な支配に幕を下ろさせることに功績があった。この悪名高きオークニー伯は一六一五年、エディンバラで処刑された。ジェイムズは、政策の確実な実行を目指して、スコットランドの主教の数と権力を増大させた。一六一〇年には、ジェイムズの選定した一一人の主教と二人の大主教が任に就いており、ジェイムズ路線の教会支配を続けた。

ハイランドや島嶼部と同じように、法秩序が乱れていたボーダー地方でも、法に違反した者の探索と処罰が行われた。ジェイムズがロンドンに旅行したその週に、アームストロングの氏族集団がカンバーランドを襲撃し、手にふれるあらゆるものを奪い去ったことがあった。ジェイムズは、軍を派遣してアームストロング一族の多くを殺戮し、二度と同じようなことができないように懲罰を加えた。

スコットランドへ帰郷

ジェイムズ六世・一世は、一六一七年に一度だけスコットランドへ里帰りした。彼はその機会を利用して「パースの五カ条」を導入し、スコットランド教会のイングランド化を促進しようとした。「パースの五カ条」はイングランドの国教会的な儀式を定めたもので、

◉聖餐式は跪《ひざまず》いて受けられるべきであること。
◉死の床にある者への聖餐（サクラメント）を正しく行うこと。
◉私的洗礼や聖餐は重い病気の場合には認められるべきであること。
◉スコットランド教会はキリスト教暦の祝祭を祝うべきであること。
◉堅信礼は、牧師ではなく、主教によって執り行われるべきであること。

を要求する内容であった。儀式を確信するものとして一見穏当と思われるこれらの命令は、スコットランドの教会からすれば、聖餐や祝祭に対する「カトリック的」気取りが強いもので、長老派の聖職者や一般信徒の多くはこれに激しく抵抗した。ジェイムズ王は一六一八年、パースで開かれた長老派の総会でこの「五カ条」を採択することを命じた。スコットランドの主教たちでさえ、こうした儀式の変更を強制するのは間違いであるとジェイムズに警告したが、総会に先立ち、彼は総会の出席メンバーに賄賂を贈ったり、脅迫したりして工作したため、「五カ条」は原則的に採択が決定した。しかし、「五カ条」はやがてスコットランドに多大な混乱をもたらすことになり、彼の息子（チャールズ一世）の治世に、大規模な反乱の主因の一つになる。

ジェイムズ六世・一世は一六二五年三月二七日に死去した。五九歳の誕生日の数か月前であった。彼の長い治世を通じて、スコットランドでは法と秩序の体制が固まり、比較的安定した時期が続いた。とはいえ、宗教と政治のもたらす不和と対立が根本から解決されたわけではなく、むしろ一層過激な形をとって、一七世紀が経過するにつれ炎上する。

ジェイムズの後継者――チャールズ一世

ジェイムズ六世・一世の死後、ジェイムズの次男チャールズが後継者となり（長男ヘンリー王子は若いときに死亡）、チャールズ一世（在位一六二五～四九）として即位した。しかし、チャールズがスコットランドに足を運んだのは、即位して八年後の戴冠式（一六三三）の時が初めてである。チャールズ一世は一六〇〇年にダンファームリン宮殿で誕生した。チャールズのイングランドの臣民は、王がスコットランド生まれであることを忘れてはいなかった。そのことはジェイムズ一世の場合と同じく、チャールズ王をイングランド人には外国人と受け止めさせた。だが、スコットランド人にとっても、彼はジェイムズと同様に外国人だった。同君連合の直後から、彼はイングランドに居住していたうえ、彼のスコットランドについての知識は、イングランド化したスコットランド人からのみ仕入れたものであった。チャールズはローランドについても、ハイランドについても、まったく知識がなかった。

チャールズほど父親と似ていない息子は珍しいといわれた。ジェイムズは話好きで、身分の上下にかかわらず分け隔てなく親しくなったが、チャールズは重々しく威厳があり、口数が少なかった。ジェイムズは容貌に妙なところがあったのに対し、チャールズは端整で王の風格があった。だが、ジェイムズは息子よりは賢明で、そのうえ、スコットランドの臣民の性格をしっかりと把握していた。一方のチャールズは、ジェイムズよりはるかに柔軟性に欠ける支配者で、できることにも限度があることをわきまえていなかったとされる。

チャールズ一世は王としての任務を、スコットランド教会をイングランド化させるという父王の政策を完遂させることとみなしていた。父親のジェイムズと同じく、彼は王権神授説を奉じ、国王は神から任命されているので国民はあらゆることで国王に従う義務があると考えた。国王は国家の長であるだけでなく、教会の長でもあると信じた。国民がどのように神を敬い、何を信仰するかは、チャールズにとっては国王の命ずべきことであった。こうした考えを実行しようとしたため、イングランドでもスコットランドでも、彼に対する反抗が起こったといってよい。

チャールズは、父親ジェイムズとまったく同様に、枢密院を通して統治した。二四年の治世のあいだ、チャールズに苦難をもたらした政策の一つは、旧カトリック教会から没収し貴族たちに分与した広大な土地を取り戻すということであった。彼は適正な価格で土地を買い戻そうとしたが、貴族たちは土地を頑なまでに手放そうとせず、また王のほうも十分な資金を用意できず、計画は行き詰まった。これが貴族たちのあいだに疑念を引き起こし、彼らの大半がやがて王に対して反旗をひるがえす原因となったのは、当然のことかもしれない。

チャールズの治世になって国民が最も気をもんだのは、議会が開催されたときの国王と議会との関係であった。結果的に、チャールズの議会は、ジェイムズの議会が宗教について承認した法律をすべて承認した。主教たちは職務を行う際は白い制服を着用し、下級の聖職者は袖広の白衣を羽織った。チャールズはスコットランドの教会をできるだけイングランドの教会と同等にしようとした。戴冠式のあとイングランドに戻ったチャールズは、エディンバラをスコットランドの首都として正式に承認し、エディンバラの主教にセント・ジャイルズ教会を大聖堂として所管するよう命じた。

チャールズ1世

しかしながら、エディンバラの長老派の教区民は、チャールズが父親以上に主教派寄りであるとわかって落胆した。何よりも彼ら教区民が嫌悪したのは、イングランド由来の宗教儀式があまりにもローマ・カトリック的であったことだった。貴族たちは、教会が自分たちから土地を取り戻そうと脅迫していることに怒りをあらわにした。それに、主教たちの権力が増大してきたことを不愉快に感じた。教会をめぐる事態は、次第に不穏な気配を強めていく。

祈禱書の拒否騒ぎ

チャールズ一世は一一年ものあいだ議会を開かずに乗り切ったが、国教会(主教制または監督制)の教会組織と礼拝様式をスコットランドに押し付けようとしたため、そこから破綻が始まった。チャールズはジェイムズ六世・一世の政策を引き継ぎ、イングランドとスコットランドの統合を進めようとした。イングランドの国教会とは異なる長老制教会を維持していたスコットランドに、イングランド同様の主教制の導入を図り、その儀式と祈禱書を強制しようとしたチャールズの政策は、当然ながらスコットランド人のあいだに強烈な反発を引き起こした。このため一七世紀前半には、国王に対するスコットランド人の反感と変革への意欲が強まり、専制的な議会運営への不満やスコットランドの立場が軽視される傾向への怒りもからんで、この時期の国家と教会は複雑な抗争の歩みを続けた。

一六三七年、チャールズ一世の専制政治と結びついたカトリックに近い大主教ロードが作った国教会方式の祈禱書(礼拝式文)を、長老派の総会にも諮らず、スコットランドに強制的に導入しようとしたことから、教区民のほとんどはイングランド式の礼拝に激しく憤り、エディンバラのセント・ジャイルズ大聖堂をはじめ、各地で暴動が発生し、とどまるところを知らなかった。

セント・ジャイルズ大聖堂では、新しい祈禱書が牧師たちに受け入れられたあとの最初の日曜日(七月二三日)に、司祭長が祈禱書の一文を読みはじめた途端、ジェニー・ゲディスという名の信徒の老婦人が座席から「裏切り者! わたしの耳にミサを聞かせるのか。私の耳は聞きたくない」と叫び、司祭長めがけて膝付き用クッションをほうり投げた。たちまち大騒ぎになり、エディンバラの主教が説教壇に登って騒ぎを鎮めようとしたとき、あらゆる種類の飛び道具が彼に向かって投げつけられた。祈禱書への嫌悪感が猛然と高まるなかで、礼拝式は突然中止され、セント・ジャイルズ大聖堂の外側では群衆によるデモが続けられた。大主教が会衆をなだめようとしたところ、石つぶてを一斉に投げつけられ、彼は邸宅まで追い込まれた。

この事件が引き金になって、祈禱書を拒否して主教制を廃止しようとする反乱は、スコットランド全土に広がり、貴族層を巻き込んでの異議申し立てへと進んだ。一六三八年二月、モントローズ伯ジェイムズ・グレアムらが国民契約(国民盟約)を結成して対抗した。同年、グラスゴーで教会総会が開かれ、主教制が廃止され、長老制が採択された。

国民契約を結成

国教会祈禱書(ロード祈禱書)に反対して成立した国民契約はスコットランド的抵抗運動である。スコットランドには元来何かを主張するときに、結束して契約を作る習慣があった。国教会の主教制に対して、長老制の維持を主張して結成された国民契約は、結束して主張するスコットランド的習慣の典型例である。国民契約が組織されたことで、王権の介入に対決する姿勢は、これまでにない盛り上

エドワード6世のとき、イギリス国教会の礼拝式の様式を定めた『一般祈禱書』の使用をスコットランドに命じたため、激しい騒動が起こった

がりを見せた。チャールズはイングランドでも、スコットランドでも、激しい反対運動に直面した。この国民契約が、イングランドとの主教戦争、やがてはピューリタン革命を引き起こす火種の一つとなった。

作成された国民契約の文書は、前文に続きローマ・カトリック教会の教義・儀式を否定し、その誤りを非難している。そして、スコットランド教会が信仰と教会改革に努めてきたことを述べ、ジェイムズ六世の治世に定められた諸法を引き合いに出しながら、それらの保持が国王の任務であると説いている。最後に、国民契約の署名者は、教会の自由を世俗権力の統制から守るため、教会総会が教会の支配権を取り戻すまで、国王に主導された諸々の政策を退けることを神に誓っている。

一六三八年二月二八日、エディンバラのグレイフライアーズ教会で国民契約の最初の署名がなされ、三月二日までに貴族や聖職者、自治都市代表、教区民らが次々に署名した。契約の写しは直ちに全国の各教区、自治都市、大学などに配布され、署名活動が拡大していく。数千人が署名に参加し、なかには自分の血で署名する人もいた。この抵抗運動の支持者たちが契約派と称されることになる。カトリックの氏族を除き、スコットランドはほぼ契約派で固められた国になった。チャールズは国民の大部分が彼に反感を抱いていることを認めざるを得なかった。

二度の主教戦争

契約派は、国民の非常に多くが彼らに味方していることがわかり、国王に対して一層大胆になった。彼らは出席や投票が国王によって監視されない議会と教会総会の開催を要求した。一六三八年の一一月に、国王代理のハミルトン侯ジェイムズ・ハミルトンの召集により、教会総会がグラスゴーで開かれた。議長は国民契約の起草にも携わった牧師アレグザンダー・ヘンダーソンが務めた。ところが、主教区廃止が決まるとみたハミルトン侯は、一一月二五日、総会の閉会を正式に宣告してしまう。しかし、総会は彼の決定を無効とし、三週間空白期間が生じた。総会に出席した枢密院の評議員は、アーガイル伯アーチボルド・キャンベルだけであった。討論の末、総会は主教全員を解職し、そのうち八人を破門に処した。また「国教会祈禱書」の使用を禁止し、「パースの五カ条」を廃棄することを決めた。さらに監督派の信仰を消滅させ、長老制教会を恒久的に維持するための対策委員会を設置した。一方のチャールズは、主教のいない会議は認められないと主張し、契約派と対立した。

一六三九年に、教会は、三十年戦争で成功を収めた有能な軍人アレグザンダー・レズリーとアーガイル伯を指揮官に指名して兵を募り、反乱を起こした。ただ契約派は宗教政策には反対したが、国王に忠誠を誓う姿勢はとっていた。一方、チャールズ一世は、反乱軍を鎮圧するため、ハントリー侯とハミルトン侯に連合して国王軍を編制するよう命じ、両侯爵は二万の兵を集めた。両軍はベリックで対戦したが、双方はみずからの不利な状況を認識したことから、実戦を交えず和平が成立し、六月一八日にベリック条約が締結された。この戦いは第一次主教戦争と呼ばれる。

和睦が結ばれたものの、チャールズ一世は主教制については譲る気がなく、契約派もチャールズへの不信は消えず、抵抗を続けた。実力行使の考えを変えないチャールズはこの和睦期間を時間稼ぎに用い、軍事費の調達に努めた。一六四〇年六月、チャールズが引き延ばそうとした議会が開会され、主教制の廃止と契約派の優位が確定した。財政難に苦しむチャールズは東インド会社の協力やアイルランド議会からの支援で、ようやく軍を出すことができた。国王軍の兵数は第一次主教戦争より少なく、三〇〇〇余りであった。契約派軍は国王軍の状況をすばやく察して動きだし、国境を越えてイングランド北部へ入り、八月二八日、ニューバーンの戦いで両軍は対戦した。結局、契約派軍の勝利に終わり、チャールズが和睦を申し出て、リポン条約が締結された。これが第二次主教戦争である。

二度の主教戦争で敗北したため、チャールズは一六四〇年一一月、イングランド議会（王政復古まで継続するので「長期議会」の名で知られる）の開催を余儀なくされた。議会が開催されると、議員たちは大主教ロードと寵臣ストラフォード体制を厳しく批判し、議会そのものが国王に対する反乱の拠点であるような状況を呈し始めた。四一年にはストラフォードを弾劾、処刑するなど、矢継ぎ早に改革的な法律を成立させていく。政治的な弾圧に利用されていた高等宗務裁判所や星室庁裁判所が廃止され、議会の同意を得ない課税も止められた。やがて議会内部が王党派と議会派に分裂し、チャールズと議会の対立も決定的になる。このためチャールズはロンドンを離れ、オックスフォードに別の議会を設けるとともに、そこに軍を結集し、一六四二年八月、イングランド内戦（ピューリタン革命）が始まった。

一方、スコットランドでは、宗教政策では勝利したものの、その後の方針をめぐってモントローズ伯とアーガイル伯が対立し、それにレズリー（リーヴン伯に叙任）がからんで複雑な抗争が生じた。

イングランド内戦

イングランド内戦は国王軍と議会軍のあいだでの長期戦となって推移した。国王軍は百戦錬磨の正規軍で能力においてすぐれていたが、議会軍は各地の民兵の義勇軍にすぎなかったことから、当初は国王軍の勝利が続き、議会軍は各地で劣勢に立たされた。イングランドの議会派は、なんとしても内戦に勝つため、スコットランドに軍事的支援を要請することに傾いた。こうした動きのなかで同盟派と手を組み、一六四三年九月二五日に締結されたのが「厳粛な同盟と契約」である。この契約には「イングランド、スコットランド、アイルランドの三王国は、教理、礼拝、規律、政治の点で、スコットランド教会の改革された宗教を保持すること」の文言が盛り込まれていた。言い換えれば、内戦でイングランド議会派が勝利した場合、イングランドはスコットランドの長老制を導入することに同意したことになる。この契約の見返りに、スコットランドは一か月当たり三万ポンドの維持費の支払いを受けることに同意し、軍隊を歩兵一万八〇〇〇、騎兵二〇〇〇、竜騎兵（兜《かぶと》に竜の飾りを付け、鎧《よろい》に身を固め、銃を持っていた騎兵）一〇〇〇、砲兵隊一列に増強することにした。スコットランドはイングランドにおける長老制教会樹立の約束を取り付けたうえで、翌年初めイングランド議会軍に援軍を送った。

イングランド議会は厳粛な同盟と契約を尊重し、信仰の統一を確立するため、ウェストミンスター神学者会議を召集した。その会議はイングランドの主導する会議であったが、アイルランドとスコットランドも視野に入れたもので、スコットランドから代表として派遣された八名の特命委員も参加した。この会議から「信仰告白」、「大教理問答」、「小教理問答」、「長老主義政治基準」、「礼拝指針」が生み出され、それらはスコットランド議会と総会によって採択・承認された。それによって、スコットランドで世俗的為政者とは別に、教会の信仰上の独立による政治が認められたことは重要である。

国王軍と議会軍の戦いは、一六四二年から一六五一年までの九年間続いた。時期ごとに三度の内戦に分けられる。第一次内戦は一六四二年から四六年までで、チャールズ一世と議会軍との軍事衝突である。議会軍の司令官はオリヴァー・クロムウェル（一五九九～一六五八）で、議会の指揮で集められた強力なニューモデル軍（新模範軍）［議会統制下で一元的に再編制された新しい軍］を指揮していた。一六四四年七月、クロムウェルはマーストン・ムアの戦いで勝利し、国王との妥協を図ろうとする長老派貴族などの影響力を軍隊から排除して軍を改革し、一六四五年のネイズビーの戦いで議会軍を勝利へ導いた。一方、一六四四年初めに、契約派軍はイングランドへ侵攻し、マーストン・ムアの戦いでクロムウェル指揮の議会軍が国王軍を敗北させるのに重要な役割を果たした。しかし、モントローズ侯（伯爵から侯爵に格式が上がった）が国王軍を支援したことから、スコットランドでは国王軍が盛り返した。結局、第一次内戦は、議会派の勝利に終わった。第二次内戦は一六四八年から四九年にかけて戦われ、一六四九年のチャールズ一世の処刑とイングランド共和国樹立へと展開した。第三次内戦は一六五一年のウスターの戦いで、チャールズ皇太子（のちのチャールズ二世）が敗れ、大陸へ亡命して終結した。

モントローズ炎上

契約派はいくつかのチャールズ一世への要求を達成したものの、満足してはいなかった。チャールズが権力を回復し、監督制（主教制）を再び押し付けてくる可能性をめぐって、契約派は二つの貴族集団に分裂した。モントローズ侯派とアーガイル侯派である（モントローズもアーガイルもチャールズから侯爵に任ぜられていた）。当初、モントローズは契約派の最も熱烈な指導者であったが、契約派があまりにも国王の権力を奪ったことを理由に、彼は契約派から離脱した。モントローズは大胆で行動力ある人物で、平時より戦時に実力を発揮した。アーガイルも熱烈な契約派の有力者であったが、彼は契約派にとどまった。アーガイルは賢明で慎重な貴族として信頼され、契約派のなかで最高の指導的地位に就いていた。一六四二年、イングランド内戦が勃発したときは、モントローズは国王軍を支持し、アーガイルは議会軍の力になった。

契約派軍は議会軍と共同戦線を張って戦った。モントローズは国王軍を支援し、王は戦闘隊形を固めるため、彼をイングランド軍のハイランド方面を管区とする部隊の司令官に任じた。この軍は、アイルランドのアルスターとスコットランド諸島出身の兵で編制された、小規模で精鋭ぞろいの遊軍であったが、モントローズは一六四四年から一六四五年にかけ、北西部とハイランドでの戦闘を指揮した。

兵を集めるため、彼はハイランドのクラン（氏族）社会に伝わる独特の慣習を利用した。それは「火の十字架」と呼ばれる挙兵の方法である。この十字架は二本の棒で作られるが、それぞれの先端は火で焼かれ、山羊の血が塗られる。そのあと、十字架はクランの一員に手渡され、彼はそれを持って全速力で谷間を駆け抜け、丘陵を越えて走り続ける。十字架はだれの目にも見えるよう手を高く掲げて運ばれる。最初の走者が一定の区間を走り終えると、十字架は別の走者へ手渡され、次々とリレーされる。最後にはクランの全員に、チーフ（族長）が戦争開始を決意したことが伝わる仕組みである。この方法による戦争への召集に従わない者は、もはやクラン社会の一員とはみなされなかったので、その罰則をひたすら恐れ、だれもが召集に応じた。イングランドの国王軍を勝利させるため、モントローズはこの強制的な「火の十字架」による召集方法を巧みに用い、みずからの軍団を編制した。ただし、モントローズの旗のもとに集結した多くのハイランド人は、国王を支持したからではなく、ハイランド人を苦しめたカヴェナンターの指導者、アーガイル侯を嫌ったからだといわれる。

モントローズ軍と契約派軍の両軍はパース近くのティパーミュアで対戦したが、契約派軍の兵数がモントローズ軍よりはるかに多かったにもかかわらず、彼らの大半は戦争経験がなかった一方、モントローズ軍は戦闘慣れした好戦的な兵が多く、敵への突撃も猛烈であった。契約派軍はすぐに総崩れとなり、四散してしまう。やすやす勝利したモントローズは、パースに入り、アバディーンを占領し、徹底的に略奪した。殺戮の仕方は残酷であったといわれる。一六四五年八月、モントローズはエディンバラ（城を除き）全域を占領した。

彼の最後の勝利は、一六四五年八月一五日のキルサイス（スターリングシャー）での戦いであった。契約派軍は経験豊かなベイリー将軍が指揮したが、族長たちは将軍の思いどおりに動かず、大敗した。モントローズのキルサイスでの勝利後、スコットランドは彼の軍に立ち向かう勢力はなく、グラスゴーも戦いを交えずに降伏する。そのグラスゴーで、モントローズは、国王の名のもとに、同年一〇月二〇日に議会開催の召集をかけたほどの勢いであった。だが、この時期を頂点に、彼の運命は下降する。

契約派はイングランドから彼らの最高の将軍デイヴィッド・レズリーを呼び戻した。両軍は、同年九月一三日、セルカーク近くのフィリップハウで対戦し、レズリー軍が勝利した。モントローズは数人の友人と逃走し、最初はハイランドへ、その後一六四六年にフランスへ到着した。この結果、契約派の支配力は回復する。イングランド内戦にからむスコットランド内戦はこうして終わった。

チャールズ一世の降伏と処刑

イングランド議会軍との約束により、スコットランド軍は軍事援助でイングランドへ国境を越えて進軍し、一六四四年七月にマーストン・ムアで議会軍が国王軍を敗北させるのに決定的な役割を果たした。このあと一六四七年、議会軍に幽閉されていた国王チャールズと、ハミルトン侯を筆頭とするスコットランドの一部の親王派貴族とのあいだで密かに会見が行われ、チャールズの再度のイングランド支配を支援すべく挙兵するという「密約」が取り交わされた。この裏取引がほどなくして発覚すると、契約派の大半は激しく非難した。この約束は「約定」と呼ばれ、ハミルトン侯らは「約定派」と呼ばれる。一六四七年一二月二七日にチャールズとスコットランドのあいだで交わされた約定は、一六四八年三月にエディンバラで議会によって批准された。国王の解放、ニューモデル軍の解隊、それに厳粛な同盟と契約に基づく長老派体制の確立を要請する最後通告がイングランド議会に送られた。

契約派聖職者の大多数が国王の誠実さに疑念を抱き、長老主義体制がイングランドで三年間だけ試行されるという約定の取り決めに怒っていた。このためスコットランド国内の動きは約定派と反約定派に分裂し、激しい対立が数年間続く。後者による蜂起があったが、モーホリン・ムアで残酷な方法で壊滅させられた。

約定に従って、ハミルトン侯が率いるスコットランド軍がイングランドに進軍した。ところが、その軍隊は装備は乏しく、兵は未熟で訓練が行き届いていないうえ、国王救出への動機もほとんどなかった。当然ながら、八月一七日から一九日に、スコットランド軍はプレストン、ウィガン、ウォリントンでクロムウェル軍と対戦したとき、大多数が殺戮され惨敗した。ハミルトンは一週間後ユートクセターで降伏し、処刑された。

この悲惨な敗北のあと、教会総会が議会を支配した。アーガイル侯が指揮する反約定派は、一〇月にエディンバラを訪れ英雄的歓迎を受けたイングランド共和国護国卿クロムウェルと解決策を交渉した。約定派の挙兵と失敗は、イングランド議会軍の政治力学にも影響を与えた。議会の多数派であった親王派に代わって反国王の立場を守る契約派が主導権を握ることになる。スコットランド議会は一六四九年に、国王派と国王を支持する約定派が公職（官吏や軍人）に就くことを禁止する「等級法」を可決し、厳粛な同盟と契約をスコットランドの行政においても徹底しようとした。

しかし、イングランド議会では最大の権力は独立派と呼ばれる党派の手に握られていた。この集団の最高指導者はクロムウェルであった。チャールズ一世の支持者である王党派に勝利し、将軍としての絶対的な力を誇るクロムウェルに勝る人物はほかにいなかった。独立派は教会運営について独自の原則と主義をもち、それらは長老派教会のものとはまったく異なっていた。独立派は、信仰者たちの個別の集会はそれぞれ独立して決める権利があると考えるのに対して、長老派教会は長老会のもとに結集し、長老会の頂点に置かれた教会総会の決定に従い、すべてが運営される体制であった。それゆえ、独立派はイングランドに長老派教会体制が持ち込まれることに強く反対した。

スコットランドがイングランドに軍を派遣したときは、イングランド議会は費用全額を負担する契約であったが、国王がネイズビーで敗北したあとは、もはやイングランド議会はスコットランド軍を必要としなくなった。だが、国王がスコットランドと再び結びつくおそれはあり、議会軍の警戒がしばらく続く。一方、スコットランドはチャールズと交渉する機会があり、彼が国王として契約派を受け入れ、スコットランドの長老派教会の体制を維持するつもりがあるなら、スコットランドは彼を王として迎える余地があると伝え、同意を求めたが、チャールズは応じなかった。スコットランドはその要求を受け入れなかった王のために戦うことを断念した。スコットランド軍はイングランド議会から約束の金額を受け取り、スコットランドへ帰還した。

一六四九年初め、捕らえられている国王を裁くための高等裁判所が設置された。ジョン・ブラッドショウが裁判長を務め、クロムウェルらが裁判官となって、国王の罪状が明らかにされた。同年一月末には「専制君主、反逆者、殺人者、国家に対する公敵」として国王に死刑の判決が宣告された。一六四九年一月三〇日、国王チャールズは公衆の面前で処刑された。

国王に危害を加えないという約束は無視され、スコットランド人は最後に裏切られた。宗教的権力をめぐってチャールズ一世と対立はあったが、クロムウェルらがスコットランド議会と協議することなく国王を処刑したことに、スコットランド人は怒った。

チャールズ二世が王位継承

スコットランドとイングランドは国王が空位状態になったが、処刑の六日後、アーガイル侯はチャールズ一世の長子チャールズの国王即位を宣言した。その当時チャールズはオランダのハーグに居住しており、スコットランド政府の使節はチャールズに、契約派の要求に同意する限りにおいてのみ、彼を国王として受け入れることを明確に伝えた。チャールズは父親と同じように契約派を徹底して嫌ったので、契約派に同調することに用心深かった。そこで彼は即座に同意せず、モントローズ侯をスコットランドに送り、契約派の支援なしに、王党派を決起させるよう求めた。一六五〇年四月、モントローズは王党軍を率い蜂起した。

モントローズは少数編制の軍を引き連れ、オークニー諸島へ上陸したあと、ケイスネスを抜けて、サレンダーに進軍した。だが、彼はチャールズ一世時代のように、見事な勝利を収めることはできなかった。サザランドの南部では最初の戦いで敗北した。敵の眼をくらますため、地元民の姿に変装していたが、見破られて捕らえられ、契約派への反逆者として死刑の判決を受け、一六五〇年五月二一日、絞首刑に処せられた。

チャールズ２世

モントローズ侯の死で、チャールズは契約派を受け入れざるを得なくなり、六月二三日、スペイ川河口へ到着し、「国民契約」および「厳粛な同盟と契約」に署名したあと、スコットランドへ上陸した。人々は彼を正統な国王として歓呼をもって迎えた。一六五一年一月一日、スクーンで、アーガイルの手で頭上に冠を載せられ、チャールズ二世としてスコットランドの王位に就いた。チャールズ二世は当初から事実上アーガイルとラウドン伯が率いる反約定派の捕囚であった。反約定派は、不満を抱えた王党派、約定派、そのほかの不満分子、それにもちろんイングランドを敵に回すことになった。

クロムウェルと独立派は、スコットランドがチャールズを強引にイングランド王にするために、軍隊を派遣することを恐れた。彼らは国内で勝利した後、スコットランドへ注意を向けるようになった。クロムウェルはダンバーで契約派軍を敗北させ(「ダンバーの戦い」)、さらに一六五一年九月、スコットランド軍を率いて大胆にイングランドに侵攻したチャールズ二世の大軍を、ウスターで敗北させた(「ウスターの戦い」)。

クロムウェル、スコットランドへ侵攻

イングランドのクロムウェルとモンク将軍は、スコットランドと数回戦闘を交えた。第三次イングランド内戦の緒戦となった「ダンバーの戦い」はそれらの戦闘に含まれる。この戦いは、一六五〇年九月三日、スコットランドの港町ダンバーで、クロムウェルがみずから率いて侵入してきた共和国軍と長老派のレズリー軍とのあいだで行われ、クロムウェル軍の大勝に終わった。レズリー軍は二万二〇〇〇の編制であったが、兵は訓練不足で、士官の数が不足していた。一方のクロムウェル軍は、五〇〇〇の騎馬兵と一万一〇〇〇の歩兵から成っていた。クロムウェルは国境で「神に選ばれた」兵たちに檄を飛ばした。スコットランド兵は、クロムウェル軍による残虐行為がありうることを肝に銘じて、最後まで頑強に戦うよう命じられた。

七月二八日、クロムウェルはエディンバラ郊外のマッセルバラに到着、艦隊の本拠にするためリース港を占拠しようとしたが、レズリーが巧みに防御した。イングランド軍はいったんダンバーへ退却する。イングランド軍は続けてエディンバラを攻撃しようとするが、八月の猛暑で果たせず、再びダンバーへ引き返す。一か月後、クロムウェルは、主に病気と飢えのために、五〇〇〇の兵を失った。彼

は後退を余儀なくされ、九月二日、ダンバーに到着する。ちょうどその日、レズリーもダンバー入りし、両軍は明けて三日、イングランドの攻撃で戦闘を開始した。しかし、スコットランド軍兵士の大半はあまりに戦いに不慣れで、多くは攻撃をせずに降伏し、ほかは武器を捨て、逃走した。この「ダンバーの戦い」でスコットランド軍兵士の三〇〇〇から四〇〇〇人が殺され、およそ一万人が捕虜となった。

クロムウェルの統治

一二月までに、フォース川の南方の城塞と城郭の大半はクロムウェルの手に落ちた。一六五一年九月三日のダンバーの戦いから一年後、チャールズ二世が大軍を率いイングランドに侵攻したことから、クロムウェルは中西部ウスター近くのセヴァーン川の岸辺でチャールズ軍と戦った。この戦いで、スコットランド側の三〇〇〇人が殺され、一万人が捕虜となった。これら不運な兵たちの多くは船で植民地へ送られ、奴隷として売られた。この戦いは「ウスターの戦い」と呼ばれる。戦いに敗れたチャールズはフランスへ逃亡し、以後クロムウェルがスコットランドを統治した。これによってスコットランドの国家の形は完全に途絶えた。クロムウェルによる統治は、一六六〇年にチャールズ二世がフランスから帰国する王政復古まで続く。

クロムウェルの共和国政府は、イングランドにアイルランド、スコットランドを加え、ステュアート朝と同じ領域を支配することになった。彼はピューリタン主義に基づく厳しい統治（劇場閉鎖、娯楽取り締まり、アイルランドでの土地没収など）を行った。しかし、強大なイングランドの支配下へ組み入れたり、連邦的なつながりを強制することはなく、必ずしも抑圧的とはいえない面をもっていた。アイルランドやスコットランドへも、共和国議会への議席を割り当てるなど、平等性にも配慮した。宗教的にも、長老派教会とプロテスタントの諸派を認める政策を取ったことは注目される。戦争と社会的混乱によって農業や経済は途方もなく痛手を被ったが、クロムウェルの支配下では一時的であれ平和がもたらされた。全国の駐屯地に初めて常備軍（税金で維持）が配置され、治安が改善された。

しかしながら、クロムウェルがイングランドとスコットランドを支配した数年間、イングランドは強力になり豊かになったが、スコットランドはあまりに貧困でこの安定した数年のあいだでも恩恵を受けることはなかった。イングランドがスコットランドの主要な貿易相手国であるオランダと戦争したことが大きな原因となって、スコットランドには国際貿易の場がほとんどなかった。

王政復古――チャールズ二世帰国

クロムウェルの死後、スコットランドとイングランドの議会は、両王国にとってチャールズ二世をその王に復位させることが安全との考えで一致した。一六六〇年、チャールズ二世はイングランドへの復帰に向け、絶対王政を否定する「ブレダ宣言」［ブレダは亡命先のオランダの都市名］を発し、議会はこれを認めて即位することを承認した。スコットランドでは国王の帰国で国民がかなり興奮し、エディンバラでは、以前にはなかった祝宴や狂騒が続いた。国王はロンドンに居住していたにもかかわらず、スコットランド人は国王が在位していることで、以前より強力な位置にいると実感した。だが、チャールズ二世は利口であったかもしれない反面、臣民の安寧よりも、自分の快楽追求に気を奪われた。

チャールズ二世は即位後、ブレダ宣言に反してカトリックの復興を図るなど、議会に対立して絶対王政の復活を策した。ジェイムズ六世とチャールズ一世と同じように、枢密院政治を実行した。彼は議会に相談もなく枢密院の構成員を任命し、しかも自分の命令に従う人のみを選んだ。チャールズはロンドンにいながら、枢密院を通じて命令を出し、それを実施させることで統治した。この時期にチャールズが任命した枢密院の最高責任者はローダデイル伯であった。ローダデイルは当初は熱心な国民契約支持者であったが、国王支持者に変節し、それまでの仲間を敵に回していた。欠点はあったが、この上なく聡明な政治家で、彼の国王への影響力は大きかった。「スコットランドの国王」とも呼ばれたというから、その権力の大きさを推測できる。チャールズ二世の治世のあいだ、王の後ろで実権を握っていた。

一六六一年一月一日に、エディンバラで開かれた議会（仲間内で固めたもので、「泥酔議会」として知られる）は、チャールズとローダデイルの望むとおりのことをすべて決した。その議会は、「廃止法」と呼ばれる新たな法を通過させ、それによって契約派の議会が制定したすべての法を無効とすることを宣言した。これに伴い、聖職者を叙任する教会の権限が廃止され、「パトロン」が叙任権をもつ旧法が復活した。議会はまた、国王は国家だけでなく、教会の長でもあることを宣言した。このような一撃のもと、契約派が戦い取ったものがことごとく取り消された。枢密院は、王の意向に沿い、スコットランドでは長老制ではなく、監督制（主教制）が教会統治の形態になることを宣告することになる。

スコットランドに主教がいなくなったので、新たに四人の牧師がイングランドで叙任された。これらのなかに重要人物が二人含まれていた。すなわちロバート・レイトンとジェイムズ・シャープである。前者は敬虔で平和を愛する人物で、もとは契約派に属していたが、今やダンブレーンの主教に転じた。後者は以前は長老派の牧師であったが、主教のなかでも長老派教会からは最も嫌悪された。彼は監督派に寝返って国王の愛顧を受け、セント・アンドルーズの大主教にまで出世するが、全権力を用いて長老派教会を弾圧したため、のちに悲惨な死を迎える。

教会の苦難

チャールズ二世の教会政策によって、王政復古以降、教会はまれにみる苦難の道を歩んだ。ジェイムズ六世・一世およびチャールズ一世の統治した時代は、牧師は教会の「パトロン」と呼ばれる、貴族や大地主から任命を受けた。しかし契約派はそれを間違った制度と考え、教会の会衆がみずからの牧師を選ぶ制度に法改正がなされていた。ところが、チャールズの一月議会の「廃止法」により不法とされたため、以後牧師たちは、「パトロン」によって叙任され、主教の承認を受けて叙任される旧制度で牧師の職に就くことになった。この教会の自立性を軽視した、権力的な叙任制度への逆戻りに、牧師たちは大いに困惑し苦悩した。

教会政策の変更に耐えがたくなったおよそ二六〇人の牧師は聖職を去ったが、彼らの多くは南西部とファイフからの牧師たちであった。代わりにその地位に就いたのは、まだ経験の浅い副牧師たちであったから、彼らは、神学的に経験を積んだ教会員たちからしばしば嘲笑された。誠実な信仰者たちは、職を去った牧師たちと戸外で集会（秘密集会）を開き信仰を守り続けた。しかし、こうした集会が反乱につながることを大いに恐れた政府は、集会を違法とし、取り締まりの対象とした。騎馬の軍人があちこちで集会を探し出し、出席者を捕縛し罰金を科した。間もなく竜騎兵による残虐行為があちこちで聞かれるようになった。

こうした迫害に多くの人が怒るようになる。長老派をひどく抑圧したシャープ大主教が一六七九年五月三日、娘と馬車で移動しているとき、セント・アンドルーズ近くで待ち伏せされ、殺害される事件が起こった。同じ年に恐ろしい事件がほかでも起きた。同年の五月の安息日に、エアシャーとラナークシャーの境にあるラウドン丘陵で開かれていた集会へ政府軍が現れたため、契約派の武闘軍（約四〇人の騎兵と二〇〇人の歩兵で編制）とのあいだで激しい戦闘となり、武闘軍は政府軍を敗走させた。この勝利の後、契約派はグラスゴーへ向かったが、守りが固く市内には侵入できなかった。六月二二日には、契約派軍（軍の規模は大きくなっていた）と政府軍はグラスゴー南部のクライド川に架かるボスウェル橋で対戦した。戦いの前に、契約派軍は政府軍の指揮官モンマス公（チャールズ二世の庶子）に王が自由議会と教会の自由総会を認めるなら戦いを止めてもよいと伝えたが、モンマス公は応じなかったので、契約派軍は戦闘を続行した。しかし、戦いは政府軍が勝利した。モンマス公は人間味のある人物で、捕虜となった契約派の兵を解放するよう命じたが、命令は守られず、四〇〇人が殺され、一二〇〇人が捕囚となった。

その後、契約派の憤懣の声は大きくなり、影響が無視できなくなった。指導者リチャード・カメロンの名から取ったカメロン派の集団「契約のライオン」は、人を殺そうとする人々を殺すことは神に受け入れられる、と主張した。こうした殺人がらみの一連の事件が起こった恐怖の時期は「殺戮時代《キリング・タイム》」と呼ばれる。この時期の行政は、密告者や密偵（スパイ）などの組織活動に支えられていた。

ジェイムズ七世・二世が亡命――名誉革命

二五年間の統治の後、チャールズ二世は彼の跡継ぎを残さなかったため、弟のジェイムズが、ジェイムズ七世・二世（在位一六八五～八八）として、イングランド・アイルランド・スコットランドの王となった。ジェイムズは熱心なカトリック信者であったので、ジェイムズを国王として認めるかどうかをめぐって、議会内で問題となり、容認派のトーリー党と反対派のホイッグ党の二党が生まれた。結局、王位継承が認められ、一六八五年二月に即位した。しかし、ジェイムズは、プロテスタント主義を掲げさせる即位式での宣誓を拒んだ。スコットランド人は、ジェイムズが不在のあいだ契約派に対してとった残虐な行為を思い出し、ジェイムズに懸念を抱いた。

ジェイムズはカトリックの信仰の自由を望み、カトリックが自分の信仰を守ることができるようにする「寛容法」を議会で通過させようとした。しかし、その法案は議会で否決された。ジェイムズの即位に反対し、王位継承を主張したモンマス公（チャールズの庶子）の反乱を機に常備軍を創設した。一六八七年には、国王大権によりあらゆる臣民に対して全面的な信仰自由宣言を発し、カトリック教徒の聖職就任を許可した。これによって長老派も、再び堂々と自分の信仰を守ることができるようになり、監督派を恐るべきものと思う必要がなくなる。翌年、礼拝で信仰自由宣言を二度読むことを強制し、反対したカンタベリー大主教ら七名を逮捕するなどして、国民の支持を失った。

ジェイムズの妻であるメアリー・オブ・モデナが一六八八年六月一〇日、男の子を出産したとき、ステュアート家の家系は安泰となった。だが、次の王がまたカトリックになり、カトリック復帰となることを恐れた多くのイングランドの政治家が、ジェイムズ七世・二世を排除する動きを見せる。ジェイムズには二人の娘がいた。二人とも父と違ってプロテスタントの国教会信者であった。長女のメアリーはオランダのウィリアム三世に嫁ぎ、妹のアンは独身だった（のちにデンマークの王族と結婚）。イングランド議会のトーリー党とホイッグ党の両派は、カトリック復帰を阻止する方向で提携し、ジェイムズ七世・二世の追放を決める。

議会は、ジェイムズに代わって、ジェイムズの長女メアリー（メアリー二世）と結婚していたプロテスタントのオランダ総督オラニエ公ウィレム（ウィリアム三世）にイングランド王として即位するよう正式に要請した。スコットランド人はそこまで気持ちが動かず、事態の推移を見守った。一六八八年一一月、ウィレムは王位に就くことを受諾し、艦隊とともにオランダからイングランドに向かった。もう一人の娘アンも、議会側に走った。ジェイムズはウィリアムの即位に抵抗しようとしたが、配下の士官たちは彼から離反し、ジェイムズは孤立する。ついに彼はイングランドを離れフランスへ亡命し、ルイ一四世の提供したサン＝ジェルマンの隠れ家に身を寄せた。この政変は血を流すことなく遂行されたことから、名誉革命と呼ばれる。イングランド議会はメアリー二世とウィリアム三世の両人を共同君主にすることにした。二人は一六八九年二月に即位した。

ウィリアムとメアリーの共同統治

共同で新王になったメアリー二世は、一六六二年、チャールズ二世の弟で当時ヨーク公であったジェイムズ（のちのジェイムズ二世）と、その最初の妻でクラレンドン伯エドワード・ハイドの娘アン・ハイドの長女として生まれた。プロテスタントであった。伯父チャールズ二世が亡くなり、父ジェイムズが跡を継いでイングランド・スコットランド・アイルランド王に即位した。当時のイングランドの貴族や議会はほとんどプロテスタントであり、カトリックを重用する父ジェイムズとは事あるごとに対立した。ジェイムズ二世がそれまでになかった常備軍を設置するに及んで、国王と議会の対立は頂点に達し、議会はジェイムズ二世追放とオランダに嫁いでいたメアリーの擁立に傾き、一方でメアリーの夫ウィレムもオランダ軍を率いてイングランドへ侵攻することに同意する。

一六八八年、ウィレム率いるオランダ軍の出港を見届けて、メアリーはオランダに待機した。オランダ軍は何ら抵抗を受けずにイングランドに上陸し、ジェイムズ二世の最高軍司令官も無抵抗のまま降伏した。ジェイムズ二世はロンドンからケントまで逃れたところを捕らえられたが、メアリーの立場を考慮して、処刑されることなくフランスに追放された。当初イングランド議会はメアリーだけの即位を望んだが、ウィレムが強く難色を示し、メアリーも共同統治を望んだため、イングランド議会は、ウィレムがオランダ総督を兼ねたままウィリアム三世として女王メアリー二世とともに、イングランド・スコットランド・アイルランドの王位に就くことに賛成した。こうしてウィリアムとメアリーの共同統治が始まる。

フランスに追放されたジェイムズ二世は革命後、フランス軍の支援を得てカトリックのアイルランドに上陸し、ジャコバイトを率いて、イングランドに対する反乱を起こさせた(ウィリアマイト戦争)。スコットランドのハイランド地方でも、反イングランドの反乱が起こり、ウィリアム三世はこれらの反乱鎮圧のために出陣し、ほとんどロンドンにいなかった。ウィリアムが留守中はメアリー二世がイングランドを統治した。一六九四年、メアリーは天然痘で亡くなり、以後はウィリアム三世が単独で統治した。

新国王に反対——キリクランキーの戦い

名誉革命によってイングランドではウィリアムとメアリーによる共同統治が行われたが、スコットランドでは新国王即位への反乱が起こった。キリクランキーの戦いである。新国王はスコットランドでは監督派が支持されず、長老派が回復したことを認識していた。しかし、同時に、監督派の支持者たち(北東部で勢力が強かった)はジャコバイト派の中核をなしていたこともわきまえていた。契約派から身を起こしたクレイヴァーハウスのジョン・グレアム(ジェイムズ七世はダンディー子爵に任命していた)は、亡命した国王の復帰のため、主にハイランド人から成る軍を組織し、エディンバラ城を占拠したあと、南部のパースシャーへ進軍した。ハイランドを通る基幹道路に位置するキリクランキー峠(ピトロッホリーの北東六キロメートル)で、ヒュー・マッカイ将軍が率いる新政府の軍隊と対戦した。ハイランド人の向こう見ずで勇気ある攻撃に、政府軍兵士は戦う意欲を失った。彼らは新式の銃剣に剣を差し込まないうちに、ハイランド軍に圧倒されてしまう。ハイランド人が戦利品を集めているあいだに、マッカイ軍の兵は夜陰にまぎれ逃走した。

ハイランド軍は政府軍を退散させたものの、ダンディー子爵本人を含めて多くの戦死者を出した。とはいえ、ハイランド軍がキリクランキーで勝利したことは、彼らに希望をもたらした。だがそれは、偽りの希望に終わる。というのは、ダンディーの指揮なくしてハイランド軍は一歩も前へ進めなかったからである。その後の一連の小競り合いで、反乱軍は敗北が続いた。

ウィリアムの政府軍は整然と退却し、パースではジャコバイト軍に勝利した。八月二一日、ダンケルドで、五〇〇〇人編制のハイランド軍は、若い将軍ウィリアム・クレランドが指揮する一二〇〇人編制の軍に敗北した。

グレンコー大虐殺

ジェイムズ七世・二世を守るために戦われたキリクランキーとダンケルドの戦いのあと、政府はハイランド人たちがまた反乱を起こすことを恐れた。ジェイムズ七世からウィリアムとメアリーへ忠誠心を移していたヒュー・マッカイ将軍はハイランド西部地方の秩序を守るため、ジョン・ダルリンプル卿によって軍隊の移動を命じられた。彼はインヴァロヒに城砦を築き、新国王の名にちなんでそれをフォート・ウィリアムと呼んだ。マッカイ将軍は、ジョン・ダルリンプル卿の指示で、ウィリアムとメアリーへの忠誠を買収するため、ハイランドの族長たちに賄賂として一万二〇〇〇ポンドを渡し、それを分け合うように伝えた。その金を拒否した者もいたが、その金を受け取ったあとでもなおジェイムズに忠誠を尽くす者もいた。そこで、一六九一年、政府はグレンコーで悪名高い虐殺事件を引き起こすことにつながる手段を講じた。ウィリアムへの忠誠の誓いはすでに十分なされていたが、一六九二年までに忠誠の誓いをしなければ、無法者として扱い、その領地を没収して国王のものにするとの命令が発せられたのである。服従の制約期限は一六九一年一二月三一日に設定された。

ウィリアムとメアリーの治世を傷つける大きな危機の最初の出来事は、ハイランドの平穏化に関わるものであった。ハイランドでは、氏族の多くは、フランスに亡命しているジェイムズ七世・二世に同情的であった。ハイランド人はまだカトリックで、イングランド生まれでなく、反カトリック、反ステュアート、反フランスの新国王に対して、忠誠を誓うのはどうしても気が進まなかった。追放されたジェイムズ王を支援して、フランスが侵攻してくるおそれもあった。政府は、ウィリアムとメアリーへ忠誠を誓った族長に給付金を支払うことで、なんとしてもこの危機を乗り切りたかった。こうした状況のなかで、世に悪名高いグレンコー大虐殺事件が起こった。

グレンコーのアレグザンダー・マクドナルドは忠誠の申し出をぎりぎりまで延ばして、良心を守ろうとした。ところが、彼は勘違いして服従の意思を正式の担当でない相手に告げてしまう。彼はインヴァネスの担当者に服従の申請をすべきであったのに、フォートウィリアムの役人に届けてしまったのである。彼は届けるべき場所を故意に間違って教えられた可能性もあるとされる。いずれにせ

【右】グレンコーの大虐殺（1692）の起こった山間の地グレンコー
【左】あまりにも痛ましい犠牲の場面

よ、アレグザンダー・マクドナルドの届け出は、一六九二年一月六日まで行われなかった。

この手続きミスは、スコットランド統治の責任者ジョン・ダルリンプル卿によって重大な問題として扱われ、見せしめの口実とされた。二週間にわたって、キャンベル一族はマクドナルド家の歓待を受けたあと、二月一二〜一三日の夜に、マクドナルド家の約四〇人を虐殺した。キャンベル一族の誤算のために作戦は一部失敗し、多くのマクドナルド家の者は首尾よく逃げ出した。この残虐極まる事件は、ローランドでさえ広範な怒りを呼び起こしたが、一六九五年まで調査は行われなかった。調査により、ダルリンプル卿は責任を問われ、解職された。ウィリアム王はこの大事件に対し迅速に対処しなかったことで、反イングランド感情が強まった。

ダリエン計画の失敗

イングランド銀行を創立したウィリアム・パターソンは、一六九七年にスコットランド経済を活性化させるため、ある壮大な考えを思いついた。太平洋と大西洋交易の十字路であるパナマのダリエン地峡に植民地を建設するというアイディアである。パターソンはアフリカおよびインドに会社を設立したが、その資本金総額六〇万ポンドの半分はスコットランド、残りはイングランドが出資した。ダリエンはスペイン領であったにもかかわらず、計画はスコットランドで熱烈に歓迎された、しかし、東インド会社と一部のイングランドの実業家たちは計画に反対し、下院はイングランドの株主の事業参加を差し止めた。スコットランドは援助なしで資金を集めようとした。

一六九八年の終わりに、事業の推進者たちは一〇〇〇人の入植者を派遣したが、彼らが非常に恐れたことに、ダリエンではマラリアが流行していた。さらに二つの植民団が送り出されたが、病気、飢饉、スペイン人の襲撃などで事業は進められず、植民計画は大失敗で終わった。

ウィリアム自身は、スペインと区画条例を交渉中の一七〇〇年に支援を打ち切った。その年の三月、植民者たちは引き揚げたが、帰路に就いた船団は嵐に襲われて難破し、スコットランドに戻った生存者はほとんどいなかった。ダリエン計画の無惨な失敗は、スコットランド史上最悪の商業上の災難であった。驚くべき数の人的損失のほかに、数千人の投資者がその貯蓄を失った。この痛手は、イングランドとスコットランドの議会合同の進展に大きな影響を及ぼした。ダリエン計画の損失補償がイングランドの肩に重くのしかかり、スコットランドの損失者たちの気持ちを不安にした。

魔女狩り

ヨーロッパの中世は、魔女狩り（witch-hunt）が最盛を極めた時代であった。魔女狩りとは、「魔女」とされた被疑者に対する訴追や裁判が行われ、刑罰あるいは法的手続きを経ない私刑などの迫害のことである。一四二八年から一七八二年までの魔女裁判による全ヨーロッパの処刑者数は、最大四万人と推定されている。スコットランドでは、スコットランド王ジェイムズ六世（一五六六〜一六二五、後にイングランド王ジェイムズ一世）の下で魔女狩りが頂点に達し、裁判記録の統計を見てみると、ジェイムズがデンマークから帰国した後の一五九一年から一〇年間に七八件あり、その前の一〇年間一五八一年から一五九〇年までの二八件から急増している。ジェイムズは悪魔学や魔女狩りに極めて関心が深く、一五九七年にはノースベリックの魔女事件を題材に『悪魔学』の本を出版している。

魔術を使ったと疑われる者を裁き、制裁を加えることは古代から行われていたが、一五世紀半ばになって、悪魔と契約してキリスト教社会の破壊を企む背教者という「新種の魔女」の概念が生まれるとともに、大規模な魔女裁判が行われるようになった。この新たな魔女の概念の成立に大きく貢献したのは、ドミニコ会の異端審問官で神学者のハインリヒ・クラーマーによって書かれた『魔女の鉄槌』（一四八六年）である。『魔女の鉄槌』は恐るべき具体例を挙げ、実証力が高かっただけに、新しい魔女像が人々の心に深く刻みこまれた。

魔女たち（女性だけでなく、男性も含む）の裁判での証言や告白によると、魔女たちは常套的に夜間に魔女集会（サバト）を開いた。空中飛行で集会に出席する魔女は、家を出る前に、全身に特殊な軟膏を塗った。家から抜け出すときの出口は、一般には窓や煙突で、杖や箒にまたがって空を飛んだ。山羊や犬など動物の背に乗って運ばれたという自供もあった。魔女集会では魔王が座長で、魔王に捧げものをする悪魔の儀式が行われた。魔女たちは悪魔と契約し、悪魔への忠誠を誓った。

儀式の後、魔女集会は宴会に移ったが、食事が終わるとダンスを楽しみ、それから魔女たちは無差別で性的に交わった。

魔女集会に出席した新参の魔女は、悪魔と結託した印として身体のどこかに「魔女の印」をつけられた。この印を発見するために、魔女裁判の裁判官は、魔女を裸にして調べた。悪魔マークのつけられた部分は無感覚になるので、長い鋼鉄の針を何度か刺して無感覚部分をさぐりあてる方法（「針指し」）がとられた。一五九〇年から一五九二年にかけての魔女裁判で、国王ジェイムズ六世はみずから尋問にあたり、魔女の印をさぐらせた。針刺しは高度な技術であったので、スコットランドでは針刺しの専門家たちはギルド（職業組合）を結成し、高額の報酬を受け取った。

魔女の被疑者は、取り調べで拷問を受けることがあった。拷問では、水に潜らせたり、熱い釘を刺したり、指を締め上げたりしたが、残酷な方法として、皮膚に焼き印をつけたり、背骨を折ったり、金属の針の並んだ椅子に座らせるなどが行われた。ただし、拷問は全員に対して行われたわけではなく、拷問の使用の是非は地域や取調官の判断によって異なった。裁判の結果、魔女と裁定されれば、厳しく処罰されたが、火あぶりや八つ裂きによる処刑もあった。

スコットランドでは、魔術は一五六三年に犯罪として法に規定されたが、一七三六年以降規定は廃止された。

魔女を水に突っ込んで自白させる拷問

第8章　議会合同で帝国の一角に

1707 / 1745

議会合同への提案

スコットランドとイングランドの両王国の議会合同（以下「合同」）はさまざまな面から必然性があるものと考えられた。イングランド国王は古い時代から領土を拡張し、絶対的な王権による広域支配を望んだ。スコットランドはイングランドと対立的な立場にあったが、同君連合以降は、イングランドとの一体感を増し、商業的にイングランドと提携することによって、市場を確保し、利益を上げようとした。また、ダリエン計画の失敗で被った莫大な損失をイングランドの支援で可能な限り解消させる必要があった。文化の面でも、遅れの目立つスコットランドは、英語を通しての先進文化の摂取に励む必要があった。そしてプロテスタント国イングランドは、スコットランドと手を組んで、カトリック国のフランスやスペインと対峙しなければならない状況に置かれた（そのためにも、イングランドはスコットランドの王にプロテスタントの王を就かせる必要があった）。

ダリエン計画の惨めな失敗は、イングランドにとって負担の大きい遺産となったため、一六〇三年からの同君連合がそのまま維持されるかどうか疑わしくなっていた。一七〇二年三月、ウィリアム三世が亡くなり、義理の妹アンがスコットランドとイングランド両王国の王位を継承した。しかし、彼女の一八人の子どもの最後の一人が若くして世を去ったため、ステュアート朝最後の君主アン女王が死去すると、スコットランドは同君連合を終えるのではないかとの予測が広まった。

実際、革命のときジェイムズ王に対する両国の姿勢には大きな開きがみられ、現行の体制維持は実際的でなくなったことを露呈した。革命以前は、スコットランド議会は民衆からかけ離れた代表になっており、その組織と運営は、政府の意向で容易に操ることができるものであった。その権力は、政権によって選ばれた「ローズ・オブ・アーティクルズ」と呼ばれる委員会の手に握られていた。その委員会は一六八九年に廃止され、ウィリアムは、憲法上の君主として、その意思を両国の二つの議会に認めさせることを次第に困難と感じるようになった。

両王国の政治的合一への計画は、とくに新しいものではなく、一六〇三年、ジェイムズ六・一世は、イングランド王に即位するとほとんど同時に、合同への決意を表明した。クロムウェルは、スコットランドを彼の連邦の一部として支配した。スコットランド人は同君連合後によってもたらされた貿易の権益から恩恵を受けた。スコットランド人は一六七〇年の航海法によってイングランドとの直接貿易を禁止されたとき、チャールズ二世は合同を提案した。

合同に向けての両国事情

合同が実現するまでには両国の政治的・経済的事情のほか王位継承問題などが関わり、長い道のりがあった。両国がそれぞれ複雑で困難な事情を抱えていたことが合同をこじらせた。スコットランド側では、一六九二年のグレンコー大虐殺事件、一七〇〇年のダリエン計画失敗が合同に影響を与えた。悪名高いグレンコー大虐殺はイングランド政府の後援を受けた事件であっただけに、スコットランド人のイングランドへの反感を深めた。ダリエン計画は、スコットランドが東インド会社にならって、パナマのダリエン地峡にスコットランドの植民地を築こうとする計画であったが、その計画はあまりに向こう見ずだったうえに、イングランド側の妨害もあって、投資したスコットランド人すべてに多額の経済的損失をもたらした。こうした事件のために、スコットランドとイングランドとの関係は敵意に近いほど冷え込むことになる。

だが、スコットランドでは、ダリエン計画による損失補償のためにイングランドの援助を必要とした。海外貿易においてもイングランドに太刀打ちできず、イングランドとの経済的格差は広がる一方だった。多くのスコットランド人は、イングランドの帝国市場に接近して経済的繁栄を得るためには、合同しかないと考えるようになる。合同はむしろ経済事情が重くのしかかったスコットランドにとっての急務であったかもしれない。

一方のイングランドでは、一七世紀の終わりになってウィリアム三世（在位一六五〇〜一七〇二）は、グレンコー大虐殺とダリエン計画失敗のあと、スコットランドでの評判が急落していることを理解していた。イングランドとスコットランドの関係改善のためには、緊密な連携を図る必要があると考えるようになる。イングランドにはもともと敵対国フランスと同盟関係にあるスコットランドをフランスから引き離したいという魂胆があった。

アン女王の後継をめぐる対立

合同が成立した一七〇七年当時のイングランドの君主はアン女王(在位一七〇二〜一四)であった。この合同成立の背景にはアン女王の後継者問題が大きく関わっている。一七〇二年、ウィリアム三世が没し、スコットランドのジェイムズ七世の娘でメアリーの妹アンが即位した。

アン女王には王位を継承する子どもがなく、父親のジェイムズの息子が正統的後継者であったが、彼はカトリック教徒でフランスに亡命していたため、ロンドンの議会は、アン女王の後継者をプロテスタントに限定する「王位継承法」を制定した。その結果、アンに最も近いプロテスタントの血縁者は、ジェイムズ六世・一世の孫にあたるハノーヴァー選帝侯妃ソフィア（一六三〇〜一七一四）の子どもたちであった。「王位継承法」によってカトリックのステュアート家を退け、ハノーヴァー家を選んだことで、スコットランドとの関係に亀裂が生じることになる。

スコットランド議会はイングランドがスコットランドを束縛しようとする姿勢に反発し、一七〇四年、アンの後継者を自由に決定できるという「安全保障法」を成立させた。スコットランドの王位継承に関わる権利はスコットランドにあると決めたのである。「安全保障法」によって、アン女王の後継者には、スコットランドがイングランドとは別の君主、つまりフランスに亡命中のステュアート家の人物を選ぶ可能性が出てきたため、イングランドは激怒した。

イングランド議会は一七〇五年、報復措置として「外国人法」を成立させる。この法律はスコットランド人を外国人とみなすもので、それによってイングランドはスコットランドに貿易上の不利をもたらすことを意図していた。イングランドは「安全保障法」を撤回するか、合同のための協議を始めるか、どちらかを選ぶことをスコットランドに求めた。それに従わなければ、経済制裁を加えると迫り、スコットランドを交渉の場に引きずり出そうとした。イングランドの要求を脅迫とみなし、反イングランド感情を募らせた人が多かったが、経済利益を期待し、合同がスコットランドの最良の選択であると考える人々は集結し、合同条約の締結を強行する動きをみせた。

合同の交渉始まる

アン女王は一七〇二年の即位以降、イングランドとスコットランドの政治統合を目指しており、女王と大臣からの強い働きかけで、イングランド議会とスコットランド議会は一七〇五年に合同条約の交渉に同意した。合同の交渉に当たり、イングランドとスコットランドはそれぞれ三一名を任命した。スコットランドの交渉者は大半が合同を支持する官僚で、ホイッグ党が多数を占め、トーリー党は一名だけであった。交渉は一七〇六年四月一六日から七月二二日までロンドンで行われた。イングランドとスコットランドにはそれぞれ交渉の目標があった。イングランドの目標は「ハノーヴァー家がアン女王の後継者としてスコットランド王位に就くこと」であり、スコットランドの目標は「イングランドの植民地の貿易権を保障すること」であったが、合同の結果、双方ともその目標を達成することになる。

スコットランドでは、交渉の内容が発表されると、議会の外では合同をめぐる激しい議論が起き、賛成派と反対派のあいだでパンフレット合戦が繰り広げられた。長老派教会の聖職者たちは合同後の教会の未来に不安を表明した。投票による決定権をもたない一般人はエディンバラ、グラスゴー、ダンフリースほかの都市で決起集会を開き、気勢を上げた。

合同法は、実際はイングランド議会が制定する合同法と

1707年、イングランドとスコットランド両国が実質的に併合する「合同法」が成立。正式文書がアン女王に提出された

スコットランド議会が制定する合同法の二つの法律から構成されるものである。一七〇六年に交渉が終わり、合同条約が締結されたあと、条約に基づきそれぞれの議会で合同法が批准される必要があった。スコットランド議会の議員二二七名のうち、約一〇〇名がコート派（宮廷派）で、彼らはイングランドから潤沢な資金援助を受け、ダリエン計画失敗で借金が重くなった人物も多く含まれていた。合同反対派は一般にカントリー派と呼ばれた。合同法の成立を実現するため、両国の当事者たちはさまざまな画策を弄し、陰謀を図った。イングランド政府のパンフレット作者ダニエル・デフォーは、合同推進のためスコットランドに入り、スパイとして暗躍し奔走した事実が伝えられている。スコットランド側代表として交渉に当たった人物が賄賂を受け取ったことも確認されている。

合同法が成立

一七〇七年一月一六日、スコットランド議会は合同条約案への採決を行った。採決の結果は一一〇票対六八票で、合同法案は議会を通過し成立した。同法は、一七〇七年五月一日に発効した。この数字をみると、法案通過時点で反対者が相当多くいたことがわかる。法案の発効によって、条文どおり、イングランドの議会とスコットランドの議会はともに廃止され、新たに一つの議会としてグレート・ブリテンの議会が誕生した。議員の数は、庶民院（下院）ではイングランドとウェールズの議員五一三名に、スコットランドから加わったのはわずか四五名だった。構成比率からみると、スコットランドの議員数が少ないのは明らかである。貴族院（上院）においても約一三〇名のうちスコットランドからは一六名のみが選出され議席を得た。議事手続きも従来のイングランド議会のものを踏襲した。これではとても対等な合同とはいえず、実質的には吸収合併であったことは否めない。関税と通貨は統合され、モルト税の軽減やダリエン計画の損失補償など優遇措置も講じられた。スコットランド側の強い要求が功を奏し、スコットランドの裁判制度、法体系は変更されなかった。長老派教会の独立的な地位も保障され、長老派教会と深く関わる教育の施策もスコットランドの裁量に任された。

合同後のスコットランド

スコットランドへの「(ダリエン計画)補償金」の支払いは、不明朗で疑わしい賄賂のようにみえた。合同賛成派は、それが目当てでスコットランドの独立をイングランドに売るつもりになったと受け止められる面があった。合同を決めるのに大きな役割をはたしたクイーンズベリー公爵は、スコットランド国民からは批判されたが、イングランド国民からは賞賛された。「補償金」は一四台の四輪荷車(ワゴン)で、騎兵連隊に守備されエディンバラへ到着したが、反対派市民はスコットランドの自由を犠牲にした代価とみなして、その護衛車めがけて投石した。ジャコバイトソングのなかで、「我々はイングランドの金貨で売買された」と歌われたが、それは広く一般の人々の心にわだかまっていた思いであろう。

合同によって、スコットランドは全体として政治的アイデンティティを失った。合同とはいっても、内実は対等ではなく、スコットランドがイングランドに併合された形であった。二つの議会がウェストミンスター議会に合一されたということは、スコットランド議会がイングランド議会に吸収されたことを意味した。少数のスコットランドの上院議員と下院議員がウェストミンスターへ移動したのはその歴然とした証拠である。イングランド人もスコットランド人も、自分たちの国家的アイデンティティを合同のために進んで放棄する気持ちはもっていなかった。イングランドのアイデンティティが埋没してしまう危険はまったくなかったが、スコットランドのそれは埋没するおそれがあった。実際、合同による不平等や不合理が百出し、スコットランド人はこの敗北感に無念の思いを嚙みしめる。

一七〇八年、スコットランドの枢密院は廃止された。スコットランド貨幣の廃止は徐々に痛々しく進められた。合同条約の第一四条はモルト税の増額を禁じていたが、一七一二年に、議会はその決まりに反し増額しようとし、スコットランドの一致した強硬な反対で阻止された。しかし、一七一一年の亜麻〔マメ科の一年草で、その茎の繊維から織った薄地の織物がリンネル〕への増税をスコットランドは食い止めることができなかった。イングランドの関税制度がスコットランドに拡大されたときは、国境の両側で怒りが噴出した（それ以前はたいていの輸入品への関税は抑制されていた）。スコットランド人は密輸を大がかりに行うことで抵抗した。たばこ、紅茶、コーヒーのような新しい嗜好品への需要が高まり、密輸された品でも人々は買い求めた。

合同条約では発展が見込まれていたものの、合同直後の経済活動は向上しなかった。工業および商業活動の領域は狭く、生産水準は低かった。スコットランドはヨーロッパの低品質商品の供給国としてヨーロッパで交易活動を長らく展開したが、合同後もその状況は変わらなかったようである。石炭と羊毛品、リンネルと塩も最上のものは産出できなかった。品質のよい、イングランドのものが好まれた。スコットランド名物の牛でさえ、イングランドの業者に安く買い叩かれ、彼らはそれらを高値で売って利を得た。自由な交易にもかかわらず、イングランド商人はスコットランドの競争者に制限を加え、利をもたらした。

一六九五年に創立されたスコットランド銀行は、最初の二一年間は独占的な地位にあったが、資金力は弱く、極めて安全な顧客にしか貸与をしなかった。ポスト合同のブームは起こらず、スコットランド人は自分の身一つで生きるしかないことを切実に感じさせられた。やがて合同を進めるのに熱心だったスコットランド議員のなかにも、合同を考え直す人が現れる。一七一三年、アーガイル公とシーフィールド伯は、二人とも熱心な合同推進者であったが、上院で合同条約廃止の動議を提出した。動議は、四票の代理人・委任状投票が出たことで、反対が上回り却下される結果となったが、この少数の不在者の差で、連合王国は存続できたともいえる。それ以降、スコットランドのアイデンティティは、スコットランド文化の固有性に依存して保たれていく。

ジョージ一世即位――ハノーヴァー王朝へ

アン女王が跡継ぎがいないまま死去したあと、ドイツのハノーヴァー選帝侯、ゲオルク・ルートヴィヒがグレート・ブリテン王国およびアイルランド王国の国王ジョージ一世（在位一七一四～二七）として即位し、ハノーヴァー王朝が開かれた。ジョージ一世は一六六〇年生まれ、ジェイムズ六世の娘で、ボヘミアのウィンター・クイーンとして知られたエリザベスの一番下の娘ソフィアの息子であった。ソフィアはアンの死の直前に亡くなっていた。新国王はイングランド人にもスコットランド人にもあまり知られていなかった。国王自身は英語を理解できず、学んだこともなかった。そのため文化の異なるイギリス国民からあまり好まれず、人気はなかった。とはいっても、彼はプロテスタントであり、ステュアート家の血を引いていたので、スコットランド人の大半からは十分に歓迎された。一七一四年八月五日、エディンバラで彼の王位継承が宣言され、市内は歓喜に満ちた。翌日の夜には、アーガイル公爵夫人が、王の即位を祝う大舞踏会をホリールード宮殿で催した。

しかしながら、ジョージ一世の即位に対し、ジャコバイト派（ジェイムズ七世・二世支持派）は非常に落胆した。彼らはアンの死後、ジェイムズ七世・二世の子孫「プリテンダー」（僭称者）が王位に就くことを強く望んでいたからである。スコットランドのハイランドでも、ローランドでも、多くの地域でジョージ一世への不満がくすぶっていた。ジャコバイト派はジェイムズ王の復活に向け、密かに武装の準備を始め、ジョージ王の即位後一年も経たないうちに、ジャコバイトの指導者の動きが顕在化してきた。ジョージ一世の不人気がジャコバイトの結束を加速させたのは確かである。

一連のジャコバイト蜂起

ここでジャコバイトの呼称について確認しておく。「ジャコバイト」（Jacobites）とは、英語のジェイムズ（James）のラテン語形ヤコブス（Jacobus）に由来する語である。革命でイングランドからフランスへ亡命したステュアート家のジェイムズ七世・二世を正統なイングランド王として支持する一派である。ジェイムズの王位復帰を目的に、ジャコバイト派は、ハノーヴァー家を王位に就かせたイングランド政府に反対し、武力をもって政権に立ち向かった一連の戦いがジャコバイト蜂起である。蜂起を反乱と表すことも多い。ハイランド地方の人々を中心に、広い範囲のスコットランド人によって結成されたジャコバイトの集団が数度にわたって蜂起し、ブリテンの連合王国（イギリス）政府に脅威を与えたが、結局は王権奪回の目的は果たせずに終わった。

チャールズ・エドワード・ステュアート（ボニー・プリンス・チャーリー）

一六八八年、ステュアート家のジェイムズ七世・二世がイングランドを去り、一三七一年にロバート二世が開祖となって以来、代々祖先から引き継いだ王位を放棄したことが、ジャコバイト蜂起事件の発端となった。ジェイムズ王はイングランドを去ったが、多くの臣民は彼を正統な王とみなしていた。一七〇一年にジェイムズ七世・二世が死に、彼の息子ジェイムズ八世・三世（大僭称者）がスコットランドに戻り、一七一五年、王権を取り戻そうと武装蜂起した。しかし、この蜂起は失敗に終わり、一七一九年にもう一度蜂起した。

一七四五年、彼の息子チャールズ・エドワード・ステュアート（一七二〇〜八八）〔小僭称者、ボニー・プリンス・チャーリーの愛称で知られる〕が率いるジャコバイト軍が、父に代わってイギリス王位を奪還するため大がかりな蜂起をした。だが、ジャコバイト軍はイングランド中部のダービー近くまで進撃したが、イングランドでの支持がなく戦局を不利とみて引き返し、インヴァネス近くのカロデンの戦いで、イギリス軍に全面的に敗北した。

オールド・プリテンダー（大僭称者）

革命で王位を奪われ、フランスへ亡命したジェイムズ七世・二世の次男ジェイムズ・フランシス・エドワード・ステュアート（一六八八〜一七六六）は、イングランドの正統な王としての継承権をもつとして、王位を請求したことから、オールド・プリテンダー（老僭王あるいは大僭称者）と呼ばれる。彼の息子チャールズ・エドワード・ステュアートは、ヤング・プリテンダー（小僭称者）と呼ばれる。「プリテンダー」（僭称者）とは王位などを請求する、あるいは僭称する者を意味する。ジェイムズ・フランシス・エドワード・ステュアートは彼を支持するジャコバイトからジェイムズ八世・三世と呼ばれた。彼の自称在位は一七〇一年から一七六六年である。

ジェイムズ・フランシス・エドワード・ステュアートは、ジェイムズ七世・二世と二番目の王妃メアリー・オブ・モデナのあいだに生まれた。異母姉にメアリー二世、アン（女王）、異母兄にジェイムズ・フィッツジェイムズ、同母妹にルイーズ・マリア・テレーザがいる。セント・ジェイムズ宮殿で誕生してわずか五か月後に名誉革命が勃発し、母に連れられてフランスへ避難した。父もフランスへ亡命した。

一七〇八年、ジェイムズ・エドワードの王国を回復するための最初の企てがなされた。そのとき、フランスの艦隊が彼をスコットランドの海岸まで運んだ。イングランドの艦船と遭遇したこと、猛烈な嵐に襲われたことのために、フランスの指揮官は上陸を断念した。ジェイムズ自身の強い反対にもかかわらず、艦隊はフランスへ引き返した。合同への反感が高まっていた真っ最中で、スコットランドで支持を得る最良の機会であったが、計画は失敗に終わった。

一七一三年、イギリスとフランスの敵対関係の休止で、ルイ一四世はユトレヒト条約によりハノーヴァーの王位継承を認めざるを得なくなり、「プリテンダー」への後援を断念せざるを得なくなった。ジェイムズ・エドワードは、ルイ王が彼を追放せざる得なくなる前に、フランス領から首尾よく撤退した。しかし、それ以後、彼の復位を計画することは困難になった。

一七一四年の異母姉アン女王の死去の際に、ジェイムズ・エドワードはプロテスタンティズムに改宗することで、王国を継承できたかもしれない。だが、彼は自分の信念を曲げることを拒んだ。彼は父親のようにカトリックの頑固な信者ではなかったが、カトリックの立場を捨てることはできなかった。

一七一五年の蜂起

一七一五年のジャコバイトの蜂起は新王ジョージ一世の不人気に乗じて計画された。だが、それは、国王が十分に地位を固めてから行われたという点で、実際は時機を失していた。蜂起は第六代マー伯、ジョン・アースキンによって主導された。彼は合同条約の署名者の一人であったが、ジョージ一世が彼を高い地位に就任させなかったことなどに不満を抱き、立場を変え、ジャコバイトになった。

九月六日、マー伯は国王軍の旗を高く掲げ、オールド・プリテンダー(ジェイムズ八世・三世)の軍団であることを宣言した。演説のなかで彼は合同を非難し、一般の支持を得ようとした。フランスの支援が期待されたが、ルイ一四世の死の直後で支援がなされず、加えてジェイムズを支える氏族のあいだで分裂が起こり、ジャコバイト軍は不運に見舞われた。にもかかわらず、マー伯は五〇〇〇のハイランド人の軍団を組織し、その軍団を率いて、九月一六日パースを占拠した。この成功で、さらに支援態勢が強まり、軍団への参加者は一万二〇〇〇人に達した。だが、彼はその勝利の勢いで、スターリング、さらにエディンバラを攻めることをせず、パースにとどまり、オールド・プリテンダーの到着を待つ決断をした。

その一方、マー伯より一層野心的なマッキントッシュ・オブ・ボルムが率いる二〇〇〇人からなるジャコバイトの軍勢は、エディンバラへ奇襲をかけようとしてリースに結集した。しかし、政府軍を指揮していたアーガイル公に首尾よく阻止される。アーガイル公は、純粋に政治的意図から合同を撤回させようとしていたが、政府が反逆と判断したジャコバイト蜂起に与《くみ》することにはまったく関心がなかった。

マッキントッシュ・オブ・ボルムはエディンバラへの進撃をあきらめ、イングランドでジャコバイトへの支援を求めた。それによって、スコットランド南西部のケンミュア卿率いるジャコバイト軍と、ダーウェントウォーター卿指揮下のイングランドのジャコバイト軍との合流が実現した。これらのジャコバイト連合軍は、西部ルートを進んでイングランドへ侵入したが、一一月一四日、プレストンで敗北する。一方、マー伯とアーガイル公の軍隊は、ダンブレーン近くのシェリッフミュアで対戦した。戦術的には両軍とも引き分けであったが、アーガイル軍が戦いを有利に進め、マー軍はパースまで後退させられた。

連絡のまずさから、オールド・プリテンダーはマー伯の進撃についてかなり遅い段階まで知らなかった。秘密のうちにフランスを抜け出すことが困難だったために、彼のスコットランド到着は、一二月二二日まで遅れた。また、彼のスコットランド滞在は三週間の短いもので、ジャコバイト軍を失望させた。彼の支援者たちはスクーンで彼を即位させることを意図していた。だが、彼はパースまで南下したものの、マー軍の敗走とアーガイルの進撃で撤退に追い込まれ、蜂起は決着した。

一七一六年二月の初め、オールド・プリテンダーはマー伯とほかの支援者たちを随伴しスコットランドを去った。三〇人ほどのジャコバイトが反逆罪で処刑され、七〇〇人の捕囚がアメリカの農場に送られた。一七一五年の蜂起の失敗にもかかわらず、オールド・プリテンダーは復位の希望を捨てなかった。

一七一五年蜂起以後

その後オールド・プリテンダーの結婚をめぐる交渉が代理人を介して進められ、彼はポーランドの王女マリア・クレメンティナ・ソビエンスカと結婚する。一七一九年秋、二人はローマに居住したが、そこは陰謀とスパイ活動の中心地となった。クレメンティナは夫との間に二人の息子を産んだ。兄チャールズ・エドワードは一七二〇年に生まれ、弟ヘンリー・ベネディクトは一七二五年に生まれた。兄は「ボニー・プリンス・チャーリー」の愛称で知られ、一七四五年のジャコバイト蜂起の主役となる。父の「オールド・プリテンダー」（大僭称者）に対し、「ヤング・プリテンダー」（小僭称者）と称された。子ども時代から、彼は、父と、彼の一家の王位継承のために、グレート・ブリテンを取り戻すことを使命と考えるように育てられた。彼はひたすら成人になる日を待っていたのであろう。

一方スコットランドでは、復活したジャコバイティズムが政府に警戒心を呼び起こし、厳しい対応がとられるようになる。政府は、プレストンで捕らえられたケンミュア卿とダーウェントウォーター卿を処刑し、一七二五年に「ハイランド地方武装解除法」を成立させ、クラン（氏族）から武器を没収した。だが、この法案は骨抜きとなり、効果はなかった。なぜなら、政府を支持するクランは武器を引き渡したが、ジャコバイトのクランは旧式の火器や使い古しの刀剣は引き渡したものの、最良の武器は将来再び戦うためにとっておいたからである。彼らはその日が来ることを疑わなかった。

政府はハイランド地方への統制力を高めるために、運搬や交通手段の改善を図った。その政策で目立ったのは、主要な地点を結ぶ軍用道路や橋梁の建設である。ジョージ二世の治世の終わり頃の一七二四年、首相のロバート・ウォルポール卿は、ジョージ・ウェイド将軍（一六七三〜一七四八）を北部方面の最高司令官に任命し、政府代理としてスコットランドを統治する権限を与えた。ウェイドはハイランド地方の交通運輸力を向上させるため広範囲に及ぶ道路網の建設に取り組んだ。重要な要塞のあるフォート・オーガスタスとフォート・ウィリアムのあいだだけでなく、フォート・ジョージ、インヴァネス、そしてクリフなどを結ぶ軍用道路を建設した。彼は一〇年以上に及ぶ工事で、四一六キロメートルの道路と、三〇以上の橋を完成させた。これによって、万が一またジャコバイトの蜂起があっても、軍の移動や物資の運搬に大きな効果があるだけでなく、ハイランド地方の秩序維持にも役立つと政府は考えた。これらの道路の本来の目的はハイランドを取り締まる軍隊の移動を容易にすることであったが、平時には、普通の旅行者も通行した。

ブラック・ウォッチ

ウェイド将軍はジャコバイトの動きを密かに見張るため、ハイランドのクランの成員で編制した警察組織（警察保安隊）を創設した。この組織は一七三九年と一七五一年にハイランド連隊となり、ブラック・ウォッチの俗称で呼ばれた。ブラック・ウォッチは、レッドコートと呼ばれる正規軍と区別するため、紺と暗緑色の黒っぽいタータンの制服を着用した。ブラック・ウォッチの名は、この暗緑色の制服を着て、ハイランド地方の警護とジャコバイト監視（ウォッチ）を任務としたことに由来する。

ハイランド人を見張るのに仲間のハイランド人を使った最初の君主はジェイムズ六世・一世であったが、ウェイドはこの発想を活用して、さらに発展した組織体のブラック・ウォッチを編制し、見張りに効果をあげた。

ブラック・ウォッチは、当初は国王に忠誠を尽くすキャンベルやグラントなどのクランを中心に結成されたが、次第にクランの対象が拡大され、ハイランド全域にわたるようになった。ブラック・ウォッチの巡回は敵対するクランの動向を察知するのに効果をあげ、襲撃や報復などの発生を防いだ。しかし、ブラック・ウォッチの隊員は自分の家族やクランから排斥されたり、のけ者にされることがたびたびあったので、そうした「村八分」が起こったときは、当の隊員はほかの部隊に所属替えとなった。

ハイランド地方に結成された連隊の多くは、一八〜一九世紀を通じて統廃合され姿を消したが、当初のクランのハイランド連隊は名称を変えて存続し、一九二二年からは俗称のブラック・ウォッチに戻した。

ジョージ二世即位

一七二七年のジョージ二世の即位は、ジャコバイト騒動へほとんど影響を与えなかった。ジェイムズ・エドワードは王位回復への積極的な関わりをあきらめた。息子のチャールズ・エドワードはまだ小さな子どもだったからである。しかしながら、ジョージ二世が人気がなかったのは父親同様で、全権を握る首相ロバート・ウォルポールも、ワイン、ブランデー、紅茶などへの増税でスコットランド人からは愛想をつかされていた。その結果、密輸が横行し、王国の社会秩序は乱れていた。こうした混乱と無秩序を反映して、一七三六年、エディンバラで人騒がせなポーテアス事件が発生した。

市警備員のポーテアス大尉が、彼の部下に、密輸業者の処刑に抗議していたエディンバラの群衆に向け発砲を命じたのである。ポーテアスはスコットランドで死刑を宣告されたが、ジョージ二世の不在で摂政役を務めていた女王、キャロライン・オブ・アンスバッハによって刑の執行を延期された。処刑延期の後、ポーテアスは群衆によって監獄から連れ出され、「知らない人々」から夜通し私刑（リンチ）を受けた。政府は「ペインズ・アンド・ペナルティーズ」の法案を可決することで対応した。その規定により、エディンバラ市憲章は無効になり、市警備隊は解隊され、ネザーボウ港は解体され、市長は投獄された。

こうした処罰は、アーガイル公とカロデンのダンカン・フォーブズの尽力で罰金刑に軽減された。民事控訴院の政府への影響力がスコットランドを救うために一貫して行使された。「ポーテアス事件」はジャコバイトとはまったく関わりのないことだったが、政府の不人気を示す事件であったのは明らかで、ジャコバイトを間違いなく勇気づけた。

一七四五年の蜂起

プリンス・チャールズ・エドワード〔正式名はチャールズ・エドワード・ステュアート〕（小僭称者、愛称はボニー・プリンス・チャーリー）は、一七四五年七月五日に二艘の船でフランスを出発した。そのうちの一艘はイギリスの軍艦にさえぎられ、引き返さざるを得なかった。チャールズ・エドワードは航海を続け、七月二三日、少数の仲間とアウター・ヘブリディーズ諸島のエリスケイ島に上陸した。チャールズはスコットランドに上陸したが、あまり歓迎されなかった。チーフ（族長）たちは約束されたフランスの支援がなかったので、クランの兵士たちを召集するのに乗り気でなかった。一七一五年の蜂起の結末の記憶が、彼らに二の足を踏ませたのは無理もないことであったろう。

ボイズデールのマクドナルドが、「国へ帰る」よう意見を述べたところ、チャールズ・エドワードはこう答えた。「私は自分の国へ帰ってきたところだ。だから自分が後にしてきた場所へ、引き返す考えはまったくない。私の忠実なハイランドの人たちは支持してくれると確信している」。チャールズは劇的な言い回しを用いるのを好んだ。感情への訴えかけが人々を彼の大義に引き寄せる瞬間を本能的につかむ才能があった。一七四五年の蜂起の初期の成功は彼の楽天的な熱情に負うところが大きかった。それは彼の父親の宿命論とは際立って対照的だった。

ジェイムズ・エドワードの指導力の欠如が軍隊の分散を許すことになったのに反して、チャールズ・エドワードのカリスマ的性質は軍隊を存続させる力となった。クランラナルドのマクドナルドとロッホシールのキャメロンは、チャールズのためにおよそ九〇〇人のクランの兵士から成る軍団を組織した。八月一九日、チャールズはロッホシールの湖の上《かみ》（川の流れ込む方）にあるグレンフィナンで王軍の軍旗を掲げ、父「ジェイムズ八世・三世」の王位継承を宣言した。

チャールズ軍はマクドナルドとキャメロンの兵に、ステュアート・オブ・アピンのクランの兵などが加わり、今や総勢約二〇〇〇人に増えていた。チャールズの軍はローランドに向けて行進し、ウェイド将軍の軍用道路を利用してコリエイラック峠を越えた。ジャコバイト軍は途中でさらに数を増し、容易にパースを占領することができた。そこでチャールズはアスロール公の兄弟ジョージ・マレー卿と合流する。マレー卿の豊かな軍事経験はチャールズ自身の経験不足を補った。九月一七日、チャールズとその軍はエディンバラに入り、マーカットクロスで再び父王の王位継承を宣言した。エディンバラ城を占拠することはできなかったが、ホリールードまで勝利の騎馬行進をし、その後数週間、そこに宮廷を置いた。

チャールズ・エドワードは九月二一日、エディンバラの少し南方にあるプレストンパンズの戦いで、ジョン・コープ卿指揮下の政府軍に対し、この上なく堂々とした勝利を収めた。この勝利が彼の成功の最高の時だったであろう。そのあと、彼はフランスの援軍を待ち望みながら、エディンバラに長く滞留しすぎたかもしれない。武器と資金は彼に送られてはきたが、彼が必要とする兵士たちの追加派遣はなかった。彼はすばやく確信した、スコットランドでの勝利にすぐイングランドへの侵入が続かなければ、たちまち敗北すると。とくに、この時までにウェイド将軍がニューカッスルに到着しており、スコットランド侵入を直前に、増援軍を待っていたからである。

したがって、ジャコバイト軍はローランドで志願による少数の補充兵を確保し、全体でわずか八〇〇〇人ほどの軍団しか擁していなかったが、チャールズはイングランド侵入を決断した。一一月の初め、ロンドンを目指してジャコバイトの進撃が始まった。ジョージ二世はその知らせを受けて、激しい恐怖に襲われ、ハノーヴァーに逃げ込む用意をしたと伝えられた。しかしながら、彼の息子、カンバーランド公ウィリアム・オーガスタスは、ジャコバイト軍に対して戦闘を開始するため、第二の軍隊を創設する権限を委ねられた。

ジャコバイト軍は一一月一五日にカーライルを占領し、一一月二五日にランカスターのペンリス、翌日にプレストン、一一月二九日にマンチェスター、一二月四日にはダービーを陥れた。

カロデンの戦い

イングランドへの進撃の始まりはまた、ジャコバイトの幻滅の始まりでもあった。チャールズ・エドワードを支持する大規模な蜂起はまったく起こらなかった。三〇〇人の補充兵が「マンチェスター連隊」を編制したが、チャールズの軍隊が一二月四日にダービーに着くまでは、数人の個人以外、だれ一人加わらなかった。ロンドンから二〇〇キロメートルの地点で、チャールズ軍の士官たちは士気を失っていた。有能だが慎重な指揮官ジョージ・マレー卿に率いられた指揮官たちは、チャールズ軍が北方へ引き返し、スコットランドでの勝利を固めることを要求した。

ここまでのチャールズ・エドワードの成功は彼の信じられないほどの大胆さによるものであったが、その大胆さだけでロンドンをも勝ち取ることができるとは考えにくい。フランスからの大量の派兵、あるいは一般人によるジャコバイト蜂起があれば、そうした勝利を続けられたであろうが、大胆な進撃に異論が出て、勝利の唯一の可能性は消えた。チャールズの楽観主義は、イングランドでの支持が得られない状況に直面して、士官たちを鼓舞できなくなった。彼らは、軍事的決定は指揮官委員会に委ねられるべきであると要求した。チャールズは抵抗したが、くつがえされて委員会が発足、退却が決定した。

ジャコバイト軍は一二月二〇日までにスコットランドへ帰還した。一七四六年一月、チャールズはフォルカークで最後の勝利を得た。ホーリー将軍に指揮されたわずかに規模の大きい政府軍を敗走させた。チャールズは、スターリング城を占拠したこの勝利を機に、しきりに状況の好転を図ったが、城を包囲したものの、すぐ完全に奪取できる見込みはなく、指揮官たちはさらに北方へ撤退することをチャールズに迫った。彼は不機嫌に黙認し、後退してインヴァネスに軍の司令部を置いた。その結果、軍勢の動きが止まり、兵員の士気が急速に低下した。一方、政府軍のカンバーランド公は、アバディーンに軍隊を集約させていた。時が政府軍に味方していることを実感しながら、カンバーランドは、決戦の準備に手抜かりがないよう万全を期した。彼の軍隊は装備が行き届いていた。一方のジャコバイト軍のほうは、飢えに直面していた。

両軍の決戦は、四月一六日、インヴァネス近くの、カロデンで行われた。カロデンの戦いで、ジャコバイト蜂起は終結した。カンバーランドの熟達した砲兵隊の砲火が、恐ろしいほど多くのハイランド人を虐殺した。だが、カンバーランドはその勝利によって何ら栄光を得ることはなかった。彼の兵たちが犯した残虐行為のために、彼は戦いのあと「虐殺者カンバーランド」の汚名を着せられたからである。負傷者のなかには射殺されたり、地面に倒れていて銃剣で突かれたりする者がいた。焼き殺された犠牲者もいた。

カンバーランド公の残虐な報復

勝利を収めた政府軍はローランド人による三つの大隊で編制されていた。カロデンの戦いはローランド人とハイランド人のあいだの戦闘でもあったともいえる。同時に、ブリテンの地で戦われたローランド人とハイランド人の最後の戦いで

「カロデンの戦い」（デイヴィッド・モーリエ画）

あった。戦場で一二〇〇人以上のジャコバイトが殺戮されたが、政府軍兵士の死者はわずか五〇人にとどまった。

カロデンの戦いは、実際の戦闘よりも、戦いのあと「残虐な殺し屋」カンバーランド公による無残な殺戮で知られる。ハイランドを平定するために任命されたカンバーランドはフォート・オーガスタスの要塞に彼の本拠を創設した。そこから彼はさまざまな残虐で野蛮な軍事命令を発した。彼の非人間的な支配の実態は記録に残っている。カロデンでも、戦いのあとカンバーランドが戦場を見て回り、生き残っている兵を殺すように命じた。

逃亡したジャコバイトたちは、カンバーランドの兵たちによって徹底して探し出され、処刑された。負傷や飢えに苦しみながら、戦場から三二キロメートルほども離れた遠方でさ迷っているところを発見された者も多かった。捕まって生きたまま焼き殺された者もいた。囚人として連行されると、虐待され、拘束されたまま命を奪われた。カンバーランドの命令を受けたある士官は、一日で七二人ものジャコバイトを殺したことを自慢したと伝えられる。

とりわけ残虐な例として知られるのは、カロデンで隠れているのを発見され処罰された一九人のジャコバイトの士官たちの場合である。彼らは壁を背に並ぶように命じられ、一斉射撃された。何らかの方法で生き残った人たちは、マスケット銃の太い端で殴打されてほとんどが死んだ。ある士官は、鼻を骨折し、目をえぐられ、顔に恐ろしいほどの重傷を負いながらも、どうにか逃れることができた。

窮地に追い込まれたジャコバイトを救助したハイランド人は拷問を受け、全財産を強奪された。反抗的なクロフター(小作人)も冷酷な仕打ち――食糧や資産の奪取、妻への暴行など――を受けた。約八〇〇〇頭の牛がクロフターや地主から取り上げられ、フォート・オーガスタスに運ばれたとされる。蜂起に直接加わっていなくても、乱暴な仕打ちを被った人が多かった。カロデンの戦いのあと、カンバーランド公によって敗残兵三五〇〇人が捕縛されたが、そのうち一二〇人が処刑され、一〇〇〇人以上が土地を追われ、およそ七〇〇人が投獄されたと推定されている。

カロデンの戦いのあと、政府によるハイランドへの厳しい禁圧の措置が取られた。ハイランド・ドレスの着用とバグパイプの使用は違法として禁止された（ただし、ハイランド連隊での着用と使用は例外とされた）。ハイランドの習俗も廃止が求められた。クラン制度は解隊され、チーフ（族長）や領主の権力が制限された。ハイランドへの措置は、ローランドやボーダー（国境）地方にも影響を及ぼした。

フレイザー公爵の処刑

フレイザー氏族の指導者、第一一代ラヴァト卿サイモンはチャールズ軍の指導者の一人でもあった。陰謀家として知られ、ジャコバイト蜂起に関与して、大逆罪で処刑された。

ケルト人の家系に生まれ、若い時は力では並ぶ者がなかった。一六歳のとき、ジャコバイト蜂起との関係で、すでに三回投獄されていた。持ち前の勇気と激しい熱情で多くの女性を虜にし、三度結婚した。ハイランド地方の最も有力な氏族の指導者の地位を確立したあと、野心は公爵の栄誉を手に入れることであった。しかし、ジャコバイト支援ではいくぶん矛盾していた。一七一五年の蜂起のときは反ジャコバイト側（政府側）に立ったが、一七四五年の蜂起では、息子と氏族をチャールズのために戦うよう蜂起させた。

フレイザー公爵は一七四五年のジャコバイト蜂起のあと、モラー城で逮捕されてロンドン塔に移送され、大逆罪の容疑で貴族院の裁判にかけられた。一七四七年三月一九日に死刑の判決が下され、四月九日に斬首された。処刑の直前でも明るく振る舞い、ホラティウスの詩を引用して、「祖国のために死ぬことは美しく、名誉である」と述べたと伝えられる。

チャールズの逃走と末路

チャールズ・エドワードは、カロデンの戦いに敗れたが逃亡して生き残り、歴史上最も有名な「お尋ね者」の一人となった。一七四六年四月から九月まで、彼の首には三万ポンドの報奨金がかけられたが、彼は捕縛をまぬがれ、スコットランド本島から、ノース・ユーイスト島およびサウス・ユーイスト島へ、さらにスカイ島へ渡り、再び本島へ戻るなど、逃走し続けた。ハイランド人と島嶼の人々は、莫大な額の報奨金を侮蔑し、チャールズの所在を報知することはしなかった。チャールズは逃走中多くの支持者に助けられたが、とりわけ賞賛され、最もよく記憶されているのは、フローラ・マクドナルド（一七二二～九〇）の献身的助力である。

チャールズ・エドワード・ステュアートの逃走を手助けしたフローラ・マクドナルド

フローラはアウター・ヘブリディーズ諸島の一つサウス・ユーイスト島に生まれたが、家族とスカイ島に移り住んだ。一七四六年六月、たまたま故郷に戻った彼女は、チャールズをひそかに脱出させる計画に関わることになった。チャールズは彼女の故郷近くの島々を転々として隠れていたが、イングランド軍に気づかれたため、より安全なスカイ島へ移すことになった。六月二八日夜、ベンベキュラ島を小舟で出発したときは、フローラはチャールズのアイルランド人召使に変装して彼を守った。翌朝船はスカイ島北部に着き、脱出は成功したかに思われたが、チャールズを運んだ船頭が逮捕されて白状したため、チャールズが七月一日に島を離れたあと、フローラは逮捕され、翌年七月まで島内に軟禁された。フローラのチャールズ脱出作戦への関わりは、英雄的行為としてたたえられ、伝説化されていく。

一方、チャールズは、結局九月一四日、彼を救出するために用意されたフランスの帆船「ルールー」号に乗船し、一〇月一日、フランスに上陸した。当初は、チャールズは彼のカロデンでの敗北を王位継承の戦いの終わりとは認めなかった。彼はルイ一五世の援助を大いに期待し、再起を期してフランスへ帰ったようである。チャールズ・エドワードのその後の人生は、放浪する亡命者として、個人的な悲劇に終わるが、もはやスコットランド史の一部を成す動きはできなかった。彼は正統な後継者がいないまま、一七八八年にローマで生涯を閉じた。ボニー・プリンス・チャーリーへの愛慕の情と残虐な殺戮を行ったイングランドへの怨念は、今もスコットランド・ナショナリズムの根底にある。

密輸の横行

スコットランドの地形は海岸線が多く、九六〇〇キロメートルの長さに及んでいる。その大半はヨーロッパに近接し、海岸は総じて荒々しく、人気《ひとけ》がない場所である。夜ともなれば、闇に閉ざされ、なにかと危険で、恐ろしい空間になる。ところが、一八世紀にこの海岸線を利用し、夜陰にまぎれて違法な商取引を行う人びと――つまり、密輸業者たちが暗躍した。

密輸業者は潮の動き、危険な岩場、狭い通路、密輸品の隠し場所を熟知しており、取引に当たっては、灯りによる秘密のシグナル（合図）を巧みに用い、船の運行や馬による運搬を首尾よく遂行した。密輸業者たちについての多くの物語がスコットランド文学のなかに織り込まれている。密輸の実態について詳しかった小説家のサー・ウォルター・スコット（一七七一～一八三二）は、「密輸はスコットランドでほぼどこの地域でも行われた」と述べている。一八世紀には、正規の広範囲にわたる海外からの輸入品（家庭用品や贅沢品など）に、忌まわしいほど高額の税が課せられたため、結果的にこの「自由貿易」がものすごく増えることになった。

地域社会のあらゆる部門の人たちが、地主も聖職者も含め、密輸に熱中したといわれる。当然、密輸締まりの収税官の目が光り、両者の間で裏をかこうとする緊張した「ゲーム」があちこちで展開された。一七九四年からダンフリースで収税吏（副監督官）の職に就いた詩人のロバート・バーンズ（一七五九～九六）も密輸取り締まりに従事した。密輸業者たちはブランデー、ラム酒、ジン、ワイン、オレンジ、レモン、手鏡、トランプのカード、ヘアパウダー、便箋、オランダ亜麻布（リンネル）、櫛、そのほか品薄の物、高価な物などの輸入に関心をもった。密輸によってイギリス政府のうけた歳入の損失額は、相当多額に上った。密輸業者たちの多くはジャコバイト支援者であったから、彼らは、密輸によってイギリスに対するある種の報復を果たしている喜びを感じていたかもしれない。彼らにとって、密輸は収益だけでなく、栄誉をもたらす仕事でもあったのである。

密輸の規模は想像以上に大きく、一七二九年のある取引では、運ばれたブランデーの量は二〇〇〇ガロン（一ガロンはイギリスでは四・五リットル）もあった。密輸は大事業で、業者は命がけで、注意深く業務を成功させる必要があった。密輸団の頭領は小さな悪党などではなく、莫大な資産をもつ地域の実力者である場合が普通だった。密輸業者たちには、大量の商品の船積みを資金的に可能にさせる「裏方の援助者」がついていた。

密輸が盛んだった場所の一つクレイル（ファイフ）の港

いかなることがあっても、その人の名を秘匿できるように仕組まれていたという。

密輸は国際的なネットワークで実行され、到着した荷物は、夜間にさりげない灯りの合図で、極めて巧妙に入り江などから秘密の倉庫へ納入された。利用された小さな入り江の数は多いが、ファイフのクーロス（Culross）の入り江は有名である。密輸業者たちは必死だったので、収税官たちに見つかると、しばしば血みどろの闘いになることがあった。一七三六年に「密輸入者法」が制定され、収税官を負傷させたり、武器を用いたりした場合は、極刑が課せられるようになった。

第9章 スコットランド啓蒙と産業革命

1745/1900

ローランドの繁栄

ジャコバイト蜂起のあった一七四五年までに、ローランド地方は新たな経済的発展を見せ始めていた。それは合同の直接の結果であったかもしれない。合同以降一世代の時が経ち、スコットランド人は合同を歴史的事実として受け入れ、連合王国の土俵で発展を目指すようになった。合同によってスコットランド人は、アメリカの諸植民地と交易する権利を認められ、スコットランド西部の港湾都市、とくにグラスゴーは、またたく間に前例のない繁栄の時期を迎えた。グラスゴーにとって、最大市場であるアメリカのボストン港への大西洋横断最短地であったことが幸いした。

一七五〇年代には、スコットランド全体がグレート・ブリテン連合王国、さらにはより広いブリテン帝国の一角にしっかりと組み込まれた。グレート・ブリテン連合王国は、新しい体制固めのため、北アメリカ、西インド諸島、インドなどに勢力を拡大し、それを守る必要があったのだろう。帝国の交易と支配の必要性はスコットランドにも重くのしかかった。この頃からほぼ二〇〇年間、スコットランド人の大多数は、ブリテン帝国の一員であることに、そのアイデンティティの基盤を置いていくことで満足する。

たばこ貿易

最初のグラスゴー所有の船が大西洋を横断したのは、一七一八年のことであった。それはグラスゴーとアメリカとのたばこ交易が確立する先触れとなる。アメリカの植民地はヨーロッパと直接貿易することをイギリス政府によって禁じられていたため、アメリカのたばこ葉はグラスゴーに船で運ばれ、ヨーロッパへ再輸入される、一種の三角貿易の形をとった。たばこのほかに、アメリカの植民地はスコットランドにラム酒や砂糖を輸出した。一方、スコットランドの商人は、アメリカの植民地へアメリカではまだ生産できない工業製品を供給した。スコットランドは、グラスゴーを貿易の拠点港としためざましい商業活動の恩恵により、ローランド地方を中心に未曾有の繁栄を見せた。

グラスゴーには、たばこ貿易で巨利を得て、富裕になった商人たちが多く見られた。彼らは「たばこ王」（タバコ・ロード）と呼ばれ、市街地に豪華な邸宅を構えた。競うように豪邸が築かれるなか、建築技術が向上し、室内外の装飾の様式が洗練され、グラスゴーの芸術水準が高度になった。

亜麻織物（リンネル）産業

しかし、そのたばこ交易もアメリカ独立戦争（一七七五～八三）によって不振に陥ることになる。そのうえ、戦争が終わったあとも、交易は以前の好況を回復することはできなかった。なぜなら、アメリカ人がみずからヨーロッパと直接交易ができるようになったからである。それ以来、グラスゴーの商人は亜麻の織物（リンネル）取引に資力を多く注ぎ込むようになった。スコットランド産の亜麻の織布は、とくにアメリカで需要が高かった。

亜麻布生産のさまざまな工程――亜麻（糸）の確保、紡績、織り、漂白、染色――は、スコットランドの大半の地域で家内産業として遂行された。合同後、スコットランドは、たばこ葉輸入の見返り輸出品として亜麻織物に着目し、一七二七年に創立された製造業管理局は、亜麻織の優秀技術に対して報奨金を与え、資本を提供するなどの制度を創設した。亜麻織物産業は、商業的および工業的な面で、銀行業の進展にともない、支援が一層増強されていく。スコットランド銀行は一六九五年に創立されたが、一七二七年にはさらに王立スコットランド銀行、一七四六年には英国リンネル銀行が設立された。

亜麻（リンネル）を梳《す》く作業

　亜麻織物の生産と輸出は、スコットランドの最初の国際貿易といえる。国務長官アーガイル公と検事総長ミルトン卿の指揮のもと、オランダとフランスから織物技師を招き、国家的に亜麻織物産業を本格化させた。一七四六年にブリティッシュ・リンネル会社が国王勅許状を得て設立され、ほかの私企業も設立された。一七六〇年代には国内の大都市とロンドン、さらにはアメリカ、ヨーロッパでも販売が行われ、大量に輸出された。一七二八年から一七七一年の間に、亜麻織物の生産は六倍に増えた。

　しかしながら、一七五六年のフランスとの七年戦争の影響、アメリカ独立戦争、国内の木綿工業の台頭などにより輸出機会を失い、亜麻織物産業は徐々に衰退した。

紡績機の発明

衰退した亜麻織物産業に代わって盛んになったのは、綿の紡績業ではなく、羊毛の紡績業であった。スコットランドは古い時代から糸繰り機を回して毛を紡ぎ、特色ある毛織物を生産してきた。一七世紀以降は、ヨーマン（独立自営農民）やジェントリー（郷紳）が羊毛や毛織物の生産と販売に携わるようになった。しかし、まだ紡績業は脆弱《ぜいじゃく》であった。ところが、合同以後、イングランドや海外の市場が飛躍的に開け、発展の環境が整い始めた。アーヴィン一帯はレース編み製品の主要な生産地となった。すなわち、エディンバラ、ハディントン、マッセルバラはウール製品で知られる産地となり、キルマーノックは当初はボンネットで名を広めたが、間もなくカーペットで知られるようになった。一方、北西部のダンファームリン、ダンディー、ストーンヘイヴンには織物の工場が集中した。

一八世紀後半になって、新たな紡績機が発明され、紡績業を一気に進展させることになる。

一七六四年頃にイングランドで発明されたハーグリーヴズのジェニー紡績機、一七六九年に発明されたアークライトの水力紡績機は、紡績業発展の原動力となった。紡績機の発明によって生産の機械化が格段に進み、水力の利用できるところでは、規模の大きい紡績工場が設立

大規模な紡績工場が建ち並んだ当時のニュー・ラナーク（グラスゴー南東）

された。最初の紡績工場は、一七七九年にロスシー（ロスセイ）に登場した。紡績工場の大半がレンフルーシャーやラナークシャーに設立された。

一七九五年までに、偉大な先駆的企業経営者・実業家デイヴィッド・デイルは、クライド川沿いのニューラナークに四つの工場を設立し、一三三四人の労働者を雇用した。一七九九年、デイルの義理の息子ロバート・オウエン（一七七一～一八五六）はニューラナーク紡績工場の経営を引き継ぎ、産業革命の最も悲劇的な犠牲者であった児童労働者のための教育と好ましい労働環境を提供することに力を尽くした。

ワットの蒸気機関改良

一八世紀後半はスコットランドの天才たちによって革命的な発明がなされた時代である。なかでも、一七六九年、発明家ジェイムズ・ワット（一七三六～一八一九）が改良を加えて実用化した蒸気機関は、一七八四年に汎用的な動力源として工場や交通機関に使用できるようにさらに工夫され、産業革命に大きく貢献した。ワットの改良した蒸気機関は、繊維産業とそのほかの産業、蒸気船、蒸気機関車などへの利用を通じて、エネルギー革命（第一次）をもたらした。

ジェイムズ・ワットはグラスゴーの西三五キロメートルにあるグリーノックに生まれた。母親は彼が一〇代のときに死去、富裕な商人であった父親は商売で失敗、ワットは苦難を体験した。一七五四年ロンドンへ出て機械製作者の徒弟として一年間働いたあと、一七五五年スコットランドへ帰る。徒弟修業期間が短かったため就職はうまくいかなかったが、結局一七五七年、グラスゴー大学で機械製作職員の仕事に就くことができた。

蒸気機関の改良にいたるまでには多くの積み重ねがあった。ワットは化学者ジョゼフ・ブラック

（一七二八〜九九）の弟子兼助手となり、ブラックの潜熱理論を学ぶことができた。この潜熱の知識が後にワットの蒸気機関改良に役立った。ワットは、かねてコーンウォールの鉱山で湧水を汲み上げるために使われていた、イギリスの発明家トマス・ニューコメン（一六六四〜一七二九）が発明した蒸気機関の模型が故障したため、その修理を依頼された。ニューコメンの蒸気機関はロンドンの機械製作者が修理できなかったもので、グラスゴー大学にその模型が持ち込まれ、ジョン・アンダーソン教授がワットに不完全な個所を直すように依頼したのであった。ある日曜日、ワットがグラスゴー・グリーン公園を散歩しているとき、革命的な改良法を思いつき、間もなく修理を完了させた。

実験室のジェイムズ・ワット

このニューコメンの装置の欠陥は、機関がすぐ過熱して大きな馬力がだせないこと、さらに燃料として多量の石炭を必要とするなどの欠点があることに気づく。一七六五年、ワットはシリンダーを直接冷却する方法を改め、シリンダーから蒸気を取り込んで凝縮させ、水に戻す復水装置を装着することにより、シリンダーがつねに高温を保ち得て出力を増大させ、石炭の消費量を従来の三分の一とすることに成功する。一七六九年、彼は特許を申請した。ワットの改良型蒸気機関は、全国の工場や鉱山で使われるようになった。その後数年間、ワットは彼の改良型蒸気機関にさまざまな改良を加えていく。

一七七四年には、裕福なバーミンガムの企業家マシュー・ボールトンと提携して蒸気機関の製造と販売を始めた。一七八一年には、工場の機械の動力源として使用できるように蒸気エンジンも上下直線運動を回転運動に変える遊星歯車機構の考案や、シャフトにはずみ車を取り付けて、エンジンの瞬間的な力を平均化する考案を実用化した。ワットの蒸気機関は綿糸紡績のような軽工業から鍛鉄のような重工業にいたるまで利用され、産業革命の大きな推進力となった。一七九〇年まではワットの蒸気機関はニューコメンの蒸気機関にとって代わり、一八〇〇年まではおよそ五〇〇基の蒸気機関が使用された。

蒸気機関の時代へ

ワットの蒸気機関は蒸気船に用いられ、大きな威力を発揮した。一七八八年、ウィリアム・サイミントンは五馬力の蒸気力でパドル（外輪船の水かき）を動かす蒸気貨客船をクライド川で実験航行させ、成功した。一八〇二年には、フォース・クライド運河会社がサイミントンに依頼して、中央船尾に外輪のある「シャーロット・ダンダス号」を製造し、同運河を定期航行させた。最初の実用蒸気船はアメリカ人フルトンの建造した「クレアモント号」である。一八一一年にヘンリー・ベルがウッド社に依頼して「シャーロット・ダンダス号」の三倍の大きさの木造外輪船「コメット号」を試作し、実験を重ねて改良を加え、一八一二年にイギリス最初の蒸気客船として航行させた。この船はグラスゴーとグリーノック間を航行したが、一八二〇年頃にはヨーロッパの各港へも航行した。乗客の気晴らしのために、船内に古典文学の書籍を収蔵した図書室を設けていた。

一八二三年までには、七二隻の蒸気船がクライド造船所で、二三隻の蒸気船がスコットランドのほかの造船所で建造された。リース造船所からは、一八三八年に、蒸気機関で最初に大西洋を横断した

「シリウス号」が進水した。同じ時期に、スコットランドでは、中国やインドから紅茶を輸送するティー・クリッパー（快速船）が建造された。ティー・クリッパーとしては、イギリスのホワイトスターライン社製の高速外洋帆船「サーモピレー号」が知られるが、この船は、初代船長ロバート・ケムボール指揮のもと、一八六八年一一月八日、アバディーンから処女航海に出て、それ以後、航路の最短記録を次々に塗り替えた。同じくイギリスで建造された「カティサーク号」は、一八六九年にスコットランド中部のダンバートンから出航し、「サーモピレー号」と紅茶運搬船として速さを競った。

最初の蒸気貨客「コメット号」が1811年にクライド川を航行するのに成功した

蒸気機関は、船のほかに鉄道の牽引動力として蒸気機関車に利用され、鉄道輸送を支えた。ジョージ・スティーヴンソンが性能のよい蒸気機関車を開発し、一八二五年、彼の機関車が北イングランドで初めて走行したが、スコットランドでは一八三一年九月二七日に、グラスゴーとガーンカークとの間に鉄道路線が開通し、スティーヴンソンの設計した蒸気機関車が牽引する列車が走った。乗客の大半は無蓋の車両に乗り、そのスピード（時速約一二キロメートル）に驚嘆した。鉄道はスコットランドとイングランドをより緊密につないだ。エディンバラ―ベリック線は一八四六年、グラスゴー―カーライル線は一八四八年に開通した。

製鉄産業の発展

一八三〇年代から鉄が造船に使用され始め、すでに確立されたスコットランド産業は発展へ向けて一段と加速することになる。スコットランドの鉄鋳造所は一七二〇年代に初めて登場したが、それらは、イングランドの製鉄業者らによって鋳造に必要な熱源としての材木を供給できる広大な森林地に建造された。鉄鉱石はインヴァーガリーやテイニルト、インヴァレアリーの溶鉱炉まではるばる多大な費用をかけて運ばれた。製鉄業者エイブラハム・ダービー（二世）が一七五〇年、枯渇した木炭に替えて、石炭から作る火力の強いコークスを用いて銑鉄生産を実用化したことにより、溶鉱炉が炭田近くに建造できるようになった。石炭の産地と溶鉱炉が接近して存在することで、製鉄産業は一挙に有利性を手にした。

コークスを使った最初の鉄鋳造所は、一七五九年、スターリングシャーのフォルカーク近くに建設されたカロン鉄工所である。同社は鉄砲などの武器（とくに軍艦大砲）と農機具を生産し、イギリスの産業革命の先頭に立った。一九世紀を通じてヨーロッパで最大の鉄工場の一つとして繁栄する。鉄はナポレオン戦争を通じて武器製造に用いられたが、一方、平時にはさまざまな用途で需要が高まり続けた。一八二八年、ジェイムズ・ニールソンが溶鉱炉に熱風を吹き込む工法を発明したことで、一トンの鉄を生産するのに要する石炭のトン数が七五パーセント減少することになった。鉄鋳造所の開業が増え続けた結果、スコットランドでは一八五七年までに、鉄生産の総量は二五〇万トンに達し、イングランドに次いで世界で第二位の鉄生産国になった。

石炭の需要と炭鉱労働

鉄生産の増大に伴い石炭の需要が高まり、炭鉱での採掘が盛んになった。一七世紀から一八世紀の採炭は比較的浅い炭層で行われたが、それは、たいていの炭鉱では漏水がひどく、排水問題を克服できなかったからである。一六世紀の終わりから、スコットランドの炭鉱労働者は農奴(中世に農民と奴隷の中間に位置した農業労働者)と変わらない状況に置かれた。彼らはしばしば自分の子どもたちが生涯にわたって炭鉱で働くことを誓わされた。一七九九年、法令によってそうした契約が禁じられ、ようやく彼らは農奴的身分から解放されることになる。しかしながら、その一方で一九世紀前半に、エアシャー、ラナークシャー、ファイフ、そしてロジアンなどで、新たに多くの鉱山が開業し、そこでの労働者たちの自由は、法令以下だったのではないかとみられる。長時間労働と低賃金による経済的奴隷状態に苦しみながらも、鉱山労働者たちは飢えを避けるために働かざるを得なかった。

炭鉱労働者たちはひどく過酷な状況で働いた。それは一九世紀に入ってもあまり変わらなかった。彼らは家族でチームをなして働いた。成人男性は年長の男の子を従えて石炭を掘り出した。子どもたちは年齢と能力によって区分され、一〇歳に達していると「クオーター・メン」(四分の一人間)、一六歳あるいは一七歳になると「スリー・クオーター・メン」(四分の三人間)とみなされた。

西部地方の坑道の深い炭鉱では、石炭を坑道の最底部から地表まで運び上げるのに巻き上げ機を用いる場合があった。そうでない場合は、成人女性や幼い女の子らが重い石炭をかごに入れて背負い、狭い坑道を通って地表まで運んだ。六歳の女の子が二五キログラムの石炭、一五歳の女の子が一〇〇キログラムの石炭を運び上げた記録がある。一八四二年に発布された鉱山法は、女性と子どもたちが鉱山の地下での仕事に就くことを禁じた。

農業革命進む

一七〇七年の合同以前から、スコットランドでは農業革命が始まっていたが、それは一八世紀を通じてめざましく進行し、一九世紀初頭まで続いた。農業革命は技術面にとどまらず、経営面でも大きな転換をもたらし、スコットランド人の生活を著しく向上させた。とくに革新的だったのは、スコットランドの中世以来の伝統的な「ラン・リグ」と呼ばれた農耕方式が廃止されたことである。「リグ」は、鋤《すき》で耕される紐《ひも》の形をした土地であるが、切り離されて数か所に存在し、湿った土地、乾いた土地などの違いで、それぞれの区画には善し悪しがあった。小作人たちはそれらの区画を年々ローテーションで割り振られ、保有期間内で耕作することが認められた。これが「ラン・リグ」方式である。この方式では、農舎に近い区画は肥料がほどこされて作物も収穫されたが、条件の悪い区画は放置されて荒れることがあり、全体的に効率が悪く、経営上問題が大きかった。増える人口に対応するためにも改革が必要であった。

農業革命の時期にこの方式を廃止することが強く提案された。書籍で最初に訴えたのはジェイムズ・ドナルドソンで、彼は『農業の解剖』(一六九七)を著し、リグはエンクロージャー(囲い地)にして、それぞれの借地人は、狭いながらもまとまった土地を耕作できるようにすべきであると主張した。さらに彼は、土地の肥沃化、作物の輪作、ジャガイモの栽培などの重要性を訴えた。ドナルドソンのほかにも、ベルヘイヴン卿は『田舎者の日記』(一六九九)を刊行し、マッキントッシュ・オブ・ボルムは農業論を発表した。またイングランドのジェスロ・タルはその著『馬の耕す農業』(一七三三)で、馬に鋤を引かせる耕作とカブラの栽培を推奨した。この本は、スコットランドでも熱心に読まれた。

こうした農業技術の先進的情報が受け入れられ、スコットランドの農業はめざましく進展した。「ラン・リグ」方式は放棄され、土地は囲い込みになった。それまでは鉄製の犂《すき》先を備えた重い木製の鋤を牛が引いていたが、より効果的な軽量の鋼鉄製の鋤を二頭立ての馬が引くようになった。排水装置の導入、生け垣の除去、防風のための植樹、農地の土質改良、作物の輪作、新しい作物（とくにカブラ）の輸入、新型農機具（刈り取り機や脱穀機）の使用など、広範囲にわたる革新策が実行された。この時期のスコットランドにおける農業改革の実践者として、サー・アーチボールド・グラントが最もよく知られる。

ハイランド社会の変化

一八世紀を通じて、交易、産業、農業などの発展はローランド地方の様相を大きく変えたが、ハイランド線《ライン》（ローランドとハイランドを地理的に区分する線）を越えた西部地方にはあまり影響を及ぼさなかった。ハイランド・島嶼地方で起こった変化は、社会的・文化的なもので、それらの変化は、恩恵というよりはむしろ、避けがたい不運をもたらした。一七一五年から一七四五年までの一連のジャコバイト蜂起を国家的危機として重く受け止めたイギリス政府は、ハイランドへの敵対心をあらわにし、手厳しく冷酷な仕打ちを繰り返した。一七四六年の武器禁止法は、一七一五年蜂起後の武器禁止法よりはるかに厳格に施行され、ジャコバイト派のクラン（氏族）だけでなく、政府に忠実であったクランをも対象に含めた。ハイランドの武器禁止は、政治危機を回避するための一時的、短期的手段であったのではない。それは、伝統的に軍事を優先するハイランドの社会を究極的には解体させる意図をもつ重要施策であった。

一七四五年の蜂起のあと、ハイランド社会特有の衣装であるハイランド・ドレスも、一七四七年に成立した禁止法により、着用することは違法とされた。禁止法の条文によれば、「すべての成人男性および少年は、通常ハイランド・ドレスと呼ばれる衣服、すなわち、格子じまラシャの肩掛け、キルト、半ズボン、肩ベルト、そのほかのハイランド・ドレスの一部となるものを着用すること」が禁じられた。また、民族楽器であるバグパイプの演奏も禁止された。その理由は、カロデンの戦いで、イングランド軍を指揮したカンバーランド公が、バグパイプが戦争の武器であることを間違いなく目撃したからであるという。ハイランド・ドレスとバグパイプの禁止が、ゲール文化に打撃を与えることをねらって立法化されたことは明らかである。さらに、ハイランド人の集会もまた許されなくなった。ハイランドドレスもバグパイプも、確固たるアイデンティティの基盤であったから、それらの禁止は、ハイランド人にとって最高に屈辱的であったと想像される。

なおさらに、強力なクラン（氏族）を崩壊させるため、ロンドンの政府は、クラン・チーフ（氏族長）とそのほかのクランズメン（氏族員）との伝統的な関係を断ち切る政策をとった。それは、族長の権限を土地所有者の役割に縮小するというものであった。族長と氏族員のあいだには、古くから築かれてきた土地共有の体制ができていたが、氏族員による土地の共同使用は法によって保証されなくなり、氏族員は単なる小作人になった。彼らの立場は弱く、家族ともども土地の耕作にしばられ、時には主人の意のままに売買されることもあった。氏族員は、かつては族長を信頼し、家族のように族長の世話になったが、今や時代が変わり、みずからの力で生きるしかなくなった。土地を去った者は、鉱山や塩山の労働者になり、奴隷的な身分に追い込まれることも多かった。こうした産業的奴隷状態が最後に消滅するのは、エディンバラやグラスゴーでの暴動が起こったあとの一七九九年になってからである。

クラン社会の崩壊で、所属する母体を失った一部のクランズメンは、イギリスの軍隊に兵士として仕えるようになった。ジャコバイト蜂起の時期に、政府側についたキャンベル族、マッカイ族、マッケンジー族などの氏族員は、結局、一七三八年にジャコバイトの動向をうかがうために結成されたハイランド連隊（ニックネームがブラック・ウォッチ）に入隊することで報われた。ハイランド連隊は、一七四〇年から一八一五年のあいだだけで、五〇以上の歩兵大隊が参戦しイギリスのために戦った。クラン社会で鍛えられたハイランド連隊は、比類ないほど戦闘精神が強く、イギリスで高い評価を得た。

ハイランド清掃（ハイランド・クリアランス）

ジャコバイトの一七四五年の蜂起以降、ハイランドのクランの族長は地主に転じ、それに伴って氏族員は、地主から借地して農業を営む小作人になった。地主といっても、多くは不在地主で、ロンドンやエディンバラに住み、地代などは代理人が集めた。地主や代理人は、小作人の幸福よりも、自分の領地の収入を高めることに関心があった。羊毛の需要が高まると、地主は、一七六二年頃から、一層収益の大きい羊の飼育に乗り出した。羊の種類も従来の羊から、チェヴィオット羊に替えられた。この種の羊は、頑健で耐寒性が強く、一人の羊飼いがたくさんの羊の群れを飼うことができるからである。

一八〇〇年頃までに、多くの地主たちは小作人の耕作地を羊の放牧場に替えるため、小作人を立ち退かせ始めた。小作人の追い出しは、当初はゆるやかであったが、次第に厳しく強引なものになり、小作人が抵抗すると、政府軍などの権力を行使して、暴力的に容赦なく追い出しを実行した。小作人たちは路頭に迷い、無残な生活を強いられた。生きるすべを失い、海外へ移民する人も多かった。これら一連の追い出しを伴った農業再編成の動きを「ハイランド清掃（ハイランド・クリアランス）」と呼ぶ。

追い出しの恐怖について、ロンドンの新聞が報道したにもかかわらず、グラッドストン首相が調査を命じたのは、ほぼ一世紀も経過したのちであった。ハイランド清掃の第一波は、一七七二年から一八二〇年までスコットランド全域に広まったが、一八一一年から一八二〇年にかけての北部サザランドの清掃は最悪であった。第二代サザランド公は無情で厳しく、小作人たちは住居に放火されて追い出された。海岸沿いの空き地に残酷にも押し込められた彼らは、海岸のむき出しの小屋に住み、漁師として生計を営むしかなかった。残った小作人たちは鹿を狩猟することも、雉《きじ》を殺すことも、鮭を捕ることも許されなくなった。

　クリアランスの第二波は、一八二〇年から一八八五年まで続いたが、牛の需要低下やケルプ産業の不振、さらに一八四六年のポテト飢饉のため、立ち退かされた小作人は一層苦境に追い込まれた。その後さらに、クリアランスは西方諸島でも行われ、一八八七年には、ルイス島では三〇の村落で人々は立ち退きを強制された。また、スカイ島では、一八四〇年から一八八三年のあいだに、数千人の小作人に対し立ち退きが命じられた。その時は、地主、警官、保安官、教会役員らが一体となって、小作人の追い出しに当たったとされる。

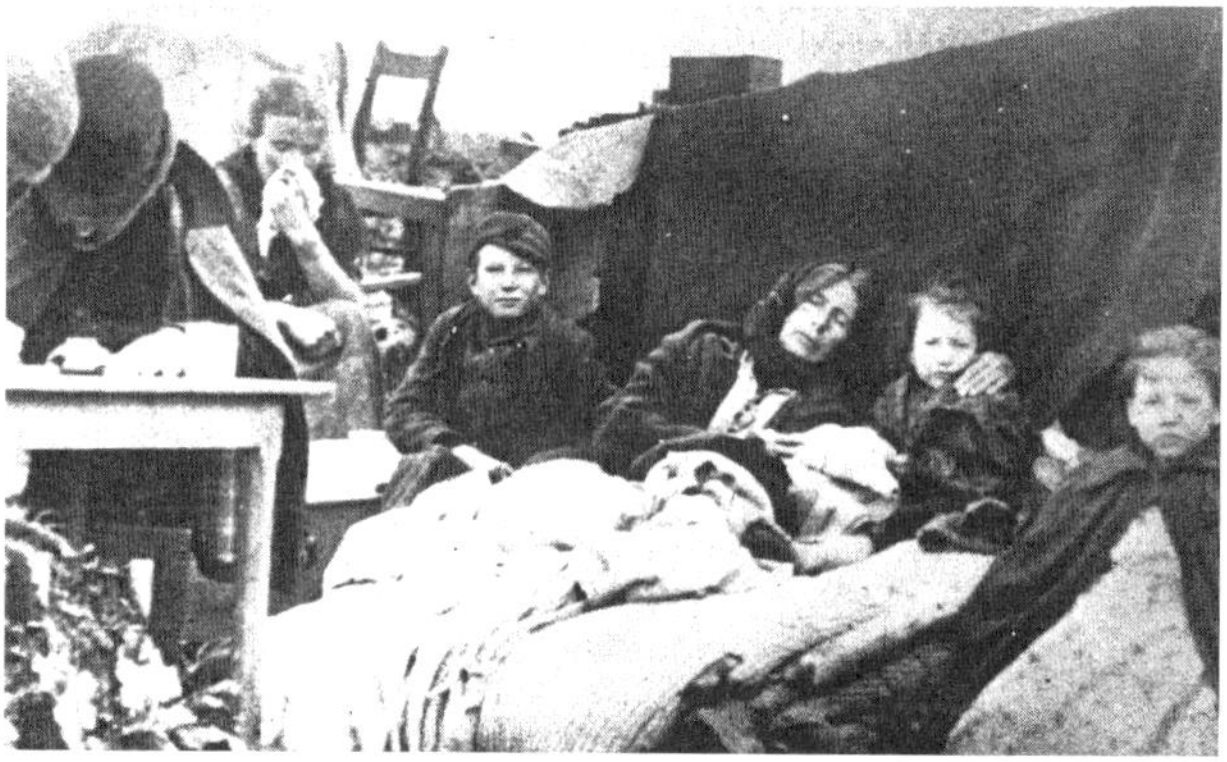

借地農民を強制的に立ち退かせるハイランド・クリアランスで、住居を失った家族

　ハイランド・クリアランスは、一〇〇年以上にわたって続けられた。政府が対策に着手した頃には、数千人の小作人たちがすでに、新天地を求め海外へ移住してしまっていた。主な移住先は、南北アメリカ、カナダ、オーストラリア、ニュージーランドなどであった。現在ハイランドに暮らす人々のな

かには、クリアランス時代に、彼らの数世代前の先祖たちが立ち退かされた悲運の歴史を聞き知っている人たちがいる。

スコットランド啓蒙の時代

一八世紀初めから一九世紀半ば頃まで、スコットランドではいわゆる啓蒙主義をもとにした、各領域にわたる知的な進歩がめざましかった。啓蒙主義とは、近代的な合理主義によって伝統的な偏見や迷妄を打ち破り、新たな価値観を根幹にすえた市民社会を樹立しようとする考え方である。スコットランド啓蒙の時期を明確に定めることは難しいが、一七〇七年のイングランドとスコットランドの議会合同の翌年に始まり、サー・ウォルター・スコットが死去した年である一八三二年に終焉を迎えたと考えるのが一般的である。この時期を通じて連合王国は、ハノーヴァー朝のジョージ一世（在位一七一四～二七）、ジョージ二世（在位一七二七～六〇）、ジョージ三世（在位一七六〇～一八二〇）によって統治された。

スコットランド啓蒙の時期には、科学技術、医学、哲学、芸術、文学など幅広い領域で、驚嘆すべき知的活動が展開され、革新と創造のエネルギーが噴出した。一八世紀後半のエディンバラには、時代の先端をゆく偉大な人物たちが集結し、一七六九年、エディンバラを訪れたあるイングランド人は「数分も歩けば、五〇人の偉人に出会える」と述べたと伝えられる。

スコットランドで啓蒙運動が高まったのは、イングランドとの合同によって生じた「権力の真空状態」と関係があるだろう。合同のあと、広い領地をもつ政治家や有力な貴族たちがスコットランドに見切りをつけ、一斉にロンドンに居を移したため、スコットランド人は置き去りにされた意識を抱いた。しかし、その敗北感に埋没することなく、むしろイングランドへの対抗心をもってスコットランドにとどまり、自国の学術や芸術の伝統を守ろうとする人も多かった。居残ったのは、法曹界や教会、大学などの関係者で、それらの人々がスコットランド啓蒙を牽引した。彼らはエディンバラやグラスゴー、アバディーンといった大都市に集結した。ことにエディンバラは「リテラティ」とよばれる知的エリートたちが、さまざまな討論クラブ（たとえば、「セレクト・ソサイエティ」や「ポーカー・クラブ」）を結成し、議論を繰り広げることで時代をリードした。

富が蓄積され財政が豊かになったエディンバラではニュータウンが建設され、「北のアテネ」と呼ばれるようになる。大学が整備・拡充され、広範な学科が設置された。科学、博物学、医学、法学などが重要視されるが、哲学が学問の主要な位置を占め、知的なバックボーンを形成した。人間と社会の研究が進み、デイヴィッド・ヒューム（一七一一～七六）やアダム・スミス（一七二三～九〇）の著作が一世を風靡する。

スコットランド啓蒙は一八世紀後半に盛期を迎え、ヘンリー・マッケンジー（一七四五～一八三一）は人間感情を扱った小説『感情の人』（一七七一）を発表した。ジョン・ヒューム（一七二二～一八〇八）はスコットランド国民演劇の嚆矢《こうし》とみなされる悲劇『ダグラス』を一七五六年に上演し、人気を博した。

【右】デイヴィッド・ヒューム　【左】アダム・スミス

新市街（ニュータウン）の建設

エディンバラの文化生活の変化を象徴的に示したのは、ジョージ三世の治世に建設された新市街（ニュータウン）の出現である。エディンバラの人口は一八世紀前半に倍増し、住民は市の城壁内部やその近隣に密集し、環境衛生が目立って悪化した。住宅街は悪臭に満ち、病気が蔓延した。地上一階には生活空間がなくなり、建物は上方へ垂直に伸び続けたため、一〇階から一二階くらいまでの石造高層住宅が普通になった。居住棟の使い分けは、屋根裏部屋と地下室には貧困層が暮らし、一階はさまざまな店舗が占め、二階以上で最上階との間の階には、法律家、商人、医師、教授、貴族ら裕福な人々が居住した。

住宅不足と病気の危険が問題化したため、エディンバラ市議会は一七六七年、市の北側に新市街を造成する案を提出した。建設に際して市当局は設計競技を実施したところ、エディンバラのまだ無名だった二二歳の設計士ジェイムズ・クレイグが優勝した。当時のエディンバラは、エディンバラ城と旧市街（オールドタウン）の北方にノール・ロッホと呼ばれる汚れた湖があり、つねに市街拡張の地形的障害になっていた。クレイグは、このノール・ロッホの北側に、新たな理念に基づく市街地を造る設計案を立てた。

造成が決定後、工事はただちに開始され、ノール・ロッホの排水作業が行われたあと、次の段階として、一七七二年にノール・ロッホに旧市街と北側の新しい土地とをつなぐ橋（のちにノース・ブリッジとなる）が建設された。この橋のおかげで、エディンバラの北方に位置するリース港への往来が便利になり、エディンバラの北部方面が発展することになった。

新市街は、啓蒙時代の合理思考に基づく革新的なデザインで建造され、整然とした都市空間を生み出した。主要な通りは、ほかの通りと格子のように交わり、均斉の取れた感じを与える。時の国王ジョージ三世の名を冠した、幅広い真っ直ぐな道路ジョージ・ストリートが新市街の真ん中を走り、その北に国王の妻に由来するクイーン・ストリート、南に国王の息子たちにちなむプリンスィズ・ストリート（プリンスィズは複数形）が通っている。ジョージ・ストリートとクイーン・ストリートの間にはシスル・ストリートがある（シスルはアザミの意で、スコットランドの国花）。プリンスィズ・ストリートは、オールドタウンの岩だらけの側面と向き合うように建造された。新市街（第一新市街）はシャーロット広場の建設とともに、一八〇〇年に完成した。

ジョージ朝時代に建設された建物は「ジョージアン様式」と呼ばれるが、エディンバラでは、著名な建築家のロバート・アダム（一七二八〜九二）が活躍し、ジョージアン様式のすぐれた建築物を多く設計した。シャーロット広場の北側にあるジョージアン様式の建物はロバート・アダムの設計によるものとして知られる。新市街の建造には多くの人が携わったので、この時期のエディンバラは活気にあふれた。

エディンバラの知的活動

新市街が完成後、最初に転居してきた人たちのなかに、スコットランド啓蒙の最高指導者、哲学者のデイヴィッド・ヒュームがいた。彼の新居が建設された通りは、その栄誉をたたえてセント・デイヴィッド・ストリートと名づけられた。新市街の誕生をきっかけに、多くの知識人や芸術家が移り住んだことで、エディンバラは次第に洗練された、生き生きした知的活動の場に変わった。

エディンバラの初期の発展に貢献したのは、詩人で劇作家のアラン・ラムジー（一六八六〜一七五八）であるといわれる。彼は、有名な画家である同姓同名のアラン・ラムジー（一七一三〜八四）の父親である。父親のラムジーは、ランカシャーのランドヒルズの鉛と金の鉱山の監督の息子であった。彼は、一七〇〇年からエディンバラでかつら製造業に従事しながら、一七一二年以降「イージー・クラブ」の会合で詩作品を発表した。その後、初期スコットランド詩の研究に打ち込み、土地言葉のスコッツ語を復興させる努力を始める。一七二五年、スコットランドで最初の移動・巡回図書館を開業し、出版業者に転じた。彼は劇場を創立したが、教会に認めてもらえず、おそらく上演活動は実現しなかったのだろう。代表作はスコッツ語による牧歌喜劇『気高い羊飼い』で、一七二五年に出版された。ほかに、二三年から三七年にかけて自作を含むスコットランドの近代詩やバラッドを収録した四巻本『茶卓雑録』を出版した。

彼の息子のアラン・ラムジーは、父親の薫陶を受け、一八世紀を代表する肖像画家、啓蒙主義の思想家になった。大陸旅行の途中、イタリアで絵画の研究をし、帰国後はロンドンとエディンバラで、肖像画家として名を高めた。父親譲りで知的探究心が強く、一七五四年、エディンバラに「セレクト・ソサイエティ」(選良協会)を創立した。これは、エディンバラの知識人たちが学問上の議論と社交的な交流を活発にするために結成された討論クラブで、当初の会員数はラムジーら二五人程度であったが、一〇年後には九五人に増え、解散した一七六四年には一六二人に達した。主な会員には、デイヴィッド・ヒューム、アダム・スミス、ウィリアム・ロバートソン、ケイムズ卿らがいた。『サミュエル・ジョンソン伝』の著者として知られる文学者のジェイムズ・ボズウェル(一七四〇〜九五)も、セレクト・ソサイエティの著名なメンバーであった。啓蒙の時期のエディンバラでは、「セレクト・ソサイエティ」のほかに、討論によって知的活性化を図る協会やクラブがいくつか存在した。

ヒュームとスミス

スコットランド啓蒙は多様な領域で際立った成果をあげたが、最も深遠な変化は哲学と歴史の分野で起こった。一八世紀のエディンバラは、さまざまな思考のるつぼとなり、多くのめざましい急進的、挑戦的改革が生み出された。スコットランド啓蒙の父とみなされるのはフランシス・ハッチソン（一六九四〜一七四六）である。彼はグラスゴーの教会で経歴を積み、ダブリンで牧師として成功を収めたあと、グラスゴー大学で道徳哲学教授の地位に就いた。ハッチソンの理性についての先進的考えは、スコットランド学派の根本的性格を形成する核となる。彼はスコットランドの過去を最も重視し、その誇りある国民性を認識することによって、スコットランドは真の精神を取り戻し、直面している新たな時代の変化に立ち向かうことができると訴えた。

哲学や思想、歴史の分野で活躍した人たちのなかで、群を抜いて偉大な業績を残した双璧は、ハッチソンに続く哲学者デイヴィッド・ヒュームと経済学者、道徳哲学者のアダム・スミスである。ヒュームは新市街が完成してから最初に移住してきた知識人たちの一人であった。彼は一七六七年から六八年にかけエディンバラに引退し、セント・アンドルー・スクエアに面した場所に新居を構えた。彼の住居のある通りは、彼への人気を込めて「セント・デイヴィッド・ストリート」と名づけられ、現在に至っている。ヒュームの家には、アダム・スミス、ヒュー・ブレア、ウィリアム・ロバートソン、アダム・ファーガソンら穏健派の知識人が集まった。ヒュームは若者や市井の人々も仲間に引き入れた。

ヒュームは代表作『人間本性論』（一七三九〜四〇）で、人間は理性を用いることによってのみ究極的な実在や永遠の真実をとらえることができると主張し、神中心思考のキリスト教的人間観と対立した。彼はまた情念に積極的な位置づけを与え、情念と意志の働きをも重視した。ほかに『道徳・政治論文集』（一七四一〜四二）、『哲学論集』（一七五二）などがあり、これらの著作の哲学的見解はことにフランスで高い評価を受けた。ヒュームは『人間本性論』の主張を継続したとみられる『イングランド史』（一七五四〜六二）も発表し、歴史家としての本領を発揮した。

ヒュームの若い友人であったアダム・スミスも、ヒュームと並んで啓蒙期の高峰であった。彼はグラスゴー大学の道徳哲学教授となり、その講義をまとめた『道徳感情論』（一七五九）と、経済学を初めて体系化した『諸国民の富（国富論）』（一七七六）を公刊した。これら二大著作のうち、前者が主著で、後者が副産物であったと考えられる。スミスは『道徳感情論』のなかで、近代市民社会においては、個人は独立した個体であるが、他者という存在と「共感」し、憐みや同情を抱ける能力があると述べる。この能力をもち合わせているからこそ、公平な観察者の共感を得る、つまり良心の声に耳を傾けることによって、人間は道徳的な行動をとり、新しい社会を築き得ると主張している。

哲学と歴史

ヒュームとスミスを頂点に、啓蒙期のスコットランドでは、哲学、思想、歴史の領域ですぐれた人材の活躍が目立った。ウィリアム・ロバートソン（一七二一〜九三）は、スミスとともに、人間社会はいくつかの段階を経て発展すると主張したが、この考えの底流にはヒュームの歴史観がある。歴史家としての彼の著作『スコットランド史　一五四二〜一六〇三』（一七五九）は大成功を収めた。彼の代表作『カール五世の歴史』（一七六九）は、ヴォルテールやギボンから大いに賞賛された。

トマス・リード（一七一〇〜九六）は、スミスの後継者としてグラスゴー大学の道徳哲学教授となり、ヒュームとは異なる立場から心のなかの観念を考察した。スコットランド啓蒙思想の本流「コモン・センス（常識）学派」（ヒュームの懐疑主義への応答として始まり、イギリス経験論とも大陸合理論とも異なるスコットランド独自の思想を形成した一派）の創始者として知られる。引退後はジョージ・キャンベルらとともに、アバディーン哲学協会の会員になった。アダム・ファーガソン（一七二三

〜一八一六）はエディンバラ大学で自然哲学の教授を務め、そのあと道徳哲学の教授となった。トマス・リード、デュガルド・ステュアートとともにグラスゴー大学で研究し、コモン・センス学派の一員となった。トマス・リードのもとグラスゴー大学で研鑽を積んだデュガルド・ステュアート（一七五三〜一八二八）は、エディンバラ大学でアダム・ファーガソンの跡を継ぎ、道徳哲学の教授となった。リードの「コモン・センス学派」哲学の後継者として名高い。

一八世紀半ばは啓蒙の古典時代であるが、歴史の進歩をめぐって懐疑的な声が聞かれるようになった。アダム・ファーガソンは現代社会学の創始者であったが、歴史家のギルバート・ステュアート同様、歴史の進歩に対する疑念をあらわにした。しかし、大方の思想家は、社会が段階的に進歩する考え方に同調した。懐疑主義が、歴史の領域よりも哲学の領域に普通多くみられたのは、ヒュームの『人間本性論』が示すとおりである。ヒュームの懐疑主義は、トマス・リードの挑戦を受けた。

歴史が時代とともに段階的に進化することは、地質学者ジェイムズ・ハットン（一七二六〜九七）の『地球の理論』（一七二六〜九七）においても強調された。ハットンは現代地質学の研究によって、岩石が時とともに進化することを突き止めた。チャールズ・ライエル（一七九七〜一八七五）もまた、『地質学の原理』（一八三〇）のなかで、地球が数万年の歴史をもつことを主張した。啓蒙期は物質的に発展した時代であり、さまざまな面から歴史の進歩を理論化しようとしたかにみえる。

スコットランド法

一八世紀に歴史的発展を遂げた領域のひとつは、スコットランド法である。スコットランドにおいて法あるいは司法は、貴族的な権力の道具から次第に民主的な効力をもつ体系に変わった。スコットランド法は主としてローマ法を基盤にしており、世界の法体系のなかでも、オランダやフランスを含む多くの国からの影響を受け、特異な位置を占める。それが一八世紀にイギリス法の要素が入り、本質は変わらないまでも、いくつかの面で新たな様相を呈するようになった。

スコットランド法の父と呼ばれる法律家のジェイムズ・バルフォア・オブ・ピッテンドライヒ卿（一五二五頃〜八三）は『スコットランド古代法の体系』（一五七九）の著者として知られる。ロックハート家は一六〇〇年から一七八二年までスコットランド法に大きく貢献したが、アレグザンダー・ロックハートはジャコバイト蜂起の囚人たちを守ったため、判事になることはできなかった。スコットランド生まれであったが、イングランドで活躍した最も影響力のあった法律家マンスフィールド卿、ウィリアム・マレー（一七〇五〜九三）は、スコットランド啓蒙と関わる多くの人物と親しかったことから、啓蒙の精神を発揮して、奴隷制廃止に際立った努力をした。

モンボドー卿、ジェイムズ・バーネット（一七一四〜九九）は判事であったが、文化人類学の開拓者としても著名である。セレクト・ソサイエティの創立メンバーで、作家のジェイムズ・ボズウェルと親友であり、ロバート・バーンズも彼の家に招かれた。判事としての名声は高かったが、さまざまな一風変わった見解を述べるので、世間の耳目を集めた。『言語の起源と発展について』六巻（一七七三〜九二）は学識あふれる著作で、そのなかで述べられる人間と猿との類似についての理論は、チャールズ・ダーウィンと現代人類学を予期させる。ヘイルズ卿、デイヴィッド・ダルリンプル（一七二六〜九二）は同情心のある判事で、歴史家でもあった。歴史への関心を通じて作家のジェイムズ・ボズウェルの友人となり、みずからもイギリス史についての著作を書いている。

教会分裂

一八世紀のスコットランドでは、教会内に対立と分裂が起こり、宗教的な危機にたびたび見舞われた。唯一の法定教会であるチャーチ・オブ・スコットランドは、革命で確立されたが、以後一五〇年間に多くの変化を経験した。チャーチ・オブ・スコットランドは救貧と教育の責任を負ってきたが、時代の流れを反映して、穏健派と過激派の間で対立する傾向があった。なかでも深刻な対立の要因となったのは、長らく議論の多かった聖職叙任権（パトロン権）の問題であった。聖職叙任権は地主がもっている牧師の人事権のことで、一六八八〜八九年の名誉革命で廃止されたが、一七一二年にウェストミンスターの議会法で復活したため、それ以降スコットランドでは聖職叙任権に反対する動きが始まった。一九世紀に至っても、聖職叙任権を是認する側と、反対する側の折り合いはつかず、聖俗両世界にややこしい争乱をもたらす火種であった。

一七一二年の聖職叙任権の復活以来、教会総会は聖職叙任権への反対を表明したが、政府は一連の抗議を無視した。その結果、一七三三年に多くの牧師とその会衆たちはスコットランド教会を離脱した（初回脱退）。離脱者たちは宗教界の対立的な状況のなかで、聖職叙任権問題の根深さに直面するが、会衆たちは教会と牧師たちを守る決意をし、一七六一年には第二回脱退が起きた。第二回脱退で、教会は打撃を受けたが、一八世紀後半を通じて、教会は法令教会の立場を守り、聖職叙任権制度を受け入れた。

聖職叙任権を認める牧師たちは「穏健派」と呼ばれた。彼らは熱狂的なタイプではなく、従来どおりの牧師生活に満足した。日常生活では、エディンバラ社会で食事をし、トランプに興じ、芝居見物を楽しんだ。穏健派はほかの面でも時代の流れに順応した。理性を尊重し、デイヴィッド・ヒュームの著作を読みふけり、宗教的熱情を味気ないものとみなした。そうした姿勢に、反対の立場を取ったのが、信仰復興運動の方針に沿って聖書信仰と個人的な回心を強調する「福音派」である。福音派は、聖職叙任権問題で穏健派に挑戦した。福音派は教会総会で地歩を固め、一八三四年には多数派となっていた。同年の教会総会で、教会の会衆はパトロン（地主）の指名した牧師候補者を拒否できるとした拒否権法を可決する。しかし、一八三八年、スコットランド高等法院は、拒否権法は議会法に反すると判断し、ウェストミンスターの貴族院もこの判断を支持した。

一八四一年の総会は、大多数で聖職叙任権の廃止を要求する決議を通過させ、これが政府によって無視されたため、一八四二年一一月、廃止が認められない限り、教会から脱退することを決定した。一八四三年、福音派の大多数が過去九年間に示された妥協的な対策を不満とし、トマス・チャーマーズ博士の指導のもと、約四五〇人（全体の四割に当たる）の牧師とそれに続く多くの会衆が教会総会を去り、スコットランド自由教会を発足させた。自由教会は短期間に五〇〇の教会を建設し、牧師全員の牧師館を確保するなどした。新しい独立した管理機構を導入した。

聖職叙任権制度は一八七四年まで正式に廃止されなかったが、廃止後も二つの教会の対立の溝は埋まらなかった。教会の統合と離散が繰り返され、宗教危機が長く続いた。

教育改革

スコットランドでは名誉革命が始まる一六八八年までに、全教区に教区学校をつくるという宗教改革者の計画がローランド地方の農村部で実現した。しかし、地主の子どもはイングランドのパブリック・スクールに送られることが多かったので、小作人の子どもと一緒に学ぶことは少なかった。子どもたちのなかで、学費を払えないほど貧しいが、学習能力が極めて高い少年は「貧しい天才少年」と呼ばれ、教会などの支援を得て大学教育を受けることを保障された。ハイランド地方では、ゲール語撲滅を目的にしたキリスト教系の慈善団体が、教育支援活動を積極的に繰り広げた。

一八〇三年に教育法が施行され、教育改革が進んだ。教区学校教員の待遇改善が実現し、一八三四年からは、学校の新設が強力に推進された。それによって農村部は過剰なまでに学校がつくられたが、人口流入の多い都市部では、学校が不足するという不均衡な状況がみられた。

一八六一年の議会法によって学校教員の給与が上昇し、年金も給与の三分の二ほどになった。不適当な授業料、不十分な施設、読み書き能力への懸念などから、一八七二年に新たな教育法が制定され、スコットランドの教育の管理は地方教育機関から中央教育局へ移された。同時に、子どもたちの通学は義務化され、基本教育の修了年齢は一四歳に定められた。教育現場で英語を用いることも決まる。

一九世紀のスコットランドでは、高等教育の面でも、めざましい発展がみられた。イングランドにならって、いくつかの「パブリック・スクール」級の学校（エディンバラのフェティス校など）が創設された。伝統あるセント・アンドルーズ、グラスゴー、アバディーン、エディンバラなどの各大学は、法、教会、医学の専門的教育を研究の柱としていたが、それらの領域を中心に先端的な理工系の講座を充実させた。産業界からの訓練を受けた科学者や技術者のニーズが高まり、アンダーソン（グラスゴー）〔現ストラスクライド大学の前身〕とヘリオット・ワット（エディンバラ）の両技術系大学は、製図学、工学、応用科学などにとくに力を入れて教育した。当時のスコットランドの大学は、イングランドに勝る水準の高さで国際的に知られた。いずれの大学も積極的な門戸開放政策をとり、貧しくても才能ある者をイングランドやヨーロッパ大陸の各国から集めた。一九世紀の初めには、エディンバラ大学の医学生のうち七〇パーセントはスコットランド以外の国の学生で、一八パーセントは大陸あるいは植民地出身者であった。

大学でのカリキュラム改革が進み、一八世紀初頭からは、アバディーン以南の学校では、外国語科目としてフランス語が教えられた。一八七二年には、スコットランドはドイツ、オランダ、スイス、スカンディナヴィアなどと並んで、成人の識字率がヨーロッパで最低水準であった一方、大学生の在籍数はイングランドの六倍であった。一七九六年には早くもアンダーソン大学に女子学生が在学していた。一八七〇年代には、歴史のある大学にも女性が入学するようになった。その後、労働者階級の学生も次第に大学へ進むようになる。貧困層出身の学生はほとんどいなかったが、それでも教区学校や地域の大学から支援を受けて在学する学生は、かなりの数にのぼった。一八六〇年の記録では、グラスゴー大学の学生のうち一九パーセントは、労働者階級の出身であった。

科学技術の発明と発見

一八世紀後半から一九世紀を通じて、スコットランドでは哲学や思想など精神領域だけでなく、科学技術など物質的分野でもすぐれた人物が多数輩出し、「天才たちの温床」となった。

一七〇七年の合同以降は、イングランドへの対抗心もあって、スコットランドの大学では、高度な水準で実用的な科目を教え、新時代に向けての有能な人材の育成に力を入れていた。

スコットランド生まれの科学者で現代文明に貢献した人の数は多い。ジョン・ネイピア（一五五〇～一六一七）は一六一四年に「対数」を考え出し、計算機（計算尺）を発明したほか、アレグザンダー・アンダーソンが「三角法」を発案し、ジェイムズ・グレゴリーは「円周と双曲線計算」を発見している。グラスゴー大学の物理学・化学の教授ジョゼフ・ブラックは、一七五六年から一七六四年の間に、潜熱と熱容量の概念を確立し、二酸化炭素を発見した。ジェイムズ・ハットンは現代地質学の祖となった。これらのほか、スコットランド人が発明・発見で大きく貢献した理工系分野は、化学、物理学、数学、天文学、気象学、地理学・地質学、機械工学、土木工学、医学、薬学、農学など多方面にわたる。

スコットランドで最も有名な橋の建造者の一人は、サー・ウィリアム・アロル（一八三九～一九三一）である。彼の偉業は、エディンバラからセント・アンドルーズの間のフォース川鉄橋を完成させたことである。この橋は全長二五三〇メートルあり、パリのエッフェル塔を建築指揮した技師エッフェルが「世界最大の建造物」と呼んだほどの巨大な鉄橋である。フォース川鉄橋の建設には、当時グラスゴー大学に実習のため留学していた日本の鉄道省技師渡邊嘉一（一八八三年〈明治一六年〉、工部大学校卒）が工事の方式について進言し、採用された。

土木技師で建築家のトマス・テルフォード（一七五七～一八三四）は道路、橋、運河の建築で業績を挙げた。ハイランド地方で輸送網改善の計画を立て、カレドニアン運河を再設計したほか、約一五〇〇キロメートルに及ぶ道路、一〇〇〇本以上の橋を新たに建設した。ローランド地方でも幹線道路建設を請け負い、完成させた。テルフォードと同時代のジョン・ラウドン・マカダム（一七五六～一八三六）は、舗装道路を考案したことで知られる。二輪の自転車を発明したのもスコットランド人であったが、ジョン・ボイド・ダンロップ（一八四〇～一九二一）は、一八八八年に車輪に固定できる改良型空気入りゴムタイヤを発明し、実用化した。

蒸気機関の発展で時代は大きく変革され、一八世

スコットランドの驚異的技術をしめすフォース鉄道橋（1964 年に開通）

紀以降のイギリスでは、陸上は蒸気機関車、水上は蒸気船が走行するようになった。鉄道敷設の技術をもったスコットランド人技師たちは、海を越えてヨーロッパやアメリカ、アジアへ渡り、技術を広めた。蒸気機関車の実際の発明者とみられるリチャード・トレヴィシック（一七七一～一八三三）の孫二人（リチャードとフランシス）が明治時代に来日し、蒸気機関車の製造や鉄道敷設の指導をしている。

グラスゴー大学で講義するケルヴィン卿（ウィリアム・トムソン）

電気関連の領域では、ケルヴィン卿ウィリアム・トムソン（一八二四～一九〇七）による発明がけた外れに多い。学校へ通わず、一〇歳でグラスゴー大学に入学し、二二歳で同大学の数学と自然哲学の教授になったケルヴィン卿は、応用物理学に全精力を傾注した。絶対温度の導入や熱力学の第二法則（トムソンの原理）、ジュール＝トムソン効果の発見などの業績を挙げた。理論物理学のジェイムズ・クラーク・マクスウェル（一八三一～七九）は、マイケル・ファラデーによる電磁場理論をもとに、一八六四年にマクスウェルの方程式を導いて古典電磁気学を確立した。電磁波の存在を理論的に証明するなど、偉大な功績を残した。ジョン・ロジー・ベアード（一八八八～一九四六）はテレビの改良に努め、史上初めて動く物体をテレビで遠距離放送することに成功した。

医学の分野では、疫病学でウィリアム・A・アリソン、栄養学でジョン・ボイド・オーの貢献が大きかった。外科学では、アバディーンシャーのグレゴリー一家から五代にわたって一六人の教授が輩出したのが驚異的である。ジェイムズ・グレゴリー、ウィリアム・グレゴリーらが薬の処方などで功績を残した。産科医のサー・ジェイムズ・ヤング・シンプソン（一八一一〜七〇）はクロロホルムによる麻酔の医学への応用を初めて行った。医学面での最大の貢献は、二〇世紀になってからであるが、サー・アレグザンダー・フレミング（一八八一〜一九五五）のペニシリンの発見であろう。イアン・ドナルド（一九一〇〜八七）は産婦人科領域で超音波断層診断を初めて導入した。

文学の隆盛

合同以後みずからの議会を失い、イングランド優位の体制のなかでアイデンティティの不安定さを意識したスコットランド人は、ナショナリズムへの傾斜を強めた。文学者たちはそうした新時代へ向から姿勢を、さまざまな形の声で表現した。詩人ジェイムズ・マクファーソン（一七三六〜九六）は、三世紀のゲールの戦士・詩人オシアン（フィンガルの息子）の伝説を扱ったゲール語詩をみずから英語へ翻訳した作品として「オシアンの詩」を発表し、ヨーロッパでオシアンブームを巻き起こした。

ロバート・バーンズ

一八世紀にはスコッツ語（アングロ・サクソンの北方方言から主に派生したローランド地方で用いられる言語）による文学の再興が顕著になった。スコッツ語文学は中世に極点に達したあと弱体化したが、一八世紀以降勢いを盛り返し、現在ではスコットランド文学の重要な核をなしている。再興の先陣を切った詩人アラン・ラムジー〔同姓同名の画家アラン・ラムジーの父親〕は、スコッツ語を用いて詩作し美的効果をあげた。彼は、『詩集』（一七二一）の序文で、スコッツ語は、敏感すぎる人には耳障りに響くかもしれないが、「新たな生命と美」を詩歌に与えると述べている。ただし、ラムジーは英語による詩も書いている。一八世紀のバーンズ以前のスコッツ語詩人として最も評価が高いのは、エディンバラ生まれのロバート・ファーガソン（一七五〇〜七四）である。彼もまた、ラムジーのように当初は英語で詩を書いていたが、ラムジーの詩を読んだあと、スコッツ語詩人に転身したと思われる。エディンバラに材を得た、新たなタイプの都会詩を発表した。

ラムジーとファーガソンのあと、スコッツ語詩人として頂点に立つのがスコットランドの国民的詩人ロバート・バーンズ（一七五九〜九六）である。バーンズは、西部エアシャーの寒村に生まれ、農業にいそしみながら詩作に打ち込んだ、天性の「農民詩人」であった。バーンズはスコッツ語による『詩集、主としてスコットランド方言による』（一七八六）で成功し、名声を確立した。

サー・ウォルター・スコット

啓蒙の終末期に登場したサー・ウォルター・スコット（一七七一〜一八三二）は、「啓蒙の申し子」として詩や小説の膨大な作品を英語で書き、スコットランド文学を代表する巨匠となった。スコットの最高の作品は、スコットランドの歴史的事件を扱った「歴史小説」ものである。歴史小説の第一作『ウェイヴァリー』（一八一四）は、一七四五年のステュアート王家のチャールズ王子による、いわゆるジャコバイトの蜂起を題材にしている。この小説の成功のあと、スコットはスコットランドの史実をテーマにした歴史小説を次々と発表し、流行作家となった。スコットの作品には、現実とロマン主義的想像が併存する傾向があり、中途半端であるとの批判を受けた。だが、弁護士でもあったスコットの歴史認識力は並外れてすぐれており、スコットランド人の特質や魅力をみずからの目でくもりなく把握したことは高く評価されるに値する。

合同以降、スコットランド文学は、英語を用いて発表する「英語文学」の性格を強める。スコットランド人のアイデンティティとイギリス人のアイデンティティという二重(あるいはそれ以上)のアイデンティティを背負いながら、文学者たちは表現世界を構築していく。

スコットランドのダンバートンシャーに生まれたトバイアス・スモレット(一七二一~七一)は、ロンドンへ出て、『ロデリック・ランダム』(一七四八)などで、イギリス小説史にピカレスク(悪漢)小説のジャンルを確立した。エディンバラ生まれの法律家ジェイムズ・ボズウェルもロンドンに出て作家となり、伝記文学の傑作『サミュエル・ジョンソン伝』(一七九一)を著した。彼はまたジョンソン博士とともにスコットランド西方への旅に出て、『ヘブリディーズ諸島旅日記』(一七八五)を刊行している。セルカークシャーに生まれ、「エトリックの羊飼い」として知られるジェイムズ・ホッグ(一七七〇~一八三五)は、サー・ウォルター・スコットの影響でバラッド詩を作ったほか、エディンバラに住み、悪魔的なゴシック小説の古典『義とされた罪びとの手記』(一八二四)を発表した。エアシャーに生まれ、ホッグと同時代を生きたジョン・ゴールト(一七七九~一八三九)は、代表作『教区の年代記』(一八二一)で一八世紀スコットランドの社会史に興味深い光を当てた。

一九世紀には、『ジキル博士とハイド氏』などで知られる小説家ロバート・ルイス・スティーヴンソン(一八五〇~九四)、名探偵シャーロック・ホームズの生みの親サー・アーサー・コナン・ドイル(一八五九~一九三〇)、ピーター・パンの妖精世界を作ったジェイムズ・マシュー・バリ(一八六〇~一九三七)らが活躍し、スコットランド文学は世界文学の一角をなすに至った。

建築と芸術

スコットランドでは一八世紀から一九世紀を通じ、産業のめざましい発展で国力が増すにつれ、建築や美術、音楽などの芸術的領域での表現活動に弾みがついた。一八世紀前半の指導的建築家はウィリアム・アダム（一六八九～一七四八）であったが、彼とその息子たちが揃って建築家として活躍したことから、この時代のスコットランドの建築界はアダム一家に支配された形になった。ウィリアム・アダムの会社は壮麗なジョージ朝の邸宅を多く設計し、有名なリンリスゴー侯爵家の邸宅ホープタン・ハウスの改築に重要な役割を果たした。

一八世紀後半には、ウィリアムの息子のうち次男のロバート・アダムとその協力者となった三男のジェイムズ・アダム（一七三〇～九四）が新古典主義様式による建築と室内装飾の立役者となり、最大の功績を残した。天才的な建築の才能をもっていたロバートは、エディンバラで教育を受けたあと、一七五四年から五八年にグランドツアーに出かけ、ローマでは、古代遺跡をテーマとした建築家ピラネージの影響を受けた。ポンペイなど古代遺跡の調査に従事し、帰国後はこれらの遺跡調査の成果を発表して名声を高める。

ロンドンに事務所を開設し、新古典主義の建築を広めたあと、スコットランドに帰り、古代ローマの建築様式やモチーフを取り入れた装飾的スタイルでカントリーハウス（貴族が荘園に建てた邸宅）などを多く設計した。アダム兄弟の得意とした古典的で優雅な装飾の方法は、「アダム様式」と呼ばれる。ロバート・アダムの設計した建築作品には、ノース・ヨークシャーのハーウッド・ハウス、エディンバラのオールド・ロイヤル病院、エアシャーのカントリーハウスの名作カリーン城、エディンバラのシャーロット・スクエアの建物などがある。カリーン城は、彼の古典的調和とロマン主義的ヴィジョンの完璧な合一をみせる最高の作品である。ロバートはエディンバラでアダム・スミスやデイヴィッド・ヒュームらと交わり、スコットランド啓蒙運動の中心人物であった。

絵画の分野では、アラン・ラムジー、サー・ヘンリー・レイバーン（一七五六～一八二三）、アレグザンダー・ネイスミス（一七五八～一八四〇）、サー・デイヴィッド・ウィルキー（一七八五～一八四一）ら傑出した画家が活躍し、肖像画や風俗画などに新たな活力を注ぎ込んだ。

ラムジーはスコットランドの生んだ最初の偉大な画家といえる。幼い頃から驚くべき画才を示し、ロンドンで徒弟期間を過ごしたあと、父親の名声に助けられ、エディンバラの社交界で肖像画家としての地歩を築いた。数年後、イタリアを訪ね、イタリアの肖像画法を学ぶ。一七四〇年代から一七六〇年代まで大半はイングランドで画家たちと職業的な関係をもったが、同時にスコットランドとも深いつながりを保ち、スコットランド啓蒙主義と調和する絵画的な価値を追求した。デイヴィッド・ヒュームやジャン・ジャック・ルソーの肖像画の名作を残した。ラムジーは婦人の肖像画において最高にすぐれている。

ロバート・アダムの設計によるシャーロット・スクエア（エディンバラ）北側のジョージ王朝風邸宅

レイバーンは生涯の大部分を過ごしたエディンバラで描いた作品に名声の多くを負っている。ラムジーと対照的に男性の肖像画に天才ぶりを発揮した。エディンバラの啓蒙期の著名人やハイランドの領主らの肖像画を極めて直截に、誠実に描いている。フィドル奏者のニール・ガウ（一七二七〜一八〇七）の肖像画などが有名である。

アラン・ラムジーの代表作「画家の妻」

ラムジーの助手から身を立て、スコットランドの肖像画家、風景画家として不動の地位を確立したのはネイスミスである。もともとは肖像画家として訓練を受けたが、イタリア訪問後は風景画家に転じた。ラムジーはネイスミスに啓蒙精神にふれさせ、自然と人間の重要さを認識させた。ネイスミスはロバート・バーンズの友人としても知られ、バーンズの有名な肖像画を残している。一九世紀初めに活躍した重要な風俗画家はサー・デイヴィッド・ウィルキー（一七八五〜一八四一）である。彼はレイバーンの影響を受けたが、彼の画法はラムジーに近いといわれる。

音楽の面では、スコットランドで最も有名なフィドル奏者でソング・ライターであったニール・ガウが特記に値する。五歳の頃からフィドルを独習で弾きはじめ、アソル公爵の庇護を受けた。多くの舞踏会や会合に招かれ、絶大な人気を得た。彼が作った曲には、ストラスペイ、ジグ、リールなどの名作が多く含まれる。

探検と海外進出

合同以後、とくに一八世紀半ばから、スコットランド人はイギリスの国家的な事業の一翼を担ってその発展に寄与した。スコットランド人は未開地への探検、キリスト教の宣教、イギリス帝国の植民地支配などで、活躍の場を広げる機会をますます多くもつようになった。スコットランド人が世界各地で果たした業績の例は、いくらでも挙げることができる。

スコットランド人によるアフリカ探検の先駆者になったのは、セルカークシャーに生まれた外科医で探検家のマンゴ・パーク（一七七一～一八〇六）であった。彼は一七九五年、ヨーロッパ人として初めてニジェール川中央部を探検した。一七九九年に『アフリカ内奥部旅行記』を発表した。一八〇六年に、ニジェール川を二度目に探検中に、敵意を抱いた現地の部族民に攻撃され、戦闘中に水死した。

アウター・ヘブリディーズ諸島のルイス島に生まれた毛皮商人で探検家のサー・アレグザンダー・マッケンジー（一七六四～一八二〇）は、一七八九年にカナダでマッケンジー川を発見し、それを通って北極海に出た。また、一七九二年から一七九三年にかけ、ヨーロッパ人として初めてロッキー山脈を越え、太平洋岸に到達した。彼の探検記『セント・ローレンス川渡航および北米大陸から凍結した太平洋へ』（一八〇一）はジョージ三世に捧げられている。

スコットランドの生んだ最も偉大な探検家は、ラナークシャー生まれの宣教師で医者でもあったデイヴィッド・リヴィングストン（一八一三～七三）である。ヨーロッパ人で初めて、当時「暗黒大陸」と呼ばれていたアフリカ大陸を横断した。医学と神学を学び、ロンドン宣教師協会に入会したリヴィングストンは、一八四〇年頃、同じくスコットランド人でアフリカ大陸に渡った宣教師ロバート・モファットに魅了され、南アフリカへ渡った。キリスト教を伝道し、奴隷貿易と闘う強い意志をもったリヴィングストンは、一六年にわたり、驚くべき熱意をもってアフリカを広く移動し、伝道と医療奉仕に努めた。その間、ナヤサ湖やヴィクトリアの滝（女王ヴィクトリアにちなんで名づけられた）を発見している。『南アフリカにおける布教の旅と調査』（一八五七）、『最後の日誌』（一九七四）などの体験記を著した。

アバディーン生まれの宣教師メアリー・スレッサー（一八四八～一九一五）はリヴィングストンの影響を受けてアフリカに関心をもち、アフリカに渡って伝道に大きく貢献した。アフリカの人々に「グレート・マザー」と呼ばれ、敬われた。ファイフに生まれたジョン・マクドゥアル・ステュアート（一八一五～六六）は、「オーストラリア探検の父」と呼ばれるキャプテン・チャールズ・スタートの中央オーストラリア大陸探検に参加した。一八六二年には、オーストラリア大陸の南から北まで横断した。

探検家ではないが、スコットランドから海外へ出て、産業を興したり商業活動をしたことにより、世界に大きな貢献をした人物も多い。なかでも世界的に名をなしたのは、鉄鋼王、実業家、慈善事業家のアンドルー・カーネギー（一八三五～一九一九）である。ダンファームリンの織布工の家に生まれたが、産業革命の展開で機械織が発展し、家業が苦しくなった一家はアメリカへ渡った。鉄鋼需要の増大を予測し、一八七〇年代にカーネギー鉄鋼会社を創設して大成功を収めた。企業家引退後は、企業売却資金で財団を設立し、社会貢献に力を入れた。研究所、博物館、大学、図書館などの創設に多額の資金を提供した。

グラスゴーに生まれたサー・トマス・リプトン（一八五〇～一九三一）は、アメリカに渡って働いたあと、資金と小売技術を携えてグラスゴーに戻り、茶やコーヒー、ココアなどの栽培と販売で急速に事業を拡大した。紅茶のブランド「リプトン」の創業者となり、世界の隅々にまで紅茶を届ける画期的な流通網を実現した。慈善事業にも力を入れ、「紅茶王」とも称された。

大都市グラスゴー——繁栄の表と裏

産業革命の大規模な発展に伴い、スコットランドの都市も顕著な成長をみせたが、最も急速に成長したのはグラスゴーであった。一八世紀の最初の四半世紀に、グラスゴーの人口はわずか一万三〇〇〇であったが、一八世紀末まで人口と繁栄は歩調をあわせて伸び続けた。クライドサイド地域での造船など重工業が発達したことで、ますます多くのハイランド人やアイルランド人が職を求めてグラスゴーに集まり、一八〇〇年までには、グラスゴーの人口は七万七〇〇〇に膨れ上がり、一八三〇年には二〇万以上になった。一八六〇年には三九万を超え、一九一一年にはついに一〇〇万に達した。連合王国第二の都市となり、北イングランドのマンチェスターやバーミンガムと並ぶ産業都市として繁栄する。

時代は、綿織物のような消費財産業から、機械や造船など生産財産業へ移行しており、グラスゴーは連合国内でも時代の先端をゆく工業都市の典型となる発展を遂げた。グラスゴーはスコットランド人の自尊心のよりどころとなっていく。グラスゴーを支える基幹産業であった造船業は、クライドサイドと呼ばれるクライド湾地域に建設された造船所で生産を行い、世界有数の造船センターとなっていた。クライド湾地域の船の年間総生産量は、一八五〇年の二万トンから一九〇〇年には五〇万ト

グラスゴーの造船所製造の多くの客船が各地を航行した

ンに増大した。客船から商船、軍艦に至るまで種々の船を生産するため一〇万人以上の労働者が造船業に従事したといわれる。

商工業の中心地となった大都市グラスゴーは、外部から移入した住民が増え、スラム街が生まれた。グラスゴーのスラム街は世界でも有数の規模となり、二〇世紀まで存続する。スラム街の人々は袋小路の安アパートや地下室などに群がって暮らしたが、衛生状態は劣悪そのものだった。給水も衛生設備も十分でなかったため、伝染病が発生し、驚くほど死亡率が高かった。グラスゴーは「住民が早死にする町」と悪評が立った。

一八世紀の大半を通じて、スコットランドで最も多くの死者を出したのは天然痘で、とくに都市部のスラム街で猛威をふるった。一部の地域では予防接種（人痘接種）の実験が行われ、効果が認められた例もあったが、天然痘の予防法は、エドワード・ジェンナーによって天然痘ワクチン（種痘法）が開発されるまでは、それほど効果的ではなかったようである。

一八〇一年から一八〇六年のあいだに、グラスゴーでは一万人がワクチン接種を受け、死亡率の低下があまりにめざましかったので、これで天然痘は克服されたものと人々は思い始めた。ところが、その時の流行はたしかにワクチン使用で抑えられたものの、一八一七年と一八一八年に天然痘の再流行があり、人々はこの伝染病に打ち勝つ困難さを実感させられた。

さらに、一九世紀半ばには、人口が密集した都市でコレラが蔓延し、新たな脅威にさらされる。グラスゴーでは、一八三一年の秋にコレラが最初に流行し、一八四八年と一八四九年に再び流行した。こうした伝染病の流行をふまえ、一八六七年、政府はスコットランドに特別に配慮して、公衆衛生法を成立させた。イングランドの公衆衛生の向上に偉大な貢献をしたエドウィン・チャドウィックは、グラスゴーの悲惨さはイギリスの他のどの都市よりもひどかった、と語った。

ハイランドへの憧憬

スコットランドのローランド地方は、産業都市を中心にめざましく発展したが、対照的にハイランド地方は、農耕・牧畜・漁業を主な生産手段とし、自然的な田舎の特質を保った。古くからのゲール人（ケルト人）の生活様式や習俗、言語の伝統が維持されたために、イングランド人やローランド人からは、非文明的で野蛮な地域として蔑視され、差別される運命に置かれた。しかし、一八世紀後半にヨーロッパにロマン主義運動が興り、スコットランドのジェイムズ・マクファーソンによる「オシアンの詩」が発表されたことなどを契機に、ハイランドへの関心が爆発的に高まった。マクファーソンら多くの文学者、芸術家がこぞってハイランドの自然や文化の美をたたえ、神聖視した。ロバート・バーンズやサー・ウォルター・スコットの作品のロマン的な性質もその関心の高まりに貢献した。ルソーらの自然重視の思想が世界的に人間への覚醒をうながしたことが、こうした流れの背景にあったと考えられる。

イングランドやローランドの人々のあいだに、ハイランドの自然的風景や人間的生き方に価値を認め、「絵画的（ピクチャーレスク）な美」を神聖視する考えが広まる

デイヴィッド・アランが描いた「ハイランドの結婚式」（1780）

ようになった。ハイランド人は「聖なる野蛮人」とも呼ばれた。ハイランドの土地や自然を紹介し、アピールする著作物も多く出版された。ウェールズの旅行家トマス・ペナント（一七二六〜九八）は『スコットランド旅行記』を書き、一八世紀文壇の大御所ジョンソン博士（一七〇九〜八四）はスコットランド出身の作家ジェイムズ・ボズウェルとともにスコットランド西方諸島を四か月間訪問し、『スコットランド西方諸島の旅』（一七七五）を発表した。詩人ウィリアム・ワーズワスと妹のドロシー・ワーズワスは一八〇三年、バーンズの故郷を旅行し、詩人ジョン・キーツもバーンズゆかりの地を訪れた。サー・ウォルター・スコットの小説を読んだメンデルスゾーンは一八二九年、スコットランドを訪問し、「スコットランド交響曲」を作曲している。

ハイランドを愛したヴィクトリア女王（バルモラル城で）。一緒にいるのがジョン・ブラウン（キルト姿）と猟場長ジョン・グラント

ハイランド愛の際立った例は英国のヴィクトリア女王（一八一九〜一九〇一）にみられる。ヴィクトリア女王はハイランドの光景をことのほか愛し、夫君アルバートとともにハイランドを旅した。ヴィクトリア女王のスコットランドとの交わりは、大英帝国の維持と拡大という政治路線の一角をなすものであったが、彼女の心の内奥には、現実の一切の権力を離れて、自然のなかに身を置き、純然たる自我の充足を求める気持ちがあったかもしれない。女王はハイランドでの暮らしを記録した『ハイランド日誌』（一八六二〜一八八二）を公開した。

ヴィクトリア女王とアルバート公はスコットランドのアバディーンシャーに広大な敷地をもつバルモラル城を購入し、そこを拠点にスコットランド生活を享受した。一八四八年、女王がディーサイドを訪れたとき、一目で気に入り、王室が借用権を得て、四年後の一八五二年にアルバート公が購入した。ディー川のくねったところに位置し、付近一帯は風光明媚で、城と周囲の土地は非常に広い。女王とアルバート公はここでの滞在をこの上なく好み、ここを拠点に、女王はハイランド各地を旅行した。騎馬で渓谷を渡る絵図などを見ると、女王が土地の人々と和やかに交わり、スコットランドを愛した様子がわかる。現在の女王エリザベス二世もここに滞在することを好む。

快速船「カティサーク号」の船名

一九世紀の後半は、中国からイギリスへ紅茶（葉）を運ぶ快速船、いわゆる「ティークリッパー」が速さを競った時代であった。その競い合いは「ティーレース」とも呼ばれる。中国とヨーロッパとの貿易を東インド会社が独占していた時代には、紅茶は一八か月ないし二四か月かけてロンドンに運ばれていた。しかし、この独占は一八三四年で終了し、中国のいくつかの港で自由貿易が実現したため、ヨーロッパの船主がこぞって中国貿易に参入するようになった。イギリスでは紅茶を産地から短期間のうちに運ぶ快速船が多く製造された。

イギリスの船主ジョン・ウィリスの依頼を受け、スコットランドのスコット・アンド・リットン社が設計した快速帆船「カティサーク号」は、一八六九年一一月二二日に進水した。カティサークは、全長八六メートル、全幅一一メートル、マストの高さが一五・六メートルある。中国からイギリスまで一〇七日から一二二日で紅茶を輸送することができ、世界で最高速を争うほどの帆船であった。しかし、カティサークの登場した時期はスエズ運河の完成直後で、蒸気船がスエズ運河を通って快速帆船より短期間で紅茶を運ぶ時代に移行したため、ティークリッパーとしてのカティサークの活躍期間は短かかった。カティサークは現存する唯一の快速船で、現在はロンドン近郊のグリニッジで保存展示されている。

ところで、カティサークというクリッパーの船名は、ロバート・バーンズの有名な物語詩「タム・オ・シャンター」の魔女が身に着けていたカティサーク（Cutty Sark）（スコットランドの言葉で女性用の短い下着、あるいはシュミーズ）に由来する。「タム・オ・シャンター」は、滑稽ではあるが、ぞっとする怪奇的な物語内容である。ある嵐の夜、酒に酔った農夫のタムが愛馬に乗って帰宅途中、廃墟となっている教会のそばを通ると、教会の中では悪魔と魔女たちが集会（サバト）を開き、にぎやかな音楽に合わせ、ダンスに夢中になっていた。

なかでも、若くて妖艶な魔女が、カティサークだけを身に着けて踊っているさまに、タムはすっかり魅了され、興奮のあまり「うまいぞ、カティサーク!」と叫んでしまう。魔女たちはタムを捕まえようとしたので、タムはすばやく馬にまたがり、一目散に逃げ出す。結局、タムは逃げ去ることはできたが、馬は魔女に尻尾を抜き取られてしまう。

快速帆船「カティ・サーク号」

船首と魔女像

毎年バーンズの生誕日（一月二五日）を祝う「バーンズ・ナイト（バーンズ・サパー）」の集まりでは、名うての語り手が、タムの物語を朗誦する習わしである。紅茶を運んで最速を競ったティークリッパーの船名に、国民詩人バーンズの詩から、「カティサーク」が選ばれたのは、いかにもスコットランド的というほかない。

グリニッジに係留されている快速船「カティサーク号」の船首像は、カティサーク（下着）を身に着けた魔女であるが、その手には馬のしっぽが握りしめられている。魔女が船の守護神なのである。

ちなみに、快速船カティサークの帆を張った図柄は、スコッチ・ウイスキー「カティサーク」の商標に使用されている。

第10章 現代のスコットランド

1900
/
2000

エドワード朝スコットランド

ヴィクトリア女王の長期王朝にすぐ続いたエドワード王朝（一九〇一～一〇）は、しばしば平穏無事な時代とみなされる。スコットランドでは、この王朝の初めには、ボーア戦争からの軍隊の帰還（一九〇二）、終わりにはラナークでの第一回国際航空会議（一九一〇）という二つの慶事があった。後者は、八月六日から一三日まで開かれ、スコットランドの科学技術の最先端を示す航空史上ユニークな催しであった。航空ショーも行われ、人気を博した。また、グラスゴーでは一九〇一年には大規模な万国博覧会が催された。

一九世紀の後半、スコットランドの工業技術は世界的な名声を確立した。世界有数の造船センターであるクライドサイドをはじめ各地の造船所で、すぐれた船舶が多く製造された。一八九九年に、ダンディー造船会社によって製造された王立地理院調査船「ディスカヴァリー号」は、一九〇一年から一九〇二年の冬に、スコット船長の指揮で北極圏調査に出航したが、氷に閉ざされ、北極に達することなく一九〇四年に帰国した。スコットは一九一二年の航海では北極へ首尾よく到達した。ディスカヴァリー号は一九三一年まで調査船として使用された。

一九世紀後半から二〇世紀初頭にかけ、スコットランド、とりわけグラスゴーの造船業・機械工業は、イギリス帝国経済にとって不可欠な産業であった。連合王国のなかでも、「発展は北にあり」といわれる繁栄ぶりであった。技術者養成に力を入れ、エディンバラのヘリオット・ワット大学、グラスゴーの王立工業大学などは、高度に訓練された技術者を産業界に多く送り出した。

一方で、この時期に一部の産業が好況から不況へ落ち込むなど、経済的衰退の打撃を受ける。造船業に次いでスコットランドの伝統的産業であり続けた炭鉱業も、変化をまぬがれ得なくなった。石炭産業は需要の低下に苦しんだが、それでも一九一三年にはなお四二五〇万トンの産出量を記録した。もう一つの重要な一次産業である漁業は、ヨーロッパで最大のニシンの漁獲高を誇り、農業も重要産業の位置を保持した。

しかし、こうした産業面での好況とは裏腹に、スコットランドのとくに都市部では、二〇世紀初頭に至ってもイングランドやほかの先進国より、住宅、健康、寿命、幼児死亡率といった問題で、かなり後れを取っていた。消毒薬の開発で、グラスゴー大学（のちにエディンバラ大学）の外科教授ジョゼフ・リスター（一八二七～一九一二）が先駆的業績をあげていたが、統計によると、一九一〇年の女子死亡率は、一八七〇年より高くなっていた。都市人口のかなり多くが過密な住居環境のなかで暮らしていたため、結核が蔓延することが多かった。衛生設備の面では、初歩的な様式の便所さえ存在しない場合もあったという。井戸はしばしば生ごみで汚染された。都市のスラム街では、過密な居住状態、有毒物質の勝手な廃棄、くる病のような栄養失調が度を越してひどかった。

労働党の誕生

合同以後、スコットランド人はイギリス国民となったが、アイデンティティの喪失感を意識して、産業革命を契機にナショナリズムが高揚した。ウェストミンスター支配の不公平と不平等への反感に火がつき、それが一八八〇年代に社会主義を誕生させる背景となった。一八八八年、社会主義を理念にした新たな政党として、スコットランド労働党が誕生した。

一八世紀から一九世紀を通じて、スコットランド資本はイングランド資本に従属化し、資本主義的工業化を進めた。造船業や鉄鋼業が繁栄するにつれ、グラスゴーやクライド地域への人口移動が進んだことから、労働力の供給が増え、工場経営者は労働者を低賃金で長時間働かせた。一八三〇年代から一八七〇年代の期間に、スコットランドの労働者の賃金は、一般的にみて、イングランドのランカシャーの場合と比べ、二〇パーセント低かったとの記録がある。こうした不公平と不平等に対して怒った労働者たちは、何よりも社会改革が必要との考えから、連帯して行動を起こすようになる。

聴衆に演説するキア・ハーディ

スコットランドのノース・ラナークシャー出身の社会主義者で労働運動家のジェイムズ・キア・ハーディ(一八五六〜一九一五)は、一八八〇年代の終わりに、急進的な労働者たちの動きを指導し、一八八八年にスコットランド労働党を発足させ、一八九三年に独立労働党(ＩＬＰ)を創設した。自由党が衰退するにつれ、労働者階級の社会主義支持が高まり、一八九二年、ハーディはサウス・ウェストハム選挙区から独立労働党員として初の下院議員に当選した。一九〇〇年、イギリスの社会主義運動を別個に進めていた三つの団体、すなわち独立労働党、社会民主連盟、フェビアン協会の三者は、独立労働党の党首キア・ハーディの提唱で、労働者の代表を議会に送るための本格的な政党の結成を目指して、一九〇〇年に、労働代表委員会（LRC）を結成した。この委員会は実質的なイギリス労働党の誕生であった。委員長にはキア・ハーディが就任し、書記には農民出身でジャーナリストのジェイムズ・ラムジー・マクドナルド（一八六六〜一九三七）が選ばれた。

一九〇六年に独立労働党は労働代表委員会の傘下に入り、労働党と改称した。この年の総選挙で労働党からマクドナルドを含む二九人が下院議員に当選し、一九一一年には、マクドナルドが労働党党首になった。スコットランド労働党は、土地の国有化や上院の廃止、スコットランドの地方自治などの大きな目標を抱えていたため、その実現のためイギリス労働党と合併した。労働党は結党以来、社会民主主義政党として、暴力革命を否定し、議会を通じての斬新的な社会改良による労働者の生活向上を唱えている。

第一次世界大戦

二〇世紀がスタートした頃、イギリスおよびイギリス帝国は世界に冠たる強大さを誇ったが、一方でその力と地位は、他国との深刻な対立関係を生み出していた。とくにドイツは潜在的な危険をはらんだ強国として浮上していた。一八七一年、ビスマルクがドイツ統一を遂行しドイツ帝国の宰相になってから、ドイツはヨーロッパ大陸で最優位に立つようになった。一九世紀の終わり近く、ドイツはイギリスの海軍力に対抗するために、最大規模の海軍を組成しはじめた。それによって、数世紀にわたって築いてきたイギリスの制海権が脅かされ、危険にさらされた。

二〇世紀初頭の一〇年間、ドイツの軍事力と海軍の強化を恐れたイギリスは、古くからの敵対国、フランスとロシアに接近する。ヨーロッパはその時期までに、対立する列強の二大勢力、すなわち、一つはドイツ、オーストリア、イタリアの同盟、もう一つは、フランスとロシアの同盟に分断されていた。やがて両勢力の間に、国際的な事件が次々起こり、緊張が高まった。そしてついに、一九一四年六月二八日、オーストリアの皇位継承者フランツ・フェルディナント夫妻が、訪問中のボスニアの首都サライェヴォでセルビア系の青年に暗殺された事件を直接の契機に、世界大戦が勃発する。次々に大国が戦争に巻き込まれ、ドイツがベルギーに侵入したとき、ベルギーと中立関係にあったイギリスは、ドイツの攻撃を予測し参戦した。イギリスは国を挙げての大きな軍隊を編制したが、それにはオーストラリア、ニュージーランド、南アフリカ、カナダ、インドなどのイギリス帝国領内からも出兵した。

第一次世界大戦(一九一四〜一八)でスコットランドは重要な役割を果たした。イギリス軍の一五七の歩兵大隊のうち、二二の大隊をスコットランド軍が占めた。この戦いでもまた、高い戦闘力で知られるスコットランド連隊が主要な戦場で戦い、すぐれた戦いぶりで名を高めた。スコットランドの造船所と工場からは、軍艦、商船、戦車、武器、軍需品などが大量に供出され、損失したものを補給する必要もあり、産業界は生産に忙殺された。最大の弾薬庫がスコットランド南部西海岸の小さな町グレトナ・グリーンに建設された。この地が選ばれたのは、ツェッペリン(ドイツが開発した飛行船)の攻撃を避けることができると考えられたからである。

スコットランド北方のオークニー諸島は、インヴァーゴードン、ロサイス、スカパ・フローに海軍基地があったことから、イギリス海軍の大艦隊の本営が置かれ、大戦中重要な戦略拠点になった。

一九一八年にドイツの降伏後、ドイツ大洋艦隊は全艦艇がスカパ・フローに係留されていたが、連合国間に分配されるのを恐れて、指揮官の命令で自沈が決定され、七四隻中五二隻が乗組員によって意図的に沈められた。

一九一八年一一月一一日、ドイツの降伏で初の世界大戦は終結したが、スコットランドの損失は大きく、同胞約一六万人が死亡し、三〇万人以上が負傷した。スコットランドの兵の被害が大きかったのは、失業と貧困のせいで、兵の募集に応じる率が高かったためである。イギリスにおけるスコットランド人の比率は、人口では一〇パーセントなのに、兵の数では一五パーセントとなり、死者の数は二〇パーセントであった。

「赤いクライドサイド」

一八二〇年のいわゆる「急進主義戦争」（政府の経済不況対策への不満からスコットランド南部で起こった暴動）以来、グラスゴーは社会主義勢力の中心地となった。一八四〇年代には、グラスゴーはチャーティスト運動（一八三七年頃から普通選挙権の獲得などを目指して労働者階級が起こした政治運動で、最初の労働運動といわれる）の拠点となり、一八八〇年代以降は、社会主義推進の最前線にあった。このことからグラスゴーは、造船所の集中しているクライドサイド（クライド川沿いの諸都市）にちなんで、「赤いクライドサイド」と呼ばれ、急進的労働運動の聖地として知られるようになる。

この時期に社会主義の主要な宣伝家として先頭に立ったのは、グラスゴー生まれの政治家ジョン・マクリーン（一八七九〜一九二三）である。彼は、学校教師として働いていたが、一九一五年に解雇されてから専任の社会主義の指導者となった。彼の経済学の講座には一〇〇〇人以上の受講者が集まるほどのカリスマ的魅力があったと伝えられる。国際的にも高く評価され、一九一八年、マクリーンは、ボルシェヴィキ（ロシア社会民主主義左派）のイギリスでの最初の領事に任命されている。しかし、イギリス共産党が結成されたとき、彼は入党を拒絶し、スコットランド労働者共和党を設立した。ジェイムズ・コノリー（一八六八～一九一六）〔エディンバラ出身でアイルランド労働者の指導者となり、一九一六年のイースター蜂起で処刑された〕の影響を強く受け、アイルランド・ナショナリズムを熱烈に支持した。

反軍国主義者のマクリーンは、一九一六年から一九二三年の間に六回逮捕された。度重なる入獄で健康を害し早逝したが、彼の社会主義者、民族主義者としての地位はスコットランド政治史において特異である。

マクリーンとほぼ同時期、グラスゴーの女性の労働者階級の戦いを指導したのは、フェミニストで社会主義者、平和運動家のヘレン・クローファード（一八七七～一九五四）であった。第一次世界大戦の間、グラスゴーの造船所や軍需品工場の周辺で家賃を増額しようとした家主に対し、グラスゴーの女性たちは激しい反対運動を繰り広げたが、クローファードは彼女たちを支援して政府に働きかけ、増額阻止へ導いた。

「赤いクライドサイド」の造船所と兵器工場では、賃金の等級と労働条件をめぐる労働者側と経営側との対立がたびたびストライキに発展した。ストライキは厳しく鎮圧され、ストライキの首謀者やマクリーンのような扇動者は捕らえられ、刑務所に送られた。一九一九年一月三一日には、スト参加者たちと警察がグラスゴーのジョージ広場で衝突する事件が起きた。翌日、武装軍隊と戦車が出動し、スト騒動は鎮圧されたが、労働運動史上最悪の出来事になった。

大戦後の社会変化

第一次世界大戦は、一時的にではあるが、産業界に繁栄と安定をもたらした。労働者の賃金が上昇し、労働者の発言力が目立って強まった。鉱山労働者や工員は、戦時中のストライキ決行を経営者側に非難されたが、彼らは、雇用主や地主たちが戦争で未曾有の利益を上げたことを知っていたので、非難されてもひるむことはなかった。

大戦は女性労働者に新たな変化をもたらした。戦時中は、工場、とくに軍需工場では、女性労働者を大量に必要とした。そのため戦後になって、働く女性の地位が総じて以前より高まった。従来男性だけが働いていた職場に、女性が加わるようになった。女性の選ぶ働き場所は、以前は家庭に限られていたが、戦後は彼女たちの働き場所は、公共輸送、軍需工場、そのほか技術を要する職業へも広がった。企業の労働組合に入会する女性も劇的に増えた。この時期の四つの大規模なストライキが、女性差別や男女の不平等な賃金格差に反対し、女性主導で決行されたことは注目に値する。

一九一八年以降数十年間に、スコットランドの福祉政策が改善されたのも目につく。スコットランドの住宅状況は、連合王国のほかの地域よりはるかに貧弱であった。一九一八年時点で、国民のおよそ四八パーセントは、一部屋ないしは二部屋の住宅に暮らしていた。イングランドの七パーセントに比べると格段に劣る状況である。その後二〇年間、政府は住宅状況の改善にさまざまな法改正を行って抜本的に取り組み、主要な都市の近郊に現代的な住宅が建設された。だが、一九三九年になっても、多くの家族はまだスラム街に暮らしていた。

この時期のスコットランドの健康政策も遅れていた。一九世紀には、死亡率はイングランドとほぼ同等であったが、一九二〇年代には、スコットランドは西ヨーロッパのあらゆる国のなかで健康度が最悪となった。一九三六年のグラスゴーにおける幼児や妊婦の死亡率はオスロの二・七倍、ストックホルムの二・九倍であった。しかし、一九三〇年代末には、幼児の死亡率は少し低下した。

第一次世界大戦後のスコットランドは、住宅や環境問題に加え、若者の失業や暴力行為などの社会問題を抱えていたが、一方で、グラスゴーなどの都市で、魅力的な社会環境づくりが進展した。それぞれの小さな街区に、生き生きした共同体が形成され、そこでは市民の集団が華やかに盛り上がった雰囲気の行事を催し、親睦や交友を深めた。子どもたちは街頭で歌や詩を楽しむ文化交流にふけった。この時期に、女優で作家、ラジオのパーソナリティとして有名なモリー・ウィアは、故郷のグラスゴーで子どもたちや大人を相手に、演劇的パフォーマンスによる生活の楽しみ方教えた。グラスゴーでは映画の上映も盛んに行われた。最初の映画は第一次世界大戦直前に製作されていたが、一九二〇年代、一九三〇年代には、グラスゴーのどの通りにも映画館が建設された。

戦後不況

第一次世界大戦後に、イギリスは戦争被害と戦時中の産業停滞が影響して世界経済の主導的立場を失い、代わりに、アメリカとドイツの経済力が躍進した。一九二〇年に戦勝国イギリスは不況に陥り、産業界は厳しい状況に突入する。戦争による分裂と混乱で製品の輸出ができなかったため、伝統的な輸出市場が失われ、イギリスの地位は大きく低下した。一方、ほかの国々は自国の産業を発展させ、新たな供給相手を見つけて経済力を増大させた。外国、とくにドイツと、戦争から立ち直ったほかの国々は輸出を伸ばしたのに対し、イギリスの輸出品のシェアは、じりじりと低下するのが目立った。

一九二〇年代に、イギリス国内の失業者の全体数はしばしば一〇〇万人を超えるまでに増え、一九二六年にはゼネストが行われた。クライドの造船所では工員の六〇パーセントが失業に追い込まれた。不況がピークに達した頃の一九三三年、失業者数はおよそ三〇〇万人に達する。この危機的状況を解決するため、政府は自由貿易政策を止め、代わりに輸入品に関税を課したりしたが、状況が好転するのは一九三五年以降になってからで、ようやく失業者の数は減少に転じた。

造船、鋼鉄、技術、鉱業などの重工業に依存していたスコットランドは、戦後の不況時代に、深刻な打撃を受けることになった。戦前の成長産業であった造船業は、とくに影響が大きかった。というのは、ほかの国々の造船産業が次第に発展し、スコットランドの船舶への需要は激減したからである。戦争直後、スコットランドの造船業が一時活発化したが、一九二九年頃から、落ち込みは前以上に厳しいものとなった。いくつかの造船所は、生産停止に追い込まれた。造船業が苦境から抜け出せたのは、一九三〇年代末になって、海軍省本部が軍艦の発注を増やしてからである。

スコットランドが未曾有の困難に陥った背景の一部には、軽工業あるいは自動車生産のような、新たな成長産業のいずれかの部門を開発できなかったことがあった。アレクサンドリア（スコットランド中部地方ウェスト・ダンバートンシャーの町）にあるアーガイル会社のような少数の会社は、第一次世界大戦の前後に自動車生産を開始した。といっても、一九三〇年までにはどの会社も失敗に終わっている。一方、こうした軽工業や自動車製造業は、イングランドの中部地方や南西部では盛んだった。重工業に依存していたスコットランドやほかの諸地域が猛烈な不況に苦しんでいた間、これらの地域は比較的繁栄していた。重工業志向に弊害が出て、スコットランドはいつし

クライドバンクで進水する「クィーン・メアリー号」(1936)

か世界の技術革新に水をあけられていたかもしれない。

経済の停滞によって、イギリスにおけるスコットランドの地位は押し下げられ、スコットランドは政府からの助成に頼らなければならない「お荷物」になった。

スコットランド国民党（SNP）

一九〇六年一月に誕生した労働党（党首はキア・ハーディ）は、一九二三年の総選挙で労働者大衆の支持を受け、第二党に躍進した。労働党は翌一九二四年、自由党との連立でスコットランド人首相による第一次マクドナルド労働党内閣を成立させる。イギリス最初の労働党内閣の成立であった。しかし、この内閣はソ連を承認するなど革新的政治を目指したが、自由党との協調が続かず、短命に終わる。労働党はその後、第五次選挙法改正で男女平等選挙権が実現したことで議席を増やし、一九二九年六月、第二次マクドナルド内閣を労働党単独で成立させた。だが、マクドナルドらは、世界恐慌で緊縮財政の折から、失業手当の一律一〇パーセント削減を行ったため、労働者が反発し、内閣は崩壊した。ここに労働党は分裂する。労働党を除名されたマクドナルドは、一九三一年自由党と連合して保守的な挙国一致内閣を組閣した。労働党はこの内閣に協力しなかったが、一九三七年のマクドナルドの死後も、内閣は一九三九年の第二次世界大戦の勃発まで続く。

一方、連合王国の体制のもと、イングランド人の統治に対し不満をもつスコットランド人の間で自治・独立を求める動きが高まり、一九三四年にスコットランド国家党とスコットランド党が合流して、新たにスコットランド国民党（Scottish National Party ＝ ＳＮＰ）が結党された（スコットランド民族党の表記も用いられる）。スコットランド国民党は、ブリテン島北部と周囲の島々を基盤に成り立っている政党で、政治的には社会民主主義を基調としているが、イギリスからの独立を一貫して主張する地域主義にも立脚している。初代党首には、アレグザンダー・マキュアン（在任一九三四〜三六）が就任した。国民党は地方自治を標榜したが、選挙であまり票が得られず、候補者たちは供託金を没収される始末であった。

国民党の政策は大学や文学者、芸術家たちには大いに受け入れられたものの、労働者階級にはほとんど支持されなかった。国民党がスコットランド人の民族主義運動を象徴する組織として政治基盤を整え、国会議員を当選させ、確固たる地位を築くようになったのは、一九七〇年代以降のことである。

教会の合併

経済不況による打撃からの回復と、スコットランドの精神的一体化に寄与したのは、宗教界の動きであった。一八世紀半ば以来一九世紀を通じて、スコットランドの教会は、長いあいだ大きな分裂が続いたままであった。スコットランドは、唯一の法定教会である長老派のスコットランド教会（国教会）でまとまった国であったが、聖職叙任権問題をめぐって激しい対立が起こり、一八四三年に、トマス・チャーマーズを指導者として約四五〇人の牧師が離脱したことで、大分裂が起こった。翌年、離脱者たちがスコットランド自由教会を創立し、およそ五〇〇の教会を建設した。一八六三年以降、スコットランド自由教会はほかの教会の会衆を多く吸収し、勢力を強めた。一九世紀の終わりには、主要な三つの系列の長老派教会、つまり、スコットランド教会、スコットランド統一長老教会（統一分離教会と救済教会が一八四七年に合流してできた教会）、スコットランド自由教会が存在した。

二〇世紀に入って時代の変化を予知したスコットランド教会は、エドワード七世の治世（一九〇一〜一〇）に、教会の総会によって提案されていた教会再編計画の実現に乗り出した。

その計画は、それまで分裂していたスコットランド自由教会とスコットランド教会の統合を図ろうとするものであった。スコットランド自由教会は一七〇〇人の牧師を擁していたのに対し、スコットランド教会には一四〇〇人の牧師が属していた。両教会が合併すれば、スコットランド国内の教会の力が絶大になることは自明である。議会の援助を受けて、一九二九年、過去の不和をもたらしたさまざまな問題を乗り越え、スコットランド自由教会とスコットランド教会の合併が実現した。この合併は、教会の歴史的方向を変える重要な一里塚となった。

現代の文芸復興《ルネサンス》

経済危機の時代を背景に、スコットランドでは一九二〇～三〇年代に文学と言語の復活が起こった。詩人のヒュー・マクダーミッド（一八九二～一九七八）を筆頭に、多くの詩人や小説家がスコットランドの過去の文学を再検討し、新たな展望のもとにめざましい創作活動を実践したことから、この時期の文学的高揚は、スコットランド文芸復興《ルネサンス》と呼ばれる。文芸復興といえば、スコットランド文学史では、一五世紀のジェイムズ四世時代に詩人のウィリアム・ダンバーやロバート・ヘンリソンらが大活躍したルネサンスを指すので、一九二〇～三〇年代の文学の高まりをルネサンスと名づけることには問題があるかもしれないが、一九二〇～三〇年代の文学がそれまでの文学の旧態依然たる手法を打破し、モダ

「詩人のパブ」でヒュー・マクダーミッド（中央）を囲む詩人たち（アレグザンダー・モファット画）

ニズムの表現によって新境地を開いたことを評価すれば、確かに文芸復興（運動）と呼ぶに値するであろう。ここでは、一九二〇～三〇年代の文芸復興を、「現代の文芸復興」として位置づけておく。

第一次世界大戦後にスコットランドの文芸復興を牽引したのは、ヒュー・マクダーミッドである。彼は本名をクリストファー・グリーヴといい、ロバート・バーンズ以来のスコットランドで最も重要な詩人とみなされている。マクダーミッドは、先行する一九世紀のスコットランド文学の感傷性を嫌い、力強いスコッツ語による新しい詩の創作を目標に、スコットランド文芸復興運動を起こした。その実現のために、彼は「ララン語」（Lallans）とみずから称した詩的言語を創造した。それは、古いスコッツ語と辞書などから集めたさまざまな方言の総合である。しかし、彼はそれには満足できず、さらに「総合体英語」を目指す。マクダーミッドのスコッツ語による代表作『酔いどれ男アザミを見つめる』（一九二六）は、彼のスコットランドをめぐる歴史意識や人間存在についての思索をテーマにした傑作である。

マクダーミッドの周囲には、ノーマン・マッケイグ（一九一〇～九六）やシドニー・グッドサー・スミス（一九一五～七五）らすぐれた詩人たちが親しく集まり、文芸復興の中核をなした。だが、マクダーミッドは、同時期に活躍した偉大な詩人・批評家のエドウィン・ミュア（一八八七～一九五九）とは真っ向から対立し、二人の間には論争が起こった。ミュアは、スコッツ語の復興に見切りをつけ、英語による創作を選んだ。マクダーミッドやミュアと異なり、スコッツ語や英語ではなく、ゲール語（ケルト語）を用いた詩人としては、ソーリー・マクレーン（一九一一～九六）が頂点を極めた。

小説の領域では、ジョン・バカン（一八七五～一九四〇）、ニール・ミラー・ガン（一八九一～一九七三）、エリック・リンクレイター（一八九九～一九七四）、ルイス・クラシック・ギボン（一九〇一～三五）〔本名はジェイムズ・レズリー・ミッチェル〕らが登場し、新境地を開いた。両大戦間の文学者の多くは政治と関わりをもち、マクダーミッドとガンはともに活発なナショナリストであった。ガンは、政治と深く関わった一九三一年に発表した二作目の『朝ぼらけ』で高く評価される。一方、ミュア、バカン、ギボンらは、スコットランドの都市の状況よりも、理想化された田園への愛好を顕著に示した。なかでもギボンは、都市文明は風土病的に腐敗しているととらえ、一九四六年の代表作『スコッツの書』（三部作）では、第一次世界大戦後のスコットランド社会の変化に目を向け、大いに注目された。マクダーミッドとの深い親交で知られるギボンは、マクダーミッドとの共著『スコットランドの風景』（一九三四）のなかで、都市問題を社会主義的視点から批判的に論じている。ルネサンス期の文学者たちは、政治的状況をめぐって意見が分かれ論争することが多かったが、そうした論争を通じて、大戦後にスコットランドのナショナル・アイデンティティの再生が促進されたことは確かである。

女性作家では、D・H・ロレンスとの親交で知られる小説家・批評家のキャサリン・カーズウェル（一八七九〜一九四六）は、第一次世界大戦後にスコットランドの女性たちが置かれた苦境をテーマに、女性の自立を描いた『扉を開けよ！』（一九二〇）を発刊した。また、小説家・詩人のナオミ・ミッチソン（一八九七〜一九九九）は、生涯にわたって啓蒙主義の立場で活躍したが、フェミニズム的視点から女性の役割を探究する作品を発表し、文芸復興運動にも大きく貢献した。

第二次世界大戦

第一次世界大戦後のスコットランドは、一九三八年に再軍備計画が始まるまで、経済復興の兆しがなかった。経済的な深刻な逆風は、健康、福祉、住宅、そのほかの社会生活面で吹き荒れ、複雑で解決しがたい問題に苦しんだ。ところが、スコットランドがようやく復興への足がかりを築いたかにみえた一九三九年、第二次世界大戦が勃発し、スコットランドはまたもや大きな対立に巻き込まれる。一九三〇年代に、ドイツはアドルフ・ヒトラーと彼のナチス党に支配され、一九一八年にドイツが失った全領土を取り戻すため、戦争に乗り出したのである。一九三九年九月一日、ドイツ軍はポーランドに侵攻した。イギリスとフランスはポーランド支援を約束し、ドイツに宣戦布告した。戦争は、日本・ドイツ・イタリアの三国同盟を中心とする枢軸国陣営と、イギリス・フランス・ポーランド・ソ連・中華民国・アメリカなどの連合国陣営が、一九三九年九月一日から四五年八月一五日まで、六年余りにわたって戦いを繰り広げた人類史上最大の戦争となった。イギリス帝国は母国を支えるよう連合国に結集を求め、再びスコットランドとスコットランド連隊は、全面的な参戦を決めた。

戦争の初期段階では、ドイツはフランスに侵攻して敗北させるなど勝利を重ね、ヨーロッパのほかの多くの国々を侵略した。一九四一年、ドイツはロシアに侵攻し、領土の広範な地域を占拠した。さらに同じ年に、日本と組んで戦争を拡大したため、アメリカも参戦し、連合国側についた。イギリスはチャーチル内閣によって徹底抗戦の体制を固めた。戦線は枢軸国側の優勢のうちに進んだが、一九四二年以後、戦局は一転し、ドイツは、ロシア、アメリカ、イギリスの軍隊によってドイツ領内に押し戻された。結局、一九四五年、ドイツはソ連軍のベルリン占領によって降伏せざるを得なくなった。日本もまた窮地に追い込まれ、同年八月に、アメリカの広島と長崎への原子爆弾投下とソ連参戦により、無条件降伏し、第二次世界大戦は終了した。

第二次世界大戦では、数千人のスコットランド人が徴兵され、彼らの父祖たちが一九一四年に戦ったように、戦役に従事した。女性たちがまたも学校、工場、軽産業、運輸、官庁などで男性に代わって働いた。一九四二年から一九四五年の間に、七二〇社の新たな企業が誕生し、九万人以上が採用され、スコットランドの経済と社会に大きく貢献した。第二次世界大戦のスコットランド国民への影響は大きかった。スコットランドはロンドンほど頻繁に空襲を受けなかったものの、一九四一年三月一三日と一四日、グラスゴーのクライドバンクが大爆撃を受け、一二〇〇人の民間人が死亡したほか、造船所など多くの工場が完全に破壊された。その地域の一万二〇〇〇戸のうち、爆撃をまぬがれたのはわずか八戸だけだったといわれる。

第二次世界大戦でも、スコットランドのオークニー諸島の入り江、スカパ・フローがイギリス海軍の戦艦隊本拠地として利用された。一九三九年一〇月一四日、ドイツ軍の著名なUボートエースの一人、ギュンター・プリーン海軍少佐が艦長として指揮する潜水艦U47が浮上して侵入し、係留されていた戦艦ロイヤル・オークを撃沈した。それによって、ロイヤル・オークの乗組員一四〇〇人余りのうち八三三人が犠牲になる。この攻撃の三日後には、四機のＪｕ88爆撃機（第二次世界大戦を通じてドイツ空軍が運用した主力爆撃機）がスカパ・フローを爆撃した。この攻撃で、戦艦アイアン・デュークが大破し、爆撃機一機が撃墜されている。

大戦後のイギリス

第二次世界大戦でイギリスが受けた影響は大きかった。大戦を通じて約一一億ポンドの海外資産をすべて失い、戦争が始まったとき七億六〇〇〇万ポンドであった海外債務は、終戦時には三三億ポンドに膨れ上がり、イギリス経済は疲弊した。このため、イギリスは海外植民地を次々と失い、一部を除き大英帝国は崩壊への運命をたどる。

しかし、一方で政府は、大国の力を維持しようと徹底した対策を講じた。石炭採掘、鉄道、電力供給など主要産業のいくつかを国有化し、行政機関は完全雇用の実施を目指した。その結果、生産は着実に増大し、たとえば自動車産業界では、記録的な生産高に達した。農業もまた生産量を増やし、一九七三年には、全国の食料消費量の六〇パーセントを国内産でまかなえるようになった。一九四八年に政府は補助金交付や価格保証など農業支援策を実行した効果が表れた結果である。労働賃金も生活水準も目立って上昇し、洗濯機、冷蔵庫、テレビ受像機など普及し、自動車の所有者が飛躍的に増えた。政府が福祉国家を標榜し、医療や福祉家族手当などの面で、多くの恩恵を与える政策を推進した。

とはいえ、そうした改善や進歩にもかかわらず、一九四五年以後のイギリス経済は、ほかの工業国家に比べて良好であるとはいえなかった。国民純生産はゆっくりと、着実に伸びてはいたが、ドイツや日本、アメリカ、フランス、イタリアなどの国々のほうが、ずっと急速に成長していた。イギリスは徐々に先進国の後塵を拝するようになった。一九七三年までには、西ヨーロッパのほとんどすべての国が、イギリスより高い生産性と豊かな生活水準に達していたことは確かである。

スコットランド経済

二度の大戦で一九世紀の社会秩序が崩れたあと、政府は経済復興を急ぐとともに、公共住宅建設や健康医療体制の整備といった、新たな福祉政策に取り組む必要があった。一九四五年以来、スコットランドは基本的に、イギリスのほかの地域と同じような政策課題を抱えていたが、スコットランドはより解決が困難で深刻な状況に置かれていた。造船、鉄鋼、重工業、鉱業などの従来の基幹産業は、戦後になって確実に衰退し、そのためスコットランドの失業率は、連合王国全体の平均のほぼ二倍の高さであった。それに加え、他国から求職のため移入してくる人々は増え続けていた。グラスゴーとほかのいくつかの工業都市では、スラム街は撤去され、住宅建造計画が優先されたが、状況改善は長い間徹底されなかった。

スコットランド経済のなかでも、造船ほどみじめな衰退ぶりを見せた領域はないであろう。一九四五年以後、戦時の損失を取り戻し、短期のブームはあったものの、スコットランドの造船所は、ドイツや日本などの造船所と激しく競争しなければならなかった。一九六八年までに、クライドサイドの上流にある会社のなかには、深刻な苦境に陥ったところもあり、政府は財政支援をした。しかし、業績は改善されず、一九七一年、政府は支援を打ち切り、閉鎖へ踏み切る方向を探った。だが、これには労働者側の抵抗が強く、政府は結局、国が参画するゴヴァン造船所を設立し、労働力を吸収する。

一方、造船業とほかの重工業の不振と衰退を償うために、より景気のよい成長産業への転換が試みられた。電子産業、金銭登録機、石油化学製品などの領域で工場が新設され、発展するようになる。さらに政府は地域経済の振興に力を入れ、新たな企業への刺激策をとった。スコットランドに設立される会社には、許認可や課税、そのほかの条件において優遇措置が講じられた。こうした流れのなかで、スコットランドにトラック、トラクター、自動車の工場がだんだん設立されるようになる。

政府の支援制度はハイランド地方にも手厚く適用され、長年の格差解消にも役立った。ハイランドの人口は、二〇世紀の前半を通じて減少し続け、これを食い止める必要があった。一九六五年、政府は、ハイランドの活性化を目指し、ハイランドおよび島嶼部担当局を設置した。しかし、ハイランド地方の人口減少は止まらず、インヴァネスのような都市部で効果が見られただけであった。

北海油田の発見

一九六九年、スコットランドの北東沖、シェトランド諸島近くの海底で、豊かな埋蔵量の大油田が発見されたことが、スコットランド経済を大きく発展させる要因となった。一五〇余りの油田と天然ガス田地帯から成るこの油田は、北海油田と総称される。範囲は広く、イギリス、ノルウェー、デンマーク、ドイツ、オランダの各経済水域にまたがっている。主権地域はイギリスが約半分、ノルウェーが約四分の一を占める。イギリス領海では、同年一二月にモントローズ油田が発見されて以降、二〇以上の油田が発見され、七五年に生産を開始した。それまで輸入に頼っていたイギリス国内の需要は、一九八〇年頃には十分満たされるようになり、以後イギリスは原油輸出国に転じた。

モントローズ油田の発見に続き、一九七〇年にイギリスのブリティッシュ・ペトロリアム社がフォーティーズ油田を発見し、翌年にシェル・エッソ・グループがブレンド油田を発見した。北海油田の大半の油田・ガス田は、イギリスとノルウェーの経済水域の境界線付近に存在し、総埋蔵量はイギリス、ノルウェーあわせて一三〇億バレルと推定されている。気象の変化が激しく波が荒い地域のため、当初の掘削施設の建設などの作業は困難を極め、工費も多額に上った。一九七五年一一月三日に、フォーティーズ油田から、五〇〇キロメートルに及ぶ海底パイプラインを通して、北海油田の原油がイギリス本土に流れ込んだ。原油はスコットランドのアバディーンやイングランド北部のミドルズブラなどで精製される。

比較的短い期間であったが、アバディーンや東部沿岸地方には、新しく発見された油田を採掘するため多くの石油業者が殺到し、かつてないほどの活況を呈した。アバディーンは「石油の都」として名を高めるに至る。掘削作業に要する船具や装備品を製造する工場がファイフやクライドサイド、クロマーティなど各地

北海油田の発見は、財政に苦しむイギリスにとって大きな救済となった

で開業し、油田開発にからむ副産物的産業が盛んになった。しかし、北海油田でのイギリスの原油生産量は一九九九年の二九〇万バレルをピークに減少に転じており、枯渇が懸念される。埋蔵量は当初期待されたほど存在しないと見込まれており、ノルウェーは新規油田開発を抑制する資源保護政策をとっている。

石油資源は確かにスコットランド経済を回復させ、とてつもない繁栄と隆盛をもたらす可能性をもっていた。だが、油田の利権はイギリス政府の管理下に置かれているため、全面的な恩恵を得ることはないと不満を抱くスコットランド人は多い。二〇一四年のスコットランド独立住民投票では、スコットランド独立賛成派は、北海油田を主要財源のよりどころにして独立を主張した。

ナショナリズムの復活

第二次世界大戦の戦中および戦後から、スコットランドではナショナリズムが高まり、民族主義を旗印に、イギリス中央政府からの権限委譲（国家形態としては単一を守ったまま、国家の権限の一部を地方政権に任せる制度）、さらにはイギリスからの独立を求める政治的動きが盛んになった。ナショナリズムの燃え上がりに影響を与えたのは、ヒュー・マクダーミッドに牽引された文芸復興期の詩人たちであったかもしれない。彼らはいわば「文学的ナショナリスト」で、戦中戦後を通じて、言語を武器に民族精神の喚起を訴えた。

スコットランドでは一九二〇年代にナショナリスト団体がいくつか誕生した。一九二〇年に設立されたスコットランド独立を目指すスコットランド国民同盟（Scots National League）は、二八年にスコットランド国家党（National Party of Scotland）に引き継がれ、一九三四年に現行のスコットランド国民党（Scottish National Party = ＳＮＰ）が創設された。スコットランド国民党［以下ＳＮＰ］は、創設当初は権限を委譲されたスコットランド議会の設置を求めるにとどまっていたが、一九四二年に方針を転換し、スコットランドの独立を求めるようになった。

ナショナリズムの政治的高まりが具体的に表れたのは、一九四五年四月の国会議員の補欠選挙で、SNPのロバート・マッキンタイア博士がマザーウェル選挙区で当選したことである。しかし、この議席は数週間後の総選挙で労働党に取り返された。この総選挙で、クレメント・アトリーと労働党が勝利し、政権（一九四五～五一）を掌握する。一九四七年、スコットランドの国会議員や貴族、地方議会、労働組合、長老派教会などの代表が「スコットランド会議」を設立し、スコットランド議会設置に向けて広範な力を結集したが、政府の反応は失望を与えるものであった。

しかし、スコットランド国民は、権限委譲実現への熱意を失うことはなかった。権限委譲を要求する人々の署名数は二〇〇万以上に達し、一九六〇年代初めには、SNPの会員は劇的に増加し始める。一九六七年の労働党の地盤であるハミルトンの補欠選挙で、SNP候補のウィニフレッド・ユーイング夫人が当選したことは、SNPの力の伸長を示すものであった。ユーイング夫人は、自分の目的は国連でサウディアラビアとセネガルの間の席に座ることであると宣言し、熱烈な興奮を引き起こした。彼女の支援者たちは、ユニオンジャックを公然と燃やし、彼女への支持を表明した。だが、この歓喜は、マッキンタイア博士の時のように、つかの間に終わる。次の総選挙で、ユーイング夫人は落選した。

1967年、ハミルトン選挙区補選で国会議員に初当選したスコットランド国民党のウィニフレッド・ユーイング夫人

SNPはハミルトンで議席を失ったものの、西方

諸島では議席を確保し、続く数年間の選挙結果も上々であった。一九七三年、ダンディーの補欠選挙では僅差で敗れたが、同年のゴヴァンの補欠選挙で、以前から安定していた労働党の議席を奪っている。一九七四年二月の総選挙でSNPは七議席を獲得し、続く一〇月の総選挙でこの数字を一一に伸ばした。SNPの成功の一因は、北海油田からの収入はスコットランドに帰すべきであるという同党の要求にあったことは疑いない。この面での同党の政策は、スコットランドの有権者からかなりの賛同を得たとみられる。イギリスの衰退が顕在化していった一九七〇年代に、SNPは、分離・独立論や北海油田の領有を主張して、高揚したスコットランド・ナショナリズムの中心的存在となった。しかし、一九七九年の総選挙では、一九七四年に当選した一一人の議員のうち九人が一挙に落選し、残る議員はわずか二人だけという惨状に陥る。

一九七八年に、一九七九年三月一日に実施される住民投票においてスコットランドの有権者の過半数の賛成が得られれば、エディンバラに選挙によって選ばれるスコットランド議会の設置が認められるという「スコットランド法」が成立した。一九七九年の住民投票では、投票の五二パーセントは賛成であったものの、有権者の三二・九パーセントが投票しなかった、あるいは投票できなかったため、この件を可決するために必要であるとされた有権者総数の四〇パーセントの賛成に達することができず、設置は見送られた。一九七九年から一八年にわたる保守党政権（マーガレット・サッチャー、ジョン・メイジャー）では、スコットランドやウェールズへの分権には強い反対が出て、自治機関（議会）の設置には至らなかった。スコットランドへの自治機関の設置が実現するのは、一九九七年に労働党のトニー・ブレア政権がスタートしてからである。

サッチャーの時代とその後

一九七五年に行われたイギリスの保守党党首の選挙で初の女性党首となったマーガレット・サッチャー（一九二五～二〇一三）は、一九七九年の総選挙で保守党を大勝に導いたことから、労働党政権のジェイムズ・キャラハンに代わって、イギリス初の女性首相に就任した（在任一九七九～九〇）。保守的で強硬なその政治姿勢から「鉄の女」の異名を取った。

サッチャー内閣はイギリス経済の再建を図り、新自由主義（新保守主義）に基づき政府の市場への介入と過剰規制を抑制する政策を実施した。電話、ガス、航空、自動車、水道などの非効率な国営産業の民営化や規制の緩和を強いリーダーシップで断行し、金融システムを改革した。改革の障害になっていた労働組合の力を弱体化させ、所得税や法人税を引き下げた。大胆な教育改革も実行する。サッチャーはイギリス経済の救世主として高く評価される一方で、失業者を増やし、地方財政を不振に追いやったとも非難される。富裕層を擁護し、労働者層には冷たかった。サッチャー政権は、スコットランド人の願望には耳を貸さず、自治の動きに応じないことを基調とした。彼女はスコットランドで個人的には人気があったが、彼女の政権の時期に、スコットランドの保守勢力は低迷した。

一九七〇年代初期に、欧州共同体（ＥＣ）に関して連合王国の中で最も熱意のない地域の一つであったスコットランドは、一九八〇年代には徐々に方針を変え、際立って親ヨーロッパ的になった。ＳＮＰは一九八八年にこの政策転換への支持を明確に打ち出す。この転換によって、小国家スコットランドは、統合されたヨーロッパの大枠の中で独立したアイデンティティを保持できるようになる。

サッチャーの後に保守党のジョン・メイジャー政権（一九九〇～九七）が続いた。アメリカ合衆国と協調し、ヨーロッパとの関係改善に努め、欧州連合（ＥＵ）の発足に貢献したが、「理念なき政治家」といわれ、中間色の政策しか実行できなかった。内政でも外交でもサッチャー政権の継承しかなく、一九九七年五月の総選挙で労働党に大敗し、政権を渡した。メイジャーの代で、長期に及んだ保守党政権は終わりを告げる。スコットランドの自治についても、保守党は何ら手を打つことがなかった。

二〇世紀後半の社会と文化

二〇世紀後半のスコットランドは、経済、社会、文化など広い範囲で大きな変化を経験した。海外への移住が続き、人口減少が極めて重要な課題となった。人口規模でほぼ同等のスウェーデンは、一九一一年にスコットランドより一一パーセント多かったが、一九七〇年には五五パーセント、二〇〇〇年には七〇パーセント近く増加した。一九一一年から一九八〇年までの間に、スコットランドで生まれた人々の二三パーセントが国外へ出たが、一九五〇年代の移住者五〇万人のうち半数がイングランドへ向かった。頭脳流出のケースも多かったとみられる。一九七一年以来、スコットランドの人口はほぼ五〇〇万で推移している。

移民が増加した背景には、スコットランドの産業の衰退と不振がある。両大戦の間の時期には、鉄鉱石の採掘が限度に達し、鉄および鉄鋼産業はすでに輸入原料に依存するようになっていた。石炭の需要は減少し、新しい燃料の主役は石油に替わった。一九七九年から九二年にかけて、スコットランドの主要な製造業の会社一〇社のうち四社が閉鎖された。一九九二年には、失業率が過去最大の九パーセントから一〇パーセントに上昇した。この数字は、人数では約二五万人に相当する。多くの熟練工が職を失い、産業界は未熟練労働者に支えられた形になる。だが、スコットランド経済は地域差があり、不均衡であったのも事実である。一九三九年から二〇〇〇年の間に、大都市グラスゴーは都市規模が三分の一に縮小し、ダンディーは一九六〇年から二〇〇〇年にかけて二〇パーセント縮小したのに対し、エディンバラとアバディーンの都市部では規模が拡大している。

一方、こうした経済的な低落基調に反して、文化的側面では、スコットランド復興を目指す動きは勢いが強まり、さまざまな文化領域で革新的変化がみられた。一九七〇年代に、スコットランドは新たな文化発展の段階に入った。スコットランド文芸復興の指導的人物であった詩人ヒュー・マクダーミッドは一九七八年に死去したが、彼の周辺で活躍した次の世代の文学者たちが、一九七一年に「スコットランド文学研究協会」を創立し、スコットランド文学の研究と教育を守り、推進するのに貢献した。その団体はすぐさま大学などで重要な位置を占め、ジョン・ドナルドやキャノンゲイトといった有力出版社が、すぐれた文学者たちの作品を刊行して支援した。この時期に活躍した文学者には、スコットランド文芸復興に関わったエドウィン・モーガン（一九二〇～二〇一〇）のほか、ジョージ・マッカイ・ブラウン（一九二一～九六）、イアン・クライトン・スミス（一九二八～九八）、アラスター・グレイ（一九三四～二〇一九）、ジェイムズ・ケルマン（一九四六～）、リズ・ロッホヘッド（一九四七～）らが含まれる。ミュリエル・スパーク（一九一八～二〇〇六）は国際的に知られた偉大な作家であった。

音楽領域では、ロイヤル・スコティッシュ・ナショナル管弦楽団とBBCスコティッシュ交響楽団が、ともにスコットランドを代表するオーケストラとして、スコットランド各地で演奏活動を行い、高い評価を得た。スコットランド室内管弦楽団も、エディンバラなど主要都市で定期的に演奏したほか、小都市やハイランド地方でも演奏会を開いた。スコットランドを代表する指揮者サー・アレグザンダー・ギブソン（一九二六～九五）は、イギリス内外で管弦楽曲や交響曲、オペラの名指揮者として多大な功績を残している。ポピュラー音楽はミュージックホールのコメディアンで、世界的スター歌手のサー・ハリー・ローダー（一八七〇～一九五〇）に始まるが、彼に続いて、一九六〇年代にはアンディー・ステュアート（一九三二～九三）がイギリス国内で複数のヒットを記録した。

演劇では、一九二二年に結成されたスコティッシュ・ナショナル・シアター・ソサイエティが定期公演を行うかたわら、ハイランド地方にも巡業し、スコットランド作家に活躍の場を与えた。二〇世紀後半のグラスゴーやエディンバラなどの劇場では、スコットランド人作家による現代劇が多く上演された。一九五一年にはハイランドの入口の観光地ピトロッホリーに、ピトロッホリー・フェスティバル・シアターが創立され、毎年開催シーズン中には、必ずスコットランド作家の作品を上演する習わしであった。演劇にとどまらず、映画やダンス、スポーツなどの面でも、新境地を開く活動がみられた。

スコットランド議会の設置

一九八〇年代のサッチャーから九〇年代前半のメイジャーまで、長期に及んだイギリスの保守党政権は、「小さな政府化」を目指し、いわゆる強硬なサッチャリズムの路線による民営化と福祉削減に徹底して力を入れた。その結果、イギリス病と呼ばれた長期に及ぶ経済の停滞を克服し、活性化させることに成功したが、その一方で、貧富の格差が拡大し、若者の失業率増加や犯罪などによる社会の荒廃が深刻化した。そうしたなかで、一九九七年五月、総選挙が行われ、労働党が大勝した。党首のアントニー・チャールズ・リントン・ブレア、通称トニー・ブレア（一九五三～）がイギリス首相に就任した（在任一九九七～二〇〇七）。スコットランド（エディンバラ）出身のブレアは、そのとき四三歳、イギリス史上最も若い首相となった。彼の政策目標は、従来の労働党のケインズ主義とも、サッチャーの新自由主義とも異なるもので、「第三の道」を目指すものとして期待された。

一九九二年以降、スコットランド政治は労働党とＳＮＰとの明確な対立の構図になっていたが、スコットランド人がより大きい発言権を獲得するために自治への願望を強めていることを理解した労働党は、権限委譲制度を提案する約束をした。労働党政権が成立すると、ブレアはこの約束を尊重し、スコットランド議会設置の是非を問う住民投票の実施を決めた。住民投票は一九九七年五月にスコットランドの有権者によって行われ、法制定権と課税決定権（限られた範囲で税金を変更する権限）、さらにスコットランド政府を監督する役割をもつスコットランド議会をエディンバラに設立する件が過半数の賛成で可決された。議会の選挙は、一九九九年五月六日に実施され、同年七月一日に権限がウェストミンスターのイギリス議会から新しいスコットランド議会へ委譲された。スコットランド議会の機能と役割を規定し、その立法権限を定めた「一九九八年スコットランド法」は、イギリス議会通過後の一九九八年一一月一九日にエリザベス二世から女王裁可を得た。

この法の規定により、スコットランドにおける最高の立法権限はウェストミンスターの議会が保持するが、スコットランドの内政に関する責任の一部は、新しく選挙で決められるスコットランド議会に委譲されることになった。教育、健康、農業、経済開発、内務、司法、警察、消防、地方自治、スポーツ、芸術、研究などは委譲される事項に含まれる。一方、スコットランド議会の立法権限の範囲外にあり、イギリス議会に留保される事項は、イギリス製品市場、憲法、外交政策、通貨、防衛および国家安全保障、ヨーロッパ関係、放送、国境警備、運輸安全、原子力、麻薬政策、宝くじなどで、これらはイギリス議会が権限を保持することが明示された。

このスコットランド議会設置の決定に先立ち、一九九六年、長らくイギリスのウェストミンスター寺院に置かれていた「運命の石」（スクーンの石）が本国スコットランドへ返還される慶事があった。運命の石は、ダルリアダ王国時代（五〇〇年頃から九〇〇年頃）からスコットランド王家が王位継承の儀式で用いていたもので、スコットランドの王権の象徴であった。ところが、スコットランドへ侵攻し、実権を奪い取ったイングランドのエドワード一世が、一二九六年にこのスコットランド人の魂である石を没収し、イングランドへ運び去ったのである。運命の石は、ウェストミンスター寺院の内陣にある戴冠式用の椅子の下に組み込まれ、以後イングランドの歴代の王や女王はこの石に座って、王位継承の儀式を行った。

運命の石は一九五〇年にスコットランドの民族主義者の学生集団に盗まれたが、間もなく取り戻された。一九九六年、当時のジョン・メイジャー首相の計らいで、石はスコットランドへ返還されることが決まり、スコットランドの守護聖人聖アンドルーの日（一一月三〇日）に、返還の儀式が行われた。といっても、運命の石はもともとあった場所のスクーンには戻されず、安全管理のためにエディンバラ城に収蔵された。スコットランドの自立の象徴である運命の石が返還され、そのあと権限委譲を受けたスコットランド議会の設立をみたことは、スコットランドにとって二重の慶事であった。

「運命の石」が700年ぶりにイギリス政府からスコットランドへ返還された

「命の水」――ウイスキー

スコットランドにはウイスキーの蒸留所が多く、いわゆる「スコッチ・ウイスキー」を大量に製造している。「ウイスキー」という語は、「命の水」を意味するゲール語（ケルト語系）の「ウスゲ・バハ」（uisge beatha）または「ウスケボー」（usquebaugh）に由来する。スコッチ・ウイスキーは、今ではスコットランドのみならず、イギリス全体の主要な輸出品目の一つで、世界に販路を広げており、極めて重要な産業を形成している。文字どおり、スコットランド経済の「命の水」といえるかもしれない。その歴史の一端をたどってみよう。

ウイスキーの製造技術は、遅くとも一二～一三世紀にはアイルランドからのキリスト教宣教師によってスコットランドへ伝えられた。最古の文献は一四九四年の『スコットランド大蔵省記録』で、それ以前から製造が行われていたことを明らかにしている。一六九九年には、スコットランド議会法に初めて蒸留所の件が登場する。それは、ディングウォールの南、クロマティー湾の対岸のフェリントッシュにあるダンカン・フォーブス所有の蒸留所についてのことであった。地元の大地主で、スコットランド議会の議員でもあったダンカン・フォーブス（一六四四～一七〇四）は、一六九〇年にフェリントッシュ蒸留所を創始した。ところが、この時期はステュアート王朝の再興を図るジャコバイトが蜂起し、それを鎮圧する政府軍との戦乱が続いていた。常に政府側に味方していたフォーブスは、ジャコバイトの攻撃の標的となり、彼の所有したビール醸造所とウイスキー蒸留所は焼き討ちされた。スコットランド政府はその損害賠償として、フォーブスに無税で蒸留する権利を与えた。フォーブス家はフェリントッシュにいくつかの蒸留所をもっていたが、一七八四年、この特権は法により廃止され、蒸留所は閉鎖された。ロバート・バーンズは、一七八五年の「スコットランドの酒よ」でフェリントッシュの消滅を嘆いた。

お前、フェリントッシュよ！　ああ、悲しいことに消えてしまった！
スコットランドよ、津々浦々でそのことを嘆き悲しめ！

一七世紀から厳格な許可と課税の制度が導入されたため、秘密の隠れ家で不法な蒸留が行われるようになった。とくにハイランド地方の人里離れた場所では大量にウイスキーが密造され、国外に運び出されることがあった。第二次世界大戦中の一九四一年、ヘブリディーズ諸島のエリスケイ島沖で、ジャマイカとニュー・オーリンズへ向けて航行中のイギリスの貨物船「ポリティシャン号」が座礁する事故があった。死者は出なかったものの、積み荷には二万八〇〇〇箱のモルトウイスキーが含まれており、船が沈む前に、島民たちは驚愕しながらも可能な限りウイスキーを運び出した。当局はウイスキー密造の隠れ家を厳しく捜索した。それにしても、あまりに大量のウイスキー密造事件である。

ウイスキーを無税で蒸留する特権を認められたダンカン・フォーブスの肖像

小説家のサー・コンプトン・マッケンジー（一八八三～一九四七）は、この史実をもとに小説『ウイスキー・ガロア』（一九四七）を書いた。「ガロア」（Galore）は、ゲール語で「たくさんある」の意の形容詞で、「ウイスキー・ガロア」で「ウイスキーがいっぱい」といった意味になる。マッケンジーは当局の捜索と島民たちの酒を隠そうとして慌《あわ》てふためくさまを皮肉な視点で描写した。

終章

二一世紀以後への展望

2000/

権限委譲の始まり

一九九八年のスコットランド法により一九九九年に設置されたスコットランド議会は、スコットランドの内政権を委譲された一院制の立法府で、スコットランドの首都エディンバラのホリールードに置かれた。非公式にホリールードと呼ばれる。住民の直接選挙による議会で、一二九名の議会議員から構成され、議員の任期は四年である。議員は、小選挙区比例代表制の併用制(小選挙区制で七三人、比例代表制で五六人)で選出される。

スコットランド議会は、スコットランド法により、法律制定権の委譲を受けているが、すべての法律を制定できるわけではなく、立法権限の範囲(議会が法律を作ることができる分野)は規定されている。イギリス議会が立法権限をもつ範囲はこの法律で明示されており、明示された以外の範囲は自動的にスコットランド議会の責任を負うことになっている。またイギリスの議会は、スコットランド議会への委譲事項を修正する権限を保持し、スコットランド議会が法律を作ることができる分野を広げたり、狭めたりできる。スコットランド議会はスコットランド政府を監督する役目も担っている。スコットランド議会の選挙は一九九九年五月六日に実施され、六日後の五月一二日に最初の議会が開催された。

スコットランド議会の議事堂は一九九九年から、ホリールードの新議事堂が建設中の間、エディンバラのロイヤル・マイル大通りにあるスコットランド国教会の総会堂の建物を仮議事堂とした。新議事堂は二〇〇四年に完成した。

「スコットランド政府」への名称変更

イギリス政府から権限委譲を受けた行政機構はスコットランド政府（スコットランド自治政府）である。スコットランド政府の長は、スコットランド議会によって選出される首相（第一大臣・首席大臣とも呼ばれる）であり、閣内大臣および閣外大臣は首相が指名し、議会がこれを承認する。大臣はみなスコットランド議会の議員であり、議会に対して責任を負っている。

「スコットランド政府」は、一九九九年七月一日に設置された「スコットランド行政部」を名称変更した行政機構である。一九九八年のスコットランド法によってスコットランド自治政府はスコットランド行政部と定められていたが、二〇〇一年に当時のスコットランド首相であったヘンリー・マクライシュが公式名称をスコットランド行政部からスコットランド政府に変更することを提案した。スコットランド国民の多くがこれを支持したのに対し、イギリス政府と与党の労働党はこの変更に否定的であった。正式名称が「行政部」のまま、二〇〇〇年代に入ってイギリス首相や労働党の一部議員によって「政府」と呼ばれることが多くなり、二〇〇七年九月二日、スコットランド国民党政権が「スコットランド政府」に改名する方針を発表した。しかし、名称変更はスコットランド政府・議会の一存で決めるわけにいかず、二〇一二年にスコットランド法を改正することで、正式に法律上でもスコットランド政府に改名された。

初代首相にドナルド・デュワー

一九九九年五月六日に実施されたスコットランド議会の最初の選挙の結果、第一党の労働党は五月一四日スコットランド自由民主党と連合を組む協定を発表し、それを条件にスコットランド労働党党首のドナルド・デュワー（一九三七～二〇〇〇）が議会の指名を得て、スコットランド政府の初代首相（首席大臣）に就任した（在任一九九九～二〇〇〇）。五月一七日にホリールード宮殿で国王エリザベス二世によって正式に任命された。

スコットランドの学校の基準を引き上げる教育法案、土地保有の封建的制度を廃止する法案、スコットランドの国立公園を開設する法案などを課題としたが、二〇〇〇年四月に検査のため入院し、5月に手術を受けた。八月に復帰したが一〇月一〇日に再入院し、翌日脳出血で死去したため、デュワー政権は終了した。

ドナルド・デュワー

デュワーの後はスコットランド労働党のヘンリー・マクリーシュ（一九四八～）が二〇〇〇年から二〇〇一年まで短期間首相を務め、その後も引き続き労働党のジャック・マコンネル（一九六〇～）が二〇〇一年から二〇〇七年まで首相の任に就いた。しかし、二〇〇七年五月の選挙結果によって労働党は自由民主党と連合を組むことなく、ＳＮＰに政権を渡した。

スコットランド議会の新議事堂

スコットランド議会は、議会設置後エディンバラのロイヤル・マイル大通りにあるスコットランド国教会の教会堂を一時的に議事堂としていたが、新議事堂の完成した二〇〇四年九月からは、エディンバラのホリールード地区にあるスコットランド議会議事堂を正式の所在地としている。新議事堂は国際コンペで優勝したスペインのバルセロナ出身の若い建築家エンリク・ミラレス・モヤの設計によるもので、斬新なデザインが目を引く近未来的な建物である。内部はガラス張りの窓が多く、そこから取り入れられた自然光が木で作られた議場を明るく照らしている。議場は半円形の座席配置になっているが、これは選出された議員の間での合意を推進しようとする考えを反映したもので、議場には一三一の席がある。

二〇〇一年の予定から三年遅れて二〇〇四年に完成したが、総工費は当初の計画の一〇倍にあたる四億一五〇〇万ポンドに膨れ上がった。エディンバラ城からホリルードハウス宮殿へと続く約二キロメートルの途中にある。

国民党（SNP）の政権誕生

二〇〇七年五月に行われた第三回のスコットランド議会選挙では、SNPが定数一二九議席中の四七議席を占めた。それまで政権を担当していた与党の労働党は四六議席、自由民主党は一六議席であった。選挙結果を受けてさまざまな動きが見られたが、結局、労働党と自由民主党は連立政権を継続させる

スコットランド議事堂

ことなく、第一党となったＳＮＰ党首のアレックス・サモンド（一九五四〜）が、緑の党の支持を受けて四九票対四六票で首相に選出された。過半数の六五議席をはるかに下回る少数与党政権の誕生であった。サモンド首相・ＳＮＰ党首は二〇一四年九月一九日、住民投票で独立が否決された責任をとって、首相と党首を辞任した。

ＳＮＰは政権をとったものの、本来スコットランド独立を主張する政党であるため、イギリス政府とねじれ現象が生じた。ＳＮＰは一九九〇年代に躍進の傾向が明確になったが、その要因の一つはサモンド党首の指導力にあった。彼は人格がすぐれているうえに、政治能力があり、メディアでのパフォーマンスも上手であった。一九九二年の選挙を「スコットラン独立のための選挙」と位置づけ、第一党をねらった。しかし、ＳＮＰは第一党にはなれず、労働党の政権復帰も実現しなかった。ＳＮＰは、一九九二年の選挙では二一・五パーセントの得票を獲得し、九四年の欧州議会選挙でも三三パーセントを獲得し、人気上昇を確かなものにした。一九九九年から二〇〇七年までに行われた、三回のスコットランド議会選挙の結果によると、ＳＮＰの獲得した議席数は、一九九九年は計三五であったが、二〇〇三年は計二五に後退し、二〇〇七年は計四七に急増している。二〇〇三年に後退したのは、スコットランドの人々がスコットランド議会にかけた期待が十分に満たされず、多党化によって票が分散し、ＳＮＰの掲げる独立についても、強くアピールされなかったためとみられる。

二〇〇七年の選挙では、ＳＮＰはスコットランド独立問題について、二〇一〇年を目標に四年以内に住民投票を実施することを公約に掲げたことが効を奏し、票の増加につながったとみられる。スコットランド独立と住民投票実施を訴えた緑の党がＳＮＰと連立を組んだのは自然な成り行きであった。しかし、緑の党はわずか二議席で、両党併せても四九議席の少数与党でしかなかった。

二〇一〇年の総選挙では、労働党が四一議席、（ＳＮＰは前回同様六議席）を維持したものの、二〇一一年のスコットランド議会議員選挙では、ＳＮＰが過半数を制し、二〇一四年のスコットランド独立住民投票が可能になった。

独立派が住民投票で敗北

二〇一一年にＳＮＰがスコットランド議会で過半数を獲得したことから、独立を問う住民投票の実施の動きが加速し、二〇一二年一〇月には全国政府の首相キャメロンとスコットランド自治政府の首相サモンドとの間で、住民投票の実施に関する合意が形成された。二〇一四年九月一八日、スコットランドで連合王国からの独立を問う住民投票が行われた。投票率は八五パーセントに達し、結果は反対が五五・三四パーセント、賛成が四四・七パーセントとなり、独立反対派が勝利した。独立賛成を支持したのは、女性よりも男性、労働者階層、55歳以下の年齢層が多かった。またグラスゴーやダンディーなど、経済的に低迷している地域で賛成派が多数となった。

独立の是非をめぐる最大の争点は通貨政策であった。独立賛成派は、独立後のスコットランドがイングランド、ウェールズ、北アイルランドとともに、引き続きポンドを使用する通過同盟構想を主張した。これに対し、反対派の保守党、自由民主党、労働党は通貨同盟の可能性を否定した。もう一つの大きな争点は、北海油田から得られる税収の問題であった。賛成派は独立すると税収のほとんどがスコットランドの自主財源になることを訴えた。

独立は実現しなかったが、ＳＮＰの支持者だけでなく、予想を上回る多くの人々が賛成票を投じたことは、独立問題に新たな光を投じた。地元紙が二〇年一二月に実施した世論調査では、独立賛成派が五八パーセントの高水準を記録したのに対し、反対派は四二パーセントに減少し、六年前と賛否が逆転した。議会選の支持率でも、ＳＮＰが二位以下を大きく引き離し、独走態勢である。ＥＵ離脱後に、スコットランド独立をあらためて問う動きが高まる可能性がある。

SNPが大勝利

イギリス議会下院（庶民院）の議員を選ぶ二〇一五年イギリス総選挙は、二〇一五年五月七日に実施され、スコットランドではSNPが大幅に躍進した。イギリスの保守党と労働党は拮抗したが、結局保守党が過半数三二六を上回る三三一議席を獲得、労働党は二三二議席に終わった。SNPはスコットランドに割り当てられた五九議席のうち五六議席を獲得し、自由民主党を抜いて、保守党、労働党に次いで第三党となった。SNPは二〇一四年のスコットランド独立住民投票の勢いから票を集め、前回の獲得議席と比べ五〇議席を増やした。緑の党は一議席にとどまった。

続いて二〇一六年五月五日にイギリス統一地方選挙が行われ、スコットランド議会選(定数一二九)では、ニコラ・スタージョン率いるSNPが三回連続の勝利を収めた。過半数に二議席足りない六三議席を獲得し、政権を維持した。保守党は三一議席を獲得し、初の第二党に上がり、それまで第二党だった労働党は三八の議席が二四の議席に減り、第三党に転落した。緑の党は六議席を確保し、五議席を維持した国民民主党を抜いた。

イギリスのEU離脱とスコットランド

イギリスの欧州連合（EU）離脱、通称ブレグジットが二〇二〇年一二月三一日午後一一時に完了し、イギリスは新たな時代を迎えたが、それは同時にスコットランドにとっても将来を左右する大きな転換点となる可能性がある。イギリスがEUから去りたかった最大の理由は、労働移民の問題があったからである。EUは域内自由移動の原則によって、自由に行き来ができることから、東ヨーロッパからの多くの労働移民がイギリスへ流入した。

それによってイギリスの低所得階層の労働者が、安くて使いやすい外国労働者に働く場を奪われることになり、そうした移民が充実したイギリスの社会保障や医療などにただ乗りしていることへの反発が強まった。もう一つの離脱をうながした大きな要因は、選挙で選ばれていない欧州委員会の役人に細かいルールを押し付けられていることへの不満や反感が募ったことである。

しかし、ブレグジットがもたらすのはよいことばかりではない。離脱すれば経済面で打撃を受けることが懸念される。国境での関税・検疫チェックが行われることになり、その対応をするために大量の税関職員の配置が必要になる。その労務と経費が莫大なものになるのは明らかである。さらに、イギリス政府が恐れるのは、北アイルランド問題の再燃である。一九二〇年にイギリスのアイルランド統治法によって北アイルランドがアイルランドから分離されて以来、多数派のプロテスタントと少数派のカトリックの間で宗教対立が始まった。一九六〇年代から対立が激化し、アイルランド共和国軍（IRA）によるテロとそれに対するプロテスタント側の報復が度重なる事態が続いた。一九七〇〜八〇年代には北アイルランドのベルファストやロンドンデリーなどの都市だけでなく、ロンドンでもテロや衝突といった武装闘争が過激に繰り広げられた。一九九八年に和平が成立し、一応の平穏が実現するが、犠牲者の数は約三〇〇〇人にのぼり、北アイルランド紛争の記憶はいまだに生々しい。イギリスのEU離脱で再び国境線が引かれれば、紛争がぶり返される心配がないとはいえない。

スコットランドでは、EUに留まりたい人が多数派である。「イギリスがEUから離脱したら、スコットランドがイギリスから離脱する住民投票をすべきだ」と考える人もいる。

二〇一九年一二月一二日のイギリス総選挙では、スコットランドでSNPが五九議席中四八議席を獲得して大勝した。スコットランドのニコラ・スタージョン首相（SNP党首）は、スコットランドの利益について関心の薄いイギリスより、独立してＥＵに入った方がましだと主張するだろうとの観測がある。独立をかけた二度目の住民投票の実施を認めるよう、ボリス・ジョンソン首相に圧力を強めているが、イギリス政府は認めていない。

ブレグジットの後を受け、スコットランドで再び独立を問う住民投票が行われ、仮に賛成派が勝利することになれば、スコットランドはヨーロッパ史の中へ躍り出ることが予測される。スコットランドは今途方もない岐路に立っているといえる。

あとがき

ブリテン島の北部に位置するスコットランドは、現在は独立国ではなく、連合王国（イギリス）の一部をなす地域である。スコットランドの面積はグレート・ブリテン島の北三分の一を占め、地理的には西にアイルランド島があり、最北部は北欧（ノルウェー）に近い。かつては独立した王国であったが、一七〇七年のイングランドとの議会合同でイングランドと連合王国を形成し、一八〇一年に北アイルランドも連合王国に加わった。独立した「国」ではないが、スコットランドの「国」意識は強く、住民の間で独立志向が根強い。一九九八年のスコットランド法により一九九九年にスコットランド議会が設置され、イギリス政府からの権限委譲を受けて、スコットランド（自治）政府が発足した。イギリスからの完全独立を目指す動きは依然高止まりである。

スコットランドは総じて寒冷の地で、長らく貧困や病気などで苦しい状況に置かれた。だが、「小国」ではあるが、スコットランドには不屈の強靭な民族精神があり、歴史的に大国に劣ることのない大きな役割を演じてきた。隣国イングランドだけでなく、大陸のフランスなど主要国を相手に、政治や外交、宗教、文化などさまざまな面で、顕著な影響力を発揮した。デイヴィッド・ヒュームやアダム・スミスら偉大な知的人物がスコットランド啓蒙運動のさきがけをなし、ジェイムズ・ワットの蒸気機関改良をはじめ、各種の科学技術の発明・発見で、スコットランドが産業革命を牽引した功績はとくに大きい。スコットランドが世界を変えたともいえる。スコットランドの重要性は計り知れないほどである。

本書は、スコットランド通史、つまりスコットランドの古代から現代までの遠大な歴史を通観することを目的としている。スコットランド史を単独の著者が一貫して記述した著作は、海外では多いが、日本ではまだほとんどみられない。T・C・スマウト著『スコットランド国民の歴史』（木村正俊監訳、原書房、二〇一〇）を刊行した折から、スコットランド通史の執筆を願望してきた。近年、スコットランドのイギリスから独立しようとする機運が高まり、二〇一四年には独立の賛否を問う住民投票が行われた（投票の結果、反対派が勝利）。政治的力関係やイギリスのＥＵ離脱後の状況展開しだいでは、独立への動きが再び高まり、スコットランド独立が実現しないともかぎらない。このような時期に、スコットランドにあらためて目を向け、その歴史を振り返ってみることは、大いに意味のあることではなかろうか。本書はそうした意識のもとに執筆された。

本書の構成は10章仕立てとし、前後に序章と終章を置いた。古代から現在までを扱い、通時的に歴史事実を記述したが、主眼としたのは、スコットランドの歴史のユニークさをできるだけ明らかにすることである。序章でもふれたが、スコットランドの歴史は、北国の自然や風土、地理や地形などからくる多様な民族や言語の交錯、ローランドとハイランドの区分とその対照性、宗教・教会の特異な制度や規律、隣国イングランドとの対立や抗争の歴史的関係などを特徴としている。それに、多くの天才的発明・発見者が輩出したことにみられるように、スコットランドが驚嘆すべき創造力をもっていることも顕著な特徴である。スコットランド史は史的出来事の範囲が広く、奥行きも深い。そうしたスコットランド史の「死角」への目配りの一環として、本書では「コラム」を設けた。本体の歴史の流れから少しはみ出しているが、時代の特色を表し、興味あふれるトピックを「コラム」でテーマ化した。「コラム」は各章の末尾に配置し、それぞれに図版を挿入したが、それも本書の特色の一つになっているであろう。

記述に際しては、欄外や章末に煩雑な注釈をつけるようなことはせず、できるだけ文中で補足説明をし、理解しやすくなるように心がけた。地図や図像も多く載せ、巻末にはスコットランド王家の系図、歴史年表を掲げたので活用されたい。本書執筆には、日本カレドニア学会、神奈川県立外語短期大学図書館、早稲田大学図書館、中央大学図書館ほか、諸学会や研究団体などから確保できた資料も多く用いた。ここに記して感謝の意を表したい。また、いちいち氏名を挙げないが、多くの先達、知友からご教示を得たことにもお礼を申し上げる。

最後になったが、本書の発行元株式会社原書房に対し、特別に深甚の謝意を申し述べなければならない。本書執筆を思い立ったとき、同社からすでに共編で『スコットランド文化事典』(二〇〇六)と『スコットランド国民の歴史』を刊行していた経緯があり、企画を申し出たところ、出版状況が厳しい折にもかかわらず、本書の発行を決めていただいた。まことにありがたいことで、心からお礼を申し上げる。また、編集実務についてはとくに同社編集部長の石毛力哉氏から企画、執筆、校正などすべての段階で多大なご支援をいただいた。新型コロナウィルスの感染拡大が不安を高めている時期であったので、編集作業には種々の言い難い困難が伴ったに違いない。本書がようやく完成できたいま、同氏へこの上ない感謝の言葉を捧げたい。

本書が多くの読者に末長く愛用され、スコットランドの土地や人々、その生活や文化により関心をもっていただければ、著者として大変うれしいことである。

二〇二一年五月

木村 正俊

スコットランド史年表

年代	事項
前3500頃	新石器時代始まる
前3100頃	オークニー諸島のメインランド島、新石器時代の集落遺跡「スカラ・ブレイ」建設
前3000頃	ヘブリディーズ諸島のカラニッシュ（ルイス島）、「ストーン・サークル」築造始まる
前2000頃	青銅器時代始まる
前600頃	鉄器時代始まる
前7世紀	ケルト人、ブリテン島に侵入
80	ローマ軍ブリタニア総督アグリコラ、現在のスコットランドの領域に侵攻（〜八五）
84	モンズ・グラウピウスの戦い
122	ローマ皇帝ハドリアヌス、長城（のちのハドリアヌスの長城）の建設に着手
140頃	ローマ皇帝アントニヌス・ピウス、長城（現在のアントニヌスの長城）を建設
400	聖ニニアンがスコットランドでキリスト教を布教

410	ローマ軍、ブリテン島から撤退
430	聖ニニアンの弟子らがホイットホーンに最初の修道院を建設
500頃	アイルランドからスコット人がアーガイルに渡来、ダルリアダ王国を建国
518	聖ケンティガーン誕生（～六一三）
550頃	東南部にアングル人が居住
563	聖コルンバがアイオナに到来、修道院を建設し布教
590	聖ケンティガーン、グラスゴーに教会を建設
793	ヴァイキング時代始まる。リンディスファーンのホーリー島を襲撃
802	ヴァイキング、アイオナ修道院を焼き払う
840頃	ケニス・マカルピンがピクトの王国とダルリアダを統合、アルバ王国を成立させる。ケニス・マカルピンが王位に就く
890頃	オークニー、ノース人の伯爵領となる
960頃	エディンバラがアルバ王国に属する
1005	マルカム二世即位（～一〇三四）
1018	マルカム二世、カーラムの戦いでイングランドのノーサンブリアを破り、現在のイングランドとの境界線の基を作る

1034	マルカム二世が暗殺され、娘の子であるダンカン一世が即位。アルバ王国、ストラスクライド王国を併合
1040	マクベス、ダンカン一世を暗殺して即位
1057	マクベス、ダンカンの子マルカムに殺害される
1058	マルカム三世即位（〜一〇九三）
1069頃	マルカム三世、イングランド王家の血筋を引くマーガレットと結婚
1072	ウィリアム一世スコットラドへ侵略。マルカム三世服従する
1093	マルカム三世が殺害され、ダンカン二世が即位するが、その後殺害される
1098	ノルウェー王マグナス、シェトランド、オークニーおよび西方諸島を支配下に置く
1124	デイヴィッド一世即位（〜一一五三）
1263	ラーグスの戦いでノルウェー王ホーコンを破る
1266	ホーコンの後継者マグヌスとパース条約を結び、ノルウェーから西方諸島およびマン島を割譲
1270年頃	スコットランド独立の闘士、ウィリアム・ウォレス誕生（〜一三〇五）
1286	アレグザンダー三世、急死。孫のマーガレット（「ノルウェーの乙女」）即位
1290	マーガレット死去
1292	イングランドのエドワード一世、ジョン・ベイリアルをスコットランド王に指名

1296	エドワード一世、国境を越えスコットランドへ進軍。ジョン王を廃位
1297	ウィリアム・ウォレス、イングランドの占領に反撃。スターリング橋の戦いでイングランド軍に勝利
1298	ウォレス、フォルカークの戦いで敗北
1304	スコットランド、エドワード一世に服従
1305	ウォレス、捕らえられ、ロンドンで処刑される
1306	ロバート・ブルース、ジョン・カミンを殺害し、スコットランド王ロバート一世となる（〜一三二九）
1318	ロバート一世、ボーダーズ地方を掌握
1320	スコットランド貴族、教皇ヨハネス二二世にロバート一世支持の「アーブロース宣言」を送付
1328	エディンバラ・ノーサンプトン条約により、イングランド王エドワード三世はスコットランドの独立を認める
1329	デイヴィッド二世即位（〜一三七一）
1333	エドワード・ベイリアル、スコットランドに侵攻。デイヴィッド二世、フランスへ逃亡。スコットランドは再び、独立を失う
1337	百年戦争始まる（〜一四五三）。スコットランド、実質的な支配権を回復
1346	ネヴィルズ・クロスの戦いでデイヴィッド二世、イングランドに拉致される

1349	黒死病（ペスト）が大流行
1357	ベリック条約によりデイヴィッド二世が解放される
1371	デイヴィッド二世が死去。ロバート二世が即位（〜一三九〇）、ステュアート朝が始まる
1390	ロバート三世即位（〜一四〇四）
1412	スコットランド最初の大学セント・アンドルーズ大学創立
1460	ジェイムズ三世が即位（〜一四八八）
1468	ノルウェー＝デンマーク王の娘マーガレットと結婚。オークニー、シェトランドが領土となる
1476	島々の王マクドナルド一族を討伐
1488	ソーキバーンの戦いでジェイムズ三世が暗殺され、ジェイムズ四世即位
1503	ジェイムズ四世、イングランド王ヘンリー七世の王女マーガレットと結婚。スコットランドとイングランドの和平条約が成立
1513	フロッデンの戦いでイングランドに敗退。ジェイムズ四世が死去、ジェイムズ五世が即位（〜一五四二）
1514頃	ジョン・ノックス誕生（〜一五七二）
1528	ジェイムズ五世、宗教改革者パトリック・ハミルトンを処刑
1538	ジェイムズ五世、フランスのメアリー・オブ・ギーズと結婚

1542	ソルウェー・モスの戦いに大敗。ジェイムズ五世が病死、娘のメアリーが即位（〜一五六七）
1544	ヘンリー八世、メアリーと皇太子エドワードとの結婚の画策に失敗し、スコットランドに侵攻
1548	メアリー女王、フランスの皇太子の婚約者として渡仏
1558	メアリー女王、フランス皇太子フランソワ（後のフランソワ二世）と結婚 イングランドでエリザベス一世即位
1559	ジョン・ノックスがスコットランドに帰国。パースの修道院を破壊、宗教戦争始まる
1561	メアリー女王が帰国、ジョン・ノックスと会見
1565	メアリー女王、ロバート・ダーリン卿と結婚
1566	メアリー女王の秘書、デイヴィッド・リッツィオ殺害される メアリーは長男・ジェイムズ王子）を出産
1567	ダーンリー卿が暗殺される。メアリー女王、ボズウェル伯と結婚 メアリー女王、退位を強いられ、ジェイムズ六世が即位
1568	メアリー、イングランドへ亡命するが軟禁される
1587	メアリー処刑される
1603	エリザベス一世が死去。スコットランドのジェイムズ六世がイングランドのジェイムズ一世として即位（〜一六二五）、同君連合が成立

1625	ジェイムズ六世・一世が死去、チャールズ一世が即位
1637	イングランドの一般祈禱書導入に反対して暴動起こる
1638	国民契約が成立し、長老主義教会が確立される
1639	スコットランド契約派と国王軍の間で第一次主教戦争始まる
1640	第二次主教戦争、契約派が勝利、議会改革が進む
1646	チャールズ一世、スコットランド軍（契約派）に敗北、イングランドに身柄を引き渡される
1649	チャールズ一世処刑され、息子のチャールズ二世が即位（～一六八五）
1650	クロムウェルがスコットランドに侵攻、ダンバーの戦いで勝利
1660	王政復古（～一六六一）。議会、枢密院、主教制が復活する
1685	チャールズ二世が死去、ジェイムズ七世（イングランドで二世）が即位（～一七〇一）
1688	オレンジ公ウィリアム、イングランドに上陸 ジェイムズ七世・二世がフランスへ亡命し、名誉革命が成立
1692	グレンコーの大虐殺
1700	ダリエン計画失敗
1701	ジェイムズ七世・二世が死去。息子ジェイムズが八世（イングランドでは三世）と称する

1707	合同法が成立。イングランドとスコットランドの議会が統合され、イングランドとスコットランドはグレート・ブリテン連合王国となる
1715	ジェイムズ八世ステュアートを支持するジャコバイト軍が蜂起。一年で鎮圧される
1745	チャールズ王子（ボニー・プリンス）がフランスから密かにハイランドに侵入、第二回目の大がかりなジャコバイトの蜂起
1746	カロデンの戦いでジャコバイトはカンバーランド公率いるイングランド軍に敗退、蜂起は終結する
1767	エディンバラのニュータウン建設始まる
1769	ジェイムズ・ワットが蒸気機関を改良し、最初の特許をとる。この頃からスコットランド啓蒙が開花する
1790	スコットランドに水力紡績機が導入される
1801	アイルランド、連合王国に加わる
1815	ハイランド・クリアランスが本格化する
1822	ジョージ四世、サー・ウォルター・スコットのすすめでエディンバラを訪問
1826	エディンバラ、ダルキース間に鉄道路線が開通
1837	ヴィクトリア女王が即位
1890	フォース湾に技術の粋を誇る鉄道橋完成
1914	第一次世界大戦

1919	グラスゴーを中心にゼネスト、血の日曜日
1939	第二次世界大戦
1952	エリザベス二世即位
1970	北海油田発見
1996	「運命の石」（「スクーンの石」）がイングランドよりスコットランドに返還
1999	スコットランド議会開設。権限委譲によりスコットランド行政部（のちにスコットランド政府）発足
2004	スコットランド議会新議事堂完成
2014	スコットランドの連合王国からの独立を問う住民投票が実施され、独立反対派が勝利

スコットランド王家系図

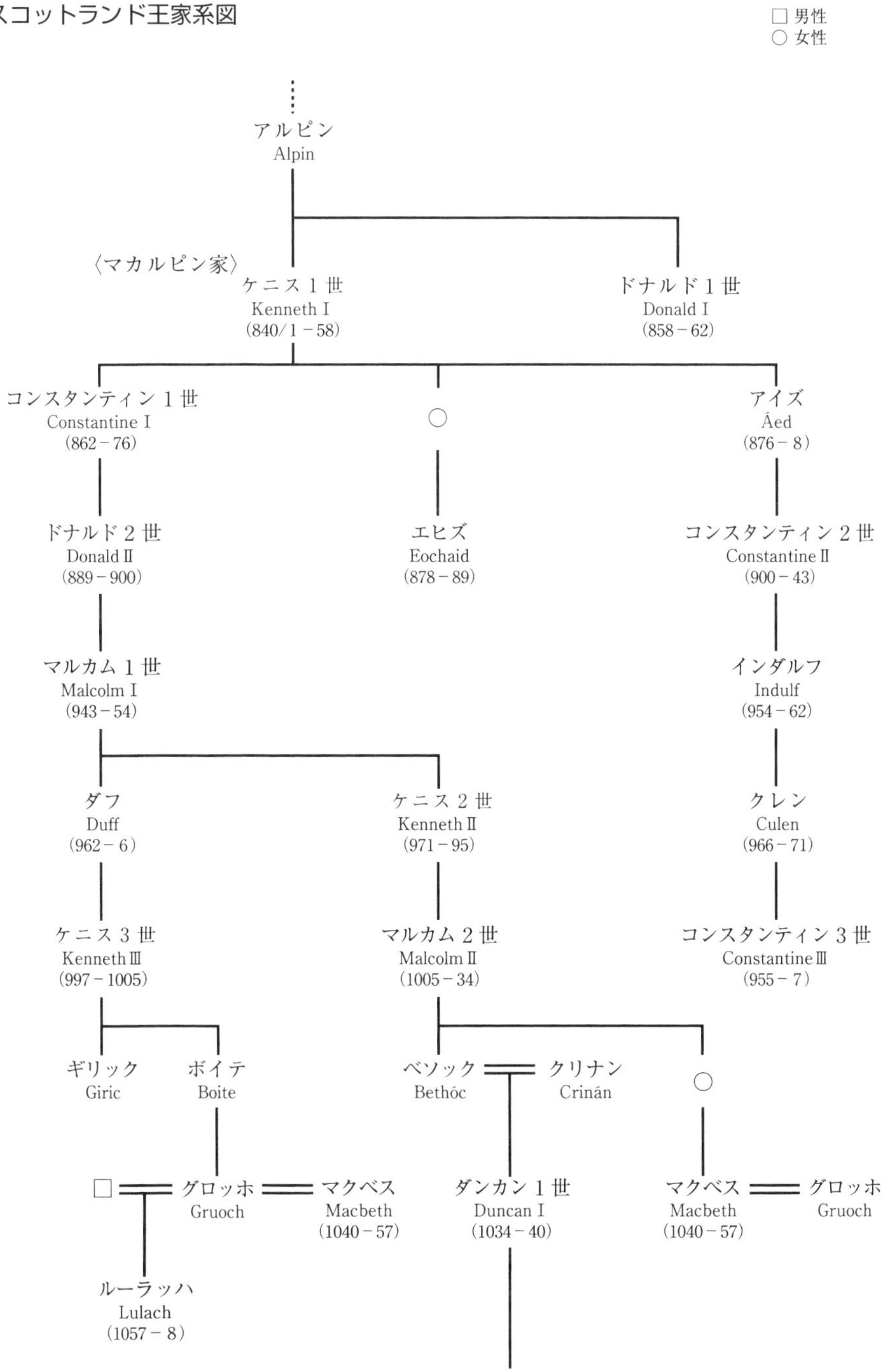
□ 男性
○ 女性
アルピン
Alpin
〈マカルピン家〉
ケニス 1 世
Kenneth I
(840/1－58)
ドナルド 1 世
Donald I
(858－62)
コンスタンティン 1 世
Constantine I
(862－76)
アイズ
Áed
(876－8)
エヒズ
Eochaid
(878－89)
ドナルド 2 世
Donald II
(889－900)
コンスタンティン 2 世
Constantine II
(900－43)
マルカム 1 世
Malcolm I
(943－54)
インダルフ
Indulf
(954－62)
ダフ
Duff
(962－6)
ケニス 2 世
Kenneth II
(971－95)
クレン
Culen
(966－71)
ケニス 3 世
Kenneth III
(997－1005)
マルカム 2 世
Malcolm II
(1005－34)
コンスタンティン 3 世
Constantine III
(955－7)
ギリック
Giric
ボイテ
Boite
ベソック
Bethóc
クリナン
Crinán
グロッホ
Gruoch
マクベス
Macbeth
(1040－57)
ダンカン 1 世
Duncan I
(1034－40)
マクベス
Macbeth
(1040－57)
グロッホ
Gruoch
ルーラッハ
Lulach
(1057－8)

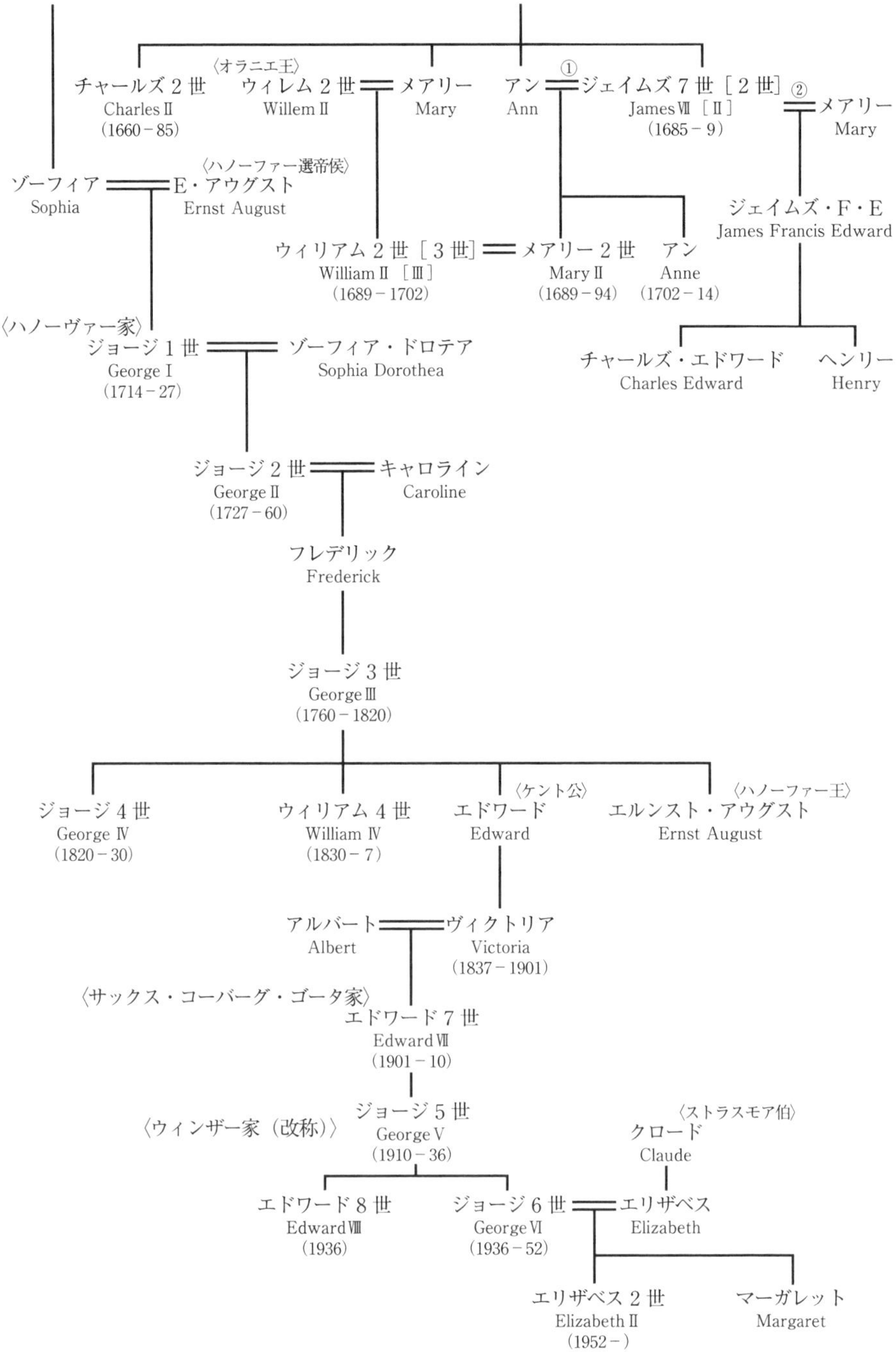
〈オラニエ王〉
チャールズ2世
Charles II
(1660－85)
ウィレム2世
Willem II
メアリー
Mary
アン
Ann
①
ジェイムズ7世［2世］
James VII［II］
(1685－9)
②
メアリー
Mary
〈ハノーファー選帝侯〉
ゾーフィア
Sophia
E・アウグスト
Ernst August
ジェイムズ・F・E
James Francis Edward
ウィリアム2世［3世］
William II［III］
(1689－1702)
メアリー2世
Mary II
(1689－94)
アン
Anne
(1702－14)
〈ハノーヴァー家〉
ジョージ1世
George I
(1714－27)
ゾーフィア・ドロテア
Sophia Dorothea
チャールズ・エドワード
Charles Edward
ヘンリー
Henry
ジョージ2世
George II
(1727－60)
キャロライン
Caroline
フレデリック
Frederick
ジョージ3世
George III
(1760－1820)
ジョージ4世
George IV
(1820－30)
ウィリアム4世
William IV
(1830－7)
〈ケント公〉
エドワード
Edward
〈ハノーファー王〉
エルンスト・アウグスト
Ernst August
アルバート
Albert
ヴィクトリア
Victoria
(1837－1901)
〈サックス・コーバーグ・ゴータ家〉
エドワード7世
Edward VII
(1901－10)
〈ウィンザー家（改称）〉
ジョージ5世
George V
(1910－36)
〈ストラスモア伯〉
クロード
Claude
エドワード8世
Edward VIII
(1936)
ジョージ6世
George VI
(1936－52)
エリザベス
Elizabeth
エリザベス2世
Elizabeth II
(1952－)
マーガレット
Margaret

参考文献

［欧文］

Andrews, Allen, *Kings & Queens of England & Scotland* (London: Marshal Cavendish Ltd, 1983).

Bingham, Caroline, *Land of the Scots* (London: Fontana, 1986).

Cameron, Charles W., *Scottish Witches* (Norwich: Jarrold Publishing, 1990).

Carruth, J. A., *The Bonnie Prince Charlie Country and the 1745 Jacobite Rising* (Norwich: Jarrold Publishing).

Cowan, Edward J. & Richard Finlay, *Scotland since 1688: Struggle for a Nation* (London: Cima Books, 2000).

Daiches, David (ed.), *A Companion to Scottish Culture* (London: Edward Arnold, 1981).

———, Peter Jones and Jean Jonese (eds), *A Hotbed of Genius : The Scottish Enlightenment 1730-1790* (Edinburgh: Edinburgh University Press, 1986).

Feachem, Richard, *Guide to Prehistoric Scotland* (London: Batsford, 1977).

Fletcher, Bill, *Book of Famous Scots Who Changed the World* (Glasgow: Lang Syne Publishers Ltd, 1995).

Fraser, Elizabeth, *An Illustrated History of Scotland* (Norwich: Jarrold Publishing, 1997).

Halliday, James, *Scotland: A Concise History B.C. to 1990* (Edinburgh: Gordon Wright Publishing, 1990).

Harvie, Christopher, *Scotland: A Short History* (New York: Oxford University Press, 2002).

Hurst, K. A., *William Beardmore 'Transport is the Thing'* (Edinburgh: National Museums of Scotland, 2004).

Kenyon, J. P., *Stuart England* (Harmondsworth: Penguin Books, 1985).

Kaplan, Wendy (ed.), *Scotland Creates: 5000 Years of Art and Design* (Glasgow: Glasgow Museum & Art Galleries, 1990).

Killeen, Richard, *A Short History of Scotland* (Dublin: Gill & Macmillan).

Lynch, Michael, *Scotland: A New History* (Chatham: Pimlico, 1992).

——— (ed.), *The Oxford Companion to Scottish History* (Oxford: Oxford University Press, 2001)

Maciness, Allan, *A History of Scotland* (London: Red Globe Press, 2019).

Mackie, J. D., *A History of Scotland* (Harmondsworth: Penguin Books, 1979).

Maclean, Fitzroy, *A Concise History of Scotland* (London: Thames & Hudson, 1974).

Macleod, John, *Highlanders: A History of the Gaels* (London: Scptre, 1997).

Magnusson, Magnus, *Scotland: The Story of a Nation* (New York: Grove Press, 2000).

Mitchison, Rosalind, *A History of Scotland* (London: Methuen, 1970).

———, *Life in Scotland* (London: Batsford, 1978).

Nichol, Norman, *Life in Scotland: from the Stone Age to the Twentieth Century* (London: A & C Black, 1979).
Pebble, John, *The Lion in the North: One Thousand Years of Scotland'History* (London: Penguin Books, 1971).
Pitchie, Anna, *Scotland BC* (Edinburgh: Her Majesty's Stationary Office, 1988).
Pittock, Murray G. H., *A New History of Scotland* (Gloucester: Sutton Publishing Ltd, 2003).
Scott, Paul H (ed)., *Scotland: A Concise Cultural History* (Edinburgh: Mainstream Publishing Ltd, 1993).
Smout, T. C., *A History of the Scottish People 1560-1830* (London: Fontana Press, 1998).
Thompson, Francis, *A Scottish Bestiary: The Lore and Literature of Scottish Beasts* (Glasgow: The Molendinar Press).
Watson, Fiona, *Scotland: A History , 8000B.C. - A.D.2000* (Charleston: Tempus, 2002).
West, T. W., *Discovering Scottish Architecture* (Haverfordwest: Shire Publications Ltd, 1985).
Wormald, Jenny (ed.), *Scotland Revisited* (London: Collins & Brown, 1991).
—— (ed.), *Scotland: A History* (New York: Oxford University Press, 2005).

［邦文］
飯島啓二『ノックスとスコットランド宗教改革』（日本基督教団出版局、一九六七年）
石川敏男『図説・英国史』（ニューカレントインターナショナル、一九八七年）
岩井淳『ピューリタン革命と複合国家』（山川出版社、二〇一〇年）
川北稔編『イギリス史』上・下（山川出版社、二〇二〇年）
木村正俊・中尾正史編『スコットランド文化事典』（原書房、二〇〇六年）
小林照夫『スコットランドの都市』（白桃書房、二〇〇一年）
小牧英幸編著『幻の風物の中に見る　前・スコットランドの歴史と文化のイソロジィ』（萌芽社、一九九二年）
小牧英幸編著『スコットランドの遠い昔の風物詩　前・スコットランドの歴史と文化と民俗』（リーベル出版、一九九九年）
指昭博編『はじめて学ぶイギリスの歴史と文化』（ミネルヴァ書房、二〇一二年）
指昭博『図説イギリスの歴史』（河出書房新社、二〇一七年）
T・C・スマウト『スコットランド国民の歴史』（木村正俊監訳、原書房、二〇一〇年）
富田理恵『世界歴史の旅　スコットランド』（山川出版社、二〇〇二年）
浜林正夫『イギリス名誉革命史』上・下（未来社、一九八一・八三年）
松井理一郎『スコットランドの原点——スコットランドが映し出す「イギリス」の光と影——』（アルバ書房、二〇〇五年）
ミチスン・ロザリンド編『スコットランド史―その意義と可能性―』（富田理恵・家入葉子訳、未来社、一九九八年）
森島恒雄『魔女狩り』（岩波新書、一九七〇年）

掲載図版出典一覧

013 頁　R. D. Lobban, *Scotland* (Batsford, 1974).
034 頁　Francis Thompson, *A Scottish Bestiary* (The Molendinar Press, 1978).
063 頁　Stewart Cruden, *The Early Christian and Pictish Monuments of Scotland* (Her Majesty's Stationery Office, 1964).
091 頁　London Shakespeare Group Catalog, *Macbeth*, 1984.
096 頁　Elizabeth Fraser, *An Illutrated History of Scotland* (Jarrold, 1997).
118 頁　Susan Ross, *The Castle of Scotland* (Charles Letts, 1973).
142 頁　Hugh Cheape, *The Book of the Bagpipe* (Appletree Press, 1999).
171 頁　John Burnett, *Sporting Scotland* (National Museums of Scotland, 1995).
210 頁　Charles W. Cameron, *Scottish Witches* (Jarrold Publishing, 1984).
237 頁　Jean Simmons, *Scottish Smugglers* (James Pike LTD, 1975).
272 頁　Elizabeth Fraser, *An Illustrated History of Scotland* (Jarrold Publishing, 1997).
273 頁　Paul. H. Scott (ed.), *Scotland*：*A Concise Cultural History* (Mainstream, 1991).
245 頁　James Halliday, *Scotland*：*A Concise History B.C. to 1990*（Gordon Wright, 1990）.
252 頁　Rosalind Mitchison, *Life in Scotland* (Batsford, 1978).
266 頁　Colin Baxter, *The Forth Bridge* (Colin Baxter, 1999).
276 頁　*Victorian and Edwardian Scotland from old photographs* (Batsford, 1974).
279 頁　*Victorian and Edwardian Scotland from old photographs* (Batsford, 1974).
282 頁　（右）Noel C. L. Hackney, *Cutty Sark* (Patrick Stephens, 1974).
282 頁　（左）Folklore. *Myths and Legends of Britain* (Reader's Digest, 1977).
295 頁　Christopher Harvie, *Scotland*：*A Short History*（Oxford UP, 2002）.
304 頁　R. B. Lobban, *Scotland* (Batsford. 1974).
311 頁　Edward J. Cowan & Richard Finlay, *Scotland since 1688* (Cima Books, 2000).
313 頁　Michael S. Moss, *The Making of Scotland* (James & James, 1981).
317 頁　Edward J. Cowan & Richard Finlay, *Scotland since 1688* (Cima Books, 2000).

【は】

【ま】

索　引

【カバー写真】
左上「バノックバーンの戦い」(写真提供 Mary Evans ／ PPS 通信社)／右上「国民盟約への署名」ウィリアム・アラン画／左下「エディンバラ城」／右下「メアリー・ステュアート像」／背上「ロバート・バーンズ」／背下「バグパイプ奏者」／カバー裏「カロデンの戦い」

【著者】木村正俊(きむら・まさとし)

1938 年生れ。早稲田大学大学院文学研究科博士課程英文学専攻単位取得満期退学。神奈川県立外語短期大学名誉教授。専門分野はスコットランド文学、ケルト文化。主な著書に『ケルト人の歴史と文化』、『スコットランド文化事典』(共編)、『スコットランド文学の深層　場所・言語・想像力』(編)、『ロバート・バーンズ　スコットランドの国民詩人』(共編)、『スコットランドを知るための 65 章』(編)、『文学都市エディンバラ　ゆかりの文学者たち』(編)、訳書に T.C. スマウト『スコットランド国民の歴史』(監訳)などがある。